本书系国家社会科学基金一般项目"基于社交媒体'一带一路'国际传播效果评估与提升路径研究"（课题编号：18BXW027）的成果

刘昊 著

"一带一路"国际传播
效果测评与提升路径

EVALUATION
AND PROMOTION STRATEGIES OF
THE BELT AND ROAD INITIATIVE
INTERNATIONAL
COMMUNICATION EFFECT

社会科学文献出版社
SOCIAL SCIENCES ACADEMIC PRESS (CHINA)

荐　言

在数字全球化的背景下，社交媒体平台已经成为国际传播的重要场域，对其传播效果的研究已经成为学术界关注的重要议题。本书研究对象重要、理论视角深刻、数据分析扎实，有效丰富并拓展了传播效果实证研究。

《"一带一路"国际传播效果测评与提升路径》理论框架清晰，提出的传播效果指标体系具备较大的推广价值和应用价值，且使用社交媒体数据实际开展评估，对国际公共产品及重大事件国际传播的传播效果测评具有重要的参考意义。本书作者以跨学科的视野，引入了文本挖掘、大数据分析等方法，不仅提升了研究发现的说服力和可靠性，也示范了传播效果研究新工具的使用。

无论是对于致力国际传播研究的学者，还是关注数字全球化背景下国际传播的实践者，本书都将是一本具有参考价值的佳作。本书对基于社交媒体传播效果的实证研究迈向更高水平有助推作用，同时也可以为理解和应对全球传播中的复杂问题提供启示和帮助。

郭小安

重庆大学新闻传播学院教授、博士生导师

中国新闻史学会传播学研究专业委员会副会长

2024 年 12 月

荐　言

　　数智时代，信息依托互联网社交媒体平台，跨越国界，穿透历史，超越语言，跨越时空，在世界每一个角落快速流动。这一背景下诞生的《"一带一路"国际传播效果测评与提升路径》，以平实的笔触、独到的视角、深刻的洞见，为读者洞察社交媒体国际传播效果研究提供借鉴。

　　检览文字，字里行间既有跨文化传播效果研究的传承与创新，也有社交媒体跨文化穿透效果的洞察与品鉴。如何以独到的学术目光，透过数据的迷雾，挖掘其背后的信息和知识，揭示跨文化信息传播如何在瞬息万变的社交媒体空间影响公众的认知、情感和行为，是本书的特色与亮点。本书借助数据科学工具，大胆理论假设，谨慎数据求证，不但大力提升了研究本身的科学性，而且充分诠释了国际传播研究的复杂性。

　　本书学术深度与现实关怀并重，翔实数据与细腻分析兼具，细致解读与深刻洞察交织，是不可多得的国际传播效果测评著作。

刘金波

武汉大学新闻与传播学院编审

2024 年 12 月

序　言

随着人类进入 21 世纪的第三个十年，数字科技和人工智能已经渗透我们日常生活的每一个角落，成为社会发展、国际交流、政策制定的新工具。对于那些聚焦全球舞台的宏大计划和项目来说，如何有效地传播其信息、评估其影响力，不仅对于其本身的成功至关重要，而且对于其项目发起国家或地区的国际传播形象和文化影响力提升亦具有深远的意义。现在呈现在读者面前的《"一带一路"国际传播效果测评与提升路径》新作正是在这样的背景下应运而生。

"一带一路"是中国提出的一个全球化的经济合作倡议，其影响力和意义巨大。在经济层面，"一带一路"通过基础设施的互联互通，实现了生产要素的跨国迅速流动，附加关税减免和自贸区建设，推动共建国家原材料、资本和技术的自由流动，为世界经济注入新的活力。在政治层面，"一带一路"倡议推动世界国家与地区间合作的多边机制转型，提升了共建国家区域合作化水平，构建全球范围内的政治互信实现路径。在文化层面，"一带一路"倡议推动共建国家不同文明之间的对话，加强共建国家之间的人文往来，有助于构建多元包容的全球文化格局。总而言之，共建"一带一路"方案既是中国扩大开放的重大举措，旨在以更高水平开放促进更高质量发展，与世界分享中国发展机遇，也是破解全球发展难题的中国方案。共建"一带一路"作为一项跨越多个国家和地区的宏大合作工程，其顺利开展需要共建国家的政府、社会组织、企业乃至普通民众的广泛参与及认同。因此，"一带一路"国际传播在这一过程中扮演着重要角色，而有效的国际传播的开展要基于对传播效果的精准把握。如何基于社交媒体平台构建国际传播效果评估指标体系，实现指标体系权重合理配比、易于计算且具备较高的信效度，科学地测评"一带一路"倡议在国际社会中的传播效果，进而基于效果评估的结果提出提升"一带一路"影响力和接受度的行之有效的策略，这是任何一个致力于研究和参与"一带一路"倡议的学者、决策者和实践者都不能回避的问题。在这一领域，大数据作为一种全新的研究方法和手段为我们提供了前所未有的机会。

本书作者凭借对数据科学和"一带一路"倡议的深入理解，为我们带来了一本既具有学术上的严谨性又具有实践上的指导意义的学术著作。基于大数据的视角，作者全面、客观地评价了"一带一路"在全球各地的传播效果，既有宏观的趋势分析，也有微观的案例研究。其中最大的亮点是作者大胆地将实证研究方法与数据科学方法相结合，将社交媒体用平台真实行为数据和态度数据应用到传播效果评价。作者使用5年的序列数据，从认知、情感和行为三个维度去评价"一带一路"国际传播效果，其提出的聚焦社交媒体平台传播效果的评价指标体系，基于科学性、有效性、全面性、操作性和全面性的原则构建，并科学地实现对指标体系的权重赋权。该指标体系不但可以精确评估"一带一路"社交媒体传播效果，而且具有较高的推广价值，可以用于评估类似国际公共产品的社交媒体传播效果，对基于社交媒体平台传播效果的后续研究有一定的启发意义。正是作者应用的全方位、多层次的研究方法，为我们提供了一幅更为真实、全面的"一带一路"国际传播全景图。此外，在对传播效果进行多维度立体的测评后，作者又提出了一系列切实可行的提升路径，涵盖政策建议、传播策略、文化交流等多个领域。其中基于效果评价发现提出的系列观点，比如重视社交思维与理念的创新、转换与升级，传播主体拓展与整合，传播内容的创新策划，传播话语与叙事的扩展等，匠心独具，具有创新性。特别是为提升"一带一路"国际传播效果，应做好传播内容的策划与创新，在提升认知效果的同时，重点关注情感效果和行为效果，以及传播话语与叙事方式的重构是推动"一带一路"国际传播从认知效果向情感、行为效果转化的重要渠道等学术观点，对"一带一路"国际传播实践具有一定的指导意义。

本书的成果涉及传播学、信息科学、互联网挖掘、复杂网络、社会动力学、系统理论、社会心理学等多个学科的研究手段和方法，充分体现了当下学术研究注重学科之间相互渗透交融的取向，唯有如此，才有助于发现用户微观行为与宏观信息扩散趋势之间的关系，揭示信息干扰对信息传播规律的影响，探索客观且高效的传播效果评估方法和影响最大化的策略，理解社交媒体信息传播的演变机制。从这个意义上讲，本书可以推动"一带一路"的基础性研究进一步深入，提升"一带一路"风险监测和预警水平，推动以重点国家和区域国别研究为代表的学科建设走向深入，为科研院所的相关学术研究提供深入、系统的专业学术参考。相信本书的出版必将对政府宣传部门和主流媒体涉"一带一路"国际传播具有较大的参考意义和决策支持价值，也期待作者能够继续推进这一主题的研究，尤其是共建"一带一路"国家与中国在文明交流互鉴方面的专题研究，在不久的将来为读者呈现最新的学术成果，为推进我国国际传播研究事业贡献自己的智慧与力量。

诚挚将本书推荐给所有对传播效果研究有兴趣的学界同人与行业实践者，希望本书今后能在国际传播和"一带一路"相关的学术研讨和实践探索中产生更大的影响。

谢清果

厦门大学新闻传播学院教授、博士生导师

厦门大学国际传播研究中心研究员

华夏传播研究会会长

2025 年元旦

前　言

　　本书是一本聚焦"一带一路"国际传播效果研究的学术著作，系国家社会科学基金一般项目"基于社交媒体'一带一路'国际传播效果评估与提升路径研究"（课题编号：18BXW027）的成果。自"一带一路"倡议提出以来，中国主流媒体对其在宣传和推广方面做了大量工作，如何加强国际传播能力建设，为"一带一路"提供舆论支撑，评估"一带一路"国际传播效果，进而基于效果评价，发现问题并提出针对性传播策略是宣介中国发展变化、讲好中国故事、传播中国声音的现实需要。

　　本书聚焦构建社交媒体平台的"一带一路"国际传播效果评估指标体系，实现指标体系权重合理配比、易于计算且具备高的信效度，评估"一带一路"国际传播效果，并提出"一带一路"国际社交媒体传播效果提升路径。指标体系的研究是本书的核心，全面整合已有指标体系的优点，基于社交媒体信息传播至效的过程，本书选择从认知、情感和行为三个维度构建"一带一路"倡议国际传播效果评价指标体系，将指标层次化。指标体系基于科学性、有效性、全面性、操作性和全面性的原则构建，选择德尔菲法和层次法相结合的方式，实现对指标体系的权重赋权。该指标体系不但可以精确评估"一带一路"社交媒体传播效果，而且可以用于评估国际公共产品的社交媒体传播效果。基于评价目标和评价指标，以及 X（前推特）平台数据，根据三级指标体系分级实现传播效果评估。为深入了解社交媒体平台"一带一路"相关议程构建，使用 LDA 聚类分析数据的年度切片，发现"一带一路"项目合作、中欧合作、阶段性进展、公益性讨论、投资规模、丰硕成果等重要议题与"一带一路"倡议年度策划与推介活动有高度的重叠，这些大型活动和策划在社交媒体上呈现涟漪效应。为提升"一带一路"国际传播效果，应做好传播内容的策划与创新，在提升认知效果的同时，重点关注情感效果和认知效果。整合与拓展多元传播主体是提升"一带一路"国际传播效果深度的关键。传播话语与叙事方式的重构是推动"一带一路"国际传播从认知效果向情感、行为效果提升的重要渠道。

本书面向对传播效果研究感兴趣的学者，新闻传播、区域国别研究等学科研究生，以及国际传播、跨文化传播、国际电商、国际市场营销等涉外传播行业的从业者。本书对中国国际传播战略制定和外宣工作的管理具有一定的参考价值，对中国故事的创造性讲述有一定借鉴价值，对中国国际话语权和影响力的提升具有一定的学术参考价值，对提升中国的国际传播效能具有一定的决策支持价值。

本书不仅是作者的个人智慧结晶，也集合了学界和业界丰富的前期成果，对那些给予本书启发的研究者，我表示深深的敬意。

刘　昊

2024 年 12 月于四川外国语大学

——。目录

第一章　导论

　　"一带一路"倡议提出以来，共建"一带一路"国家硬件设施建设快速展开，已经取得了世界瞩目的成就，但围绕"一带一路"倡议，国际舆论尚存在一些杂音，为"一带一路"倡议在共建国家的推行制造了很多障碍。长期以来，在国际舆论格局中，西方舆论一直占据主导地位，要消除"一带一路"倡议建设过程中的信息误读、加强中国与共建国家特别是其民众的顺畅沟通，规避舆论风险，是解决问题的关键。新媒体特别是社交媒体推动全球媒体快速迭代，媒介格局的变化会导致媒介权力格局的调整，世界舆论话语场域正悄然从传统媒体舆论场转移至以社交媒体为代表的新媒体舆论场。社交媒体平台为中国改善国际舆论环境提供了新的机会。借助社交媒体平台消除时空差异，既是构建新的中国国际传播格局的机遇，也是促进民心相通的机会。

第一节　研究背景

　　2015 年 3 月 28 日，国家发展改革委、外交部、商务部联合发布了《推动共建丝绸之路经济带和 21 世纪海上丝绸之路的愿景与行动》。官方文件正式提出推动"一带一路"建设，旨在借用古代丝绸之路的历史符号，充分依靠中国与有关国家既有的双多边机制，高举和平发展的旗帜，积极发展与有关国家的经济合作伙伴关系，共同打造政治互信、经济融合、文化包容的利益共同体、命运共同体和责任共同体。[①] 复兴古丝绸之

[①] 《人民日报专题深思："一带一路"的三个共同体建设》，2015 年 9 月 22 日，http://opinion. people.com.cn/n/2015/0922/c1003-27616140.html，最后访问日期：2021 年 8 月 27 日。

路，通过新"丝绸之路"，把实现中华民族伟大复兴的中国梦和共建"一带一路"国家人民追求美好生活的梦想连接在了一起。自"一带一路"倡议提出以来，截至 2020 年 11 月，中国已与 138 个国家、31 个国际组织签署了 201 份"一带一路"合作文件，成果丰硕。① 截至 2020 年，中国与共建"一带一路"国家货物贸易额超 9 万亿美元，中国对共建"一带一路"国家直接投资约 1360 亿美元，共建"一带一路"国家在华投资约 600 亿美元，设立企业约 27000 家。②"一带一路"倡议是中国提出的惠及国际社会的一项重大举措。③ 根据路孚特"一带一路"倡议数据库，截至 2020 年第一季度，已规划或在建"一带一路"项目共计 3164 个，总金额达 4 万亿美元。其中，1590 个项目属于"一带一路"项目，总金额达 1.9 万亿美元，其余 1574 个项目被列为中国参与项目，总金额为 2.1 万亿美元。④ 中国建立了全球"一带一路"倡议系列项目，包括南南合作、上海合作组织、中国与东盟自由贸易区、《区域全面经济伙伴关系协定》、中国-中东欧国家领导人 16+1 会晤、亚洲基础设施投资银行（以下简称亚投行）、丝路基金和新开发银行。⑤ 基于"一带一路"倡议，中国成为新的全球化浪潮的重要参与国。中国对外传播亦在 2018 年进入第三次浪潮，"西强我弱"的国际传播格局在世界传媒秩序中逐步实现"局部破局"，以及"于我向好"局面出现；但是，在全球新兴力量博弈形势下，国际传播已经事实性地超越信息传递和产业布局的初衷，正拉开全球性战略传播格局重组生态下全球政治、经济和军事力量重组的宏大序幕。⑥ 很多国家高度肯定

① 《我国已与 138 个国家、31 个国际组织签署 201 份共建"一带一路"合作文件》，2020 年 11 月 17 日，https://baijiahao.baidu.com/s？id＝1683615326112693908&wfr＝spider&for＝pc，最后访问日期：2021 年 8 月 27 日。
② 《共建"一带一路"八周年经贸合作成绩单》，2021 年 4 月 22 日，https://www.thepaper.cn/newsDetail_forward_12334749，最后访问日期：2021 年 8 月 27 日。
③ 《BRI CONNECT："一带一路"倡议背后的数字》，2020 年 7 月 7 日，https://www.shangyexinzhi.com/article/2100924.html，最后访问日期：2021 年 8 月 21 日。
④ 《路孚特报告："一带一路"项目总金额突破 4 万亿美元》，2020 年 7 月 14 日，http://m.ce.cn/bwzg/202007/14/t20200714_35320090.shtml，最后访问日期：2022 年 8 月 8 日。
⑤ Gao, M. H., "Frames and Facilitators by China in Promoting the Belt and Road Initiative," *Thunderbird International Business Review* 62（2020）：125-134.
⑥ 姜飞、张楠：《中国对外传播的三次浪潮（1978—2019）》，《全球传媒学刊》2019 年第 2 期。

中国"一带一路"倡议对于共建国家发展的贡献,将其评价为"最具变革意义的项目之一",认为其在调节地区争端中发挥了积极作用,正在构建"全新的全球经济秩序"。① 但围绕"一带一路"倡议,国际社会也存在一些杂音。这给"一带一路"倡议的传播和共建国家对"一带一路"倡议的接纳制造了一定的障碍。对"一带一路"倡议的杂音一方面来自部分国家有意或无意曲解,另一方面来自对"一带一路"倡议的不了解。因此,对以"一带一路"为代表的国际公共产品的宣介和国际传播尤为重要,其中以重视民心相通的"五通"工程最为关键。"一带一路"倡议要成功,要使共建各国都在倡议落实过程中得到实惠,对接的根本是要"把准脉",知道每个国家需要什么。② 同时,"一带一路"倡议也面临共建国家和地区不稳定等问题带来的风险,比如国际恐怖主义、宗教极端主义、民族分离主义,中亚一些国家政局不稳定,相关政策变数大,大国地缘政治博弈复杂激烈,美国持续推进"亚太再平衡"战略等问题。③ 风险的规避亦需要敏锐的国际信息洞察力、建设性的沟通交流和及时有效消除负面与误解信息影响的策略。

第二节 研究意义

"一带一路"建设从无到有、由点及面,进度和成果超出预期,作为"一带一路"建设的重要组成部分,"一带一路"倡议话语体系的同步建设越发紧迫和重要。④ 对外介绍好中国的方针政策,讲好中国故事,传播好中国声音,把中国梦同周边各国人民过上美好生活的愿望、同地区发展前景对接起来,让命运共同体意识在周边国家落地生根。⑤ 切实推进舆论宣

---

① 郑雯、袁鸣徽、乐音:《"一带一路"建设的新机遇与新挑战——基于沿线十国 2018 年第一季度的国际舆情分析》,《对外传播》2018 年第 5 期。

② 徐洪才:《"一带一路"创新发展国际合作蓝图——"一带一路"国际合作高峰论坛"智库交流"平行主题会议综述(下)》,《经济研究参考》2017 年第 31 期。

③ 唐彦林、贡杨、韩佶:《实施"一带一路"倡议面临的风险挑战及其治理研究综述》,《当代世界与社会主义》2015 年第 6 期。

④ 《阐述中国方案 加强"一带一路"话语体系建设》,2017 年 8 月 12 日,http://www.xinhuanet.com/politics/2017-08/12/c_1121468857.htm,最后访问日期:2022 年 8 月 8 日。

⑤ 《习近平:让命运共同体意识在周边国家落地生根》,2013 年 10 月 25 日,http://www.xinhuanet.com//politics/2013-10/25/c_117878944.htm,最后访问日期:2022 年 8 月 22 日。

传,积极宣传"一带一路"建设的实实在在成果,加强"一带一路"建设学术研究、理论支撑、话语体系建设。^① 软力量是"一带一路"建设的重要助推器。要加强总体谋划和统筹协调,坚持陆海统筹、内外统筹、政企统筹,加强理论支撑和话语体系建设,推进舆论宣传和舆论引导工作,加强国际传播能力建设,为"一带一路"建设提供有力理论支撑、舆论支持、文化条件。^② 加快国际传播能力建设,整合中央电视台(中国国际电视台)、中央人民广播电台、中国国际广播电台,组建中央广播电视总台,作为国务院直属事业单位,归口中宣部领导。撤销中央电视台(中国国际电视台)、中央人民广播电台、中国国际广播电台建制。对内保留原呼号,对外统一呼号为"中国之声"。^③ "要全面提升国际传播效能,建强适应新时代国际传播需要的专门人才队伍。要加强国际传播的理论研究,掌握国际传播的规律,构建对外话语体系,提高传播艺术。要采用贴近不同区域、不同国家、不同群体受众的精准传播方式,推进中国故事和中国声音的全球化表达、区域化表达、分众化表达,增强国际传播的亲和力和实效性。"^④ 中国国际传播效能的提升既强调国际传播效能和理论研究,又要重视国际传播的效果。测量是有效管理的基础,测量的目的是使测量的对象可以评估和预测,有效的反馈可以精确地促进目标的达成。很长一段时间,中国的国际传播工作苦于没有有效的效果测量手段,在形成决策时,主观判断偏多,缺乏基于充分效果评估的决策。依据科学有效的国际传播效果评估结果,灵活、及时调整国际传播策略和方法是信息时代做好国际传播工作的必然选择。加强国际传播能力建设,广泛宣介中国主张、中国智慧、中国方案,为"一带一路"倡议提供舆论支撑,评估"一带一路"

① 《阐述中国方案 加强"一带一路"话语体系建设》,2017 年 8 月 12 日,http://www.xinhuanet.com/politics/2017-08/12/c_1121468857.htm,最后访问日期:2022 年 8 月 22 日。
② 《习近平主持召开中央全面深化改革领导小组第三十次会议》,2016 年 12 月 5 日,http://www.gov.cn/xinwen/2016-12/05/content_5143552.htm,最后访问日期:2022 年 8 月 22 日。
③ 《中共中央印发〈深化党和国家机构改革方案〉(全文)》,2018 年 3 月 21 日,http://www.xinhuanet.com//zgjx/2018-03/21/c_137054755.htm,最后访问日期:2021 年 8 月 24 日。
④ 《习近平在中共中央政治局第三十次集体学习时强调 加强和改进国际传播工作 展示真实立体全面的中国》,2021 年 6 月 1 日,http://www.xinhuanet.com/politics/leaders/2021-06/01/c_1127517461.htm,最后访问日期:2021 年 8 月 24 日。

倡议国际传播效果，实施效果提升干预策略是现实需要。因此，设计并建构一套科学、全面、实用且针对中国"一带一路"倡议对外传播的效果评估体系，并使用该评估体系进行较长的历时性的趋势研究，不但对中国对外传播策略的制定和外宣工作的管理具有重要的应用价值，而且对完善中国对外传播体系、提升中国国际传播能力具有重要意义。

第三节　文献综述

一　国际传播相关研究

国际传播这一概念源于西方，其最早的理论框架建立于20世纪60~70年代，此后逐渐形成独立的学科体系。[①] 国际传播"所涉内容为权力、政治，以及对其他民族国家产生影响的过程"。[②] 国际传播具体体现为国家与国家之间的交往活动，国际传播活动由国家利益驱动，国际传播的效果与国家传播能力之间整体呈正相关关系。从20世纪70年代至今，国际传播研究主要经历了国际化、全球化与跨国化三个阶段的范式转换。[③] 互联网等新信息传播技术大规模发展以来，个体化的数字传播成为推动国际传播演进的主要动力。这些新的实践都在不断重构地方和国家、区域和全球等多个维度的传播关系。[④] 互联网话语下的国际传播，对国家的主体角色造成了更多的挑战，以社交媒体为代表的新媒介的大量使用，使国际传播不再简单依赖外交博弈和对外宣传的效果，加之全球化带来的资本的跨国扩张、数据的跨境传输，国际传播升级为杂糅式、立体化、浸润式的全球化传播。国际传播参与主体也由国家官方媒体扩展到民间媒体、网络舆论领

---

① 邰书锴：《国际传播理论的中国式建构——一种文献综述式的描述》，载《1949-2009：共和国的媒介、媒介中的共和国论文集》，"传播与中国·复旦论坛"，2009年，第32~38页。

② 古狄昆斯特、莫迪：《国际传播与文化间传播研究手册》（第二版），陈纳等译，复旦大学出版社，2016，"前言"第1页。

③ 韦路、丁方舟：《社会化媒体时代的全球传播图景：基于Twitter媒介机构账号的社会网络分析》，《浙江大学学报》（人文社会科学版）2015年第6期。

④ Chalaby, J. K., "From Internationalization to Transnationalization," *Global Media and Communication* 1（2005）：28-33.

袖和网友个体。20世纪90年代，从国内到跨国再到全球，国际传播不再是国家之间的传播问题，或是对他国人民进行宣传的问题，而是运用新的传播技术将不同国家的公民组织起来，共同面对提倡人权、自主、环境保护、工人健康安全或反对核武器、开采矿业、贸易协定等议题。① 互联网时代信息快速流动，各国在全球信息传播网络中的权力关系有机会重新洗牌，信息技术使发展中国家有机会"弯道超车"获取传播权。互联网无限扩展了人类的信息感知范围，实现了全球性的信息连接，构建了一种去中心化的社会关系。国际传播中不同传播主体的关系将趋于去中心化，发展中国家有可能在全球传播中扮演重要的角色。② 因此，基于社交媒体的国际传播效果研究、发掘及评估效果影响因素，对均衡国际传播中不同国家的传播权力、提升中国的国际传播能力有重要现实意义。

二 传播效果实证相关研究

传播学研究归根到底是媒介效果的研究，传播研究与效果研究之间存在着必然联系，人们进行传播研究的前提是认为传播行为会产生显著而深刻的效果。③ 正如丹尼斯·麦奎尔（Denis McQuail）指出的："整个大众传播学建立在这样一个假设的基础上：媒介有很显著的效果，然而对这些假设效果的内在机理和程度却难以达成共识。"④ 传播效果研究经历了近百年的发展，在传播学研究中占据着重要的地位。对传播研究进行梳理不难发现，传播效果研究历来是传播研究的起点和热点。有关媒介效果的理论、议题与研究方法，无论在数量上还是质量上，都成为传播学的重要学术构成。⑤

① 郜书锴：《国际传播理论的中国式建构——一种文献综述式的描述》，《1949-2009：共和国的媒介、媒介中的共和国论文集》，"传播与中国·复旦论坛"，上海，2009年，第32～38页。古狄昆斯特、莫迪：《国际传播与文化间传播研究手册》（第二版），陈纳等译，复旦大学出版社，2016，第302～303页。
② 韦路、丁方舟：《社会化媒体时代的全球传播图景：基于 Twitter 媒介机构账号的社会网络分析》，《浙江大学学报》（人文社会科学版）2015年第6期。
③ McQuail, D., *Mass Communication Theory: An Introduction* (Sage Publications, Inc., 1987), p. 327.
④ 丹尼斯·麦奎尔：《麦奎尔大众传播理论》，崔保国、李琨译，清华大学出版社，2010，第373页。
⑤ 张卓：《从"效果"到"影响"——西方媒介效果研究的历史考察与反思》，罗以澄主编《新闻与传播评论》，武汉大学出版社，2008，第120～128、252、260～261页。

对 1993 年到 2005 年 16 种主要期刊发表的 2855 篇论文的内容进行分析发现，传播效果研究的论文为 962 篇，约占总数的 1/3。其中认知效果占 27.6%，行为效果占 24.3%，态度效果占 21.0%，情感效果占 9.4%，信念效果（belief effect）占 15.1%。① 中国学者对传播效果研究主要从传播要素和影响力两个角度进行评估：一是通过信源、信宿等传播要素对媒介效果进行评估②；二是从影响力维度出发，对媒介效果的广度、深度、效度进行测量。③

伴随信息技术的快速发展，世界传播生态环境发生深刻变化。从 Web 1.0 到 Web 2.0，再到今天的移动互联网时代，网络技术的不断演进推动着传播模式从单向、一对多逐渐向多对多、去中心化的方向发展。顺应互联网传播模式这一演进趋势而出现的社交媒体，已经成为目前发展最快、最受欢迎的互联网服务形式之一。④ 以电视、广播、报刊为代表的传统媒体的影响力正被以社交媒体为代表的新兴媒体替代。社交媒体以强时效性、强互动性、强沉浸性、强圈层性、强复向传播性，成为全球各国人民接入互联网后一种重要的信息来源。以用户为中心、关系为纽带的社交媒体，不仅具备"大众媒体所拥有的信息传播与扩散的影响力"，而且"彰显了每个用户创造内容创建关系、组建社群、集约行动的社会影响力"。⑤ 信息技术带来的传播范式的变化，引发了全球传播秩序的革命。社交媒体让地球变小，世界各国的组织机构和个体深度联结，各国主流媒体纷纷在社交媒体上开设账号从事新闻传播活动，世界各地的网友也围绕热点问题依托社交媒体平台进行互动讨论，社交媒体平台正叠加全球公共舆论生态。社会的网络化发展，无论对于国家、社会和机构还是个人来讲，都既是机遇，

---

① Potter, W. J., Riddle, K., "A Content Analysis of the Media Effects Literature," *Journalism & Mass Communication Quarterly* 84 (2007): 90-104.

② 吴玉兰、肖青：《财经媒体官方微博传播影响力研究——以"@财新网"为例》，《现代传播(中国传媒大学学报)》2014 年第 6 期。

③ 王秀丽、赵雯雯、袁天添：《社会化媒体效果测量与评估指标研究综述》，《国际新闻界》2017 年第 4 期。

④ 张利、王欢：《我国当前移动社交网络用户的基本特征》，《重庆邮电大学学报》（社会科学版）2013 年第 5 期。

⑤ 冯锐、李闻：《社交媒体影响力评价指标体系的构建》，《现代传播(中国传媒大学学报)》2017 年第 3 期。

也是挑战。① 社交媒体已经成为信息跨国流动的重要渠道、跨文化信息传递的重要载体，因此其自然成为公共产品国际传播的重要平台，平台上各种意见和观点可以成为评价公共产品传播效果的依据。舆论是社会的皮肤。② 社交媒体舆论是社交媒体时代全球传播的效果评价的感知器。全球社交媒体已经成为全球现实社会的虚拟镜像，基于社交媒体对世界公共产品的传播效果评价提供了一种新的传播效果评价视角。具备信度和效度的精准的效果评估，对国际传播的策划、执行、优化和后续决策具有巨大的现实意义和价值。传播效果一般而言是指传播者发出的信息经过媒介传至受众而引起受众思想观念、行为方式等的变化。③ 传统的效果研究，根据用户认知信息的过程及特点，体现为四个层面，即认知层面、情感层面、态度层面和行为层面。根据国际传播效果的评估体系，可以将相关研究大体划分为三种框架或模式："软-硬实力型""受众-效果型""能力-效力型"。④ 其中，软-硬实力型和能力-效力型研究更注重从传播者角度考察传播者个人的素质以及相应的物质投入，综合评估传播效能；而受众-效果型研究更偏重于从受众角度出发，从认知、态度和行为三个方面考察受众对传播效果的反馈。⑤

随着社交媒体的出现，传统的效果研究的理论与方法亟待拓展。社交媒体实现了私人领域和公共领域的彼此叠加和渗透，为传播效果的评估提供了新的、直观的观察和评测的途径。社交媒体平台不仅提供信息，而且更聚焦于信息的整合和归聚，即关于信息组织的信息。加之人类数据分析能力的增强和用户行为痕迹的数据可以提取，传统的传播效果研究亟待扩展和发展。社交媒体对用户行为数据的记录，让研究者不仅可以观察到用

① 金兼斌、陈安繁：《网络事件和话题的热度：基于传播效果的操作化测量设计》，《现代传播（中国传媒大学学报）》2017年第5期。
② 伊丽莎白·诺尔-诺依曼：《沉默的螺旋：舆论——我们的社会皮肤》，董璐译，北京大学出版社，2013，第63页。
③ 胡正荣：《传播学总论》，北京广播出版社，1997，第295页。
④ 刘燕南、刘双：《国际传播效果评估指标体系建构：框架、方法与问题》，《现代传播（中国传媒大学学报）》2018年第8期。
⑤ 邓香莲、闫玲玲：《全媒体时代出版企业的新媒体传播测评指标体系构建研究——以华东师范大学出版社为例》，《中国编辑》2019年第12期。

户接收的信息，而且可以观察到用户对这些信息的反应，比如转发、点赞、评论等。随着国际传播研究的快速发展，借助于数据科学方法，设计一套系统、科学、全面且可执行性高的传播效果评估系统变得可行、必要且重要。针对社会化媒体效果产生机制，效果产生的过程可以简单概括为刺激—反应的过程，但中间要经过人类大脑，学界并不缺乏对社会化媒体效果测量与评估的重要性的共识，却鲜见揭示社会化媒体平台上效果产生机制的重要实证研究。① 基于数据驱动国际传播的效果测评从定性走向定量，构建历史可追溯、效果可量化、趋势可预测的国际传播智能评价体系，对中国传播效果研究深度拓展有重要理论意义和现实价值。同时，融合传播学、信息科学、互联网挖掘、复杂网络、社会动力学、系统理论、社会心理学等多个学科的研究手段和方法，设计科学的指标体系，并基于用户真实世界的行为数据和态度数据，结合评估传播效果，有助于发现用户微观行为与宏观信息扩散趋势之间的关系，揭示信息干扰对信息传播规律的影响，探索客观且高效的传播效果评估方法和影响最大化策略，理解社交媒体信息传播的演变机制。传统的效果研究特别是国际传播效果研究较多聚焦于传播主体特别是外宣媒体的效果研究，但以具体的政府议题或公共产品如"中国梦""一带一路""人类命运共同体"等为研究目标的研究仍比较薄弱，亟待传播效果研究拓展至对应领域。

三　外宣环境相关研究

"一带一路"倡议的顺利推广，需要对共建国家及地区的舆论态度有清楚的洞察，需要对共建国家及地区的公众意见有精准的把握，如此才能打破"一带一路"国际传播与宣介的潜在壁垒，加强"一带一路"倡议国际传播的针对性。"一带一路"倡议一经提出，就成为世界关注的焦点。不同国家和地区因为地缘因素、历史因素、媒体因素、经济因素等，对"一带一路"倡议既有持肯定态度的，也有存在误解的，且观点极为复杂，积极开展区域国别研究，洞察"一带一路"倡议外宣环境极为重要。同

---

① 王秀丽、赵雯雯、袁天添：《社会化媒体效果测量与评估指标研究综述》，《国际新闻界》2017 年第 4 期。

时，精确的国际传播效果评估对甄别文化折扣有重要意义。所谓"文化折扣"，最初是指因文化背景差异，国际市场中的文化产品不被其他地区受众认同或理解而导致其价值的减低。① 文化折扣概念最早由加拿大学者霍斯金斯（Colin Hoskins）和米卢斯（R. Mirus）提出。霍斯金斯认为，扎根于一种文化的特定的电视节目、电影或录像，在国内市场很有吸引力，因为国内市场的观众拥有相同的常识和生活方式；由于不同国家或民族之间在风格、价值观、信仰、历史、神话、社会制度、自然环境和行为模式等方面的差异，这种吸引力在其他国家或地区会出现不同程度的减弱。② 从传播学的视角来说，文化折扣的本质是信息跨文化传递中的损耗和噪声问题。科学的传播效果评价，特别是基于大数据海量传播互动内容的评估，可以有效识别目标受众对国际传播信息的接触、认知和评价与传播者传播预期之间的差异，精准识别文化折扣，以及文化折扣的发生环节和变化机制，进而实现传播效果的优化。对国际传播效果的准确考察是国际传播从能力向效力转变的关键环节，是推动中国国际传播有效传播中国故事的关键，是有效提升中国国际影响力的重要基础。专注于效果的理性、科学的国际传播资源配置，是实现中国国际传播效能最大化的有效保障。因此，建构基于中国国际传播现状的效果评估体系是中国国际传播能力提升的必然选择，同时评估体系的建构对广大发展中国家有重要的借鉴意义。

四 基于数据效果评估相关研究③

建构一套即时的、自动的、有海量数据支持的多模态效果评估体系，是中国媒体内容评估的必由之路，是推动中国外宣媒体从传播能力建设转向效能建设的必然选择。传统的媒体传播效果研究多采用受众调查。受众调查较多是对受众抽样后的一种样本分析，这种效果评估方式存在效果评

① 喻国明：《跨文化交流中的三个关键性传播节点——关于减少和消除"文化折扣"的传播学视角》，《新闻与写作》2020 年第 3 期。
② 考林·霍斯金斯、司徒亚特·迈、克法蒂耶、亚当·费恩：《全球电视和电影：产业经济学导论》，刘丰海、张慧宇译，新华出版社，2004。
③ 本部分为已发表成果观点。参见秦昕婕、刘昊《"一带一路"沿线国家舆情大数据平台建设研究》，《经济研究导刊》2020 年第 29 期。

估成本高、样本代表性难以确保等问题，且在国际传播领域对国外受众的抽样调查，操作起来难度很大。传统效果评估根植于收视率、收听率、发行量的效果评估框架应该随着信息技术的进步，特别是结合大数据有所发展。今天的信息生态正在整体性地从"信息"向"讯息"乃至向"数据"滑动。① 大数据、人工智能技术正在快速重塑广播、电视技术曾建构的信息生态。② 基于大数据技术，在结构化、半结构化和非结构化的海量数据中，通过数据采集、数据清洗、数据分析及数据可视化等手段，既可以覆盖更大的样本，甚至涵盖目标总体，又可以快速形成效果评估结果，且避免人工调查中由人的主观介入引起的误差。因此，大数据技术作为一种工具，在媒体效果评价，特别是中国外宣媒体的国际传播评价中具有巨大的应用潜力和价值。中国外宣媒体面临的信息传播场景具有国际性、复杂性、政治性、文化性以及过滤性等诸多特点。③ 基于数据技术的辅助，外宣媒体可以清楚地实时地知道受众对传播内容的反馈是什么，有效或失效的原因是什么，甚至可以预测采用不同传播内容和手段的效果会怎样。基于数据的传播效果评估，精确洞察传播对象，优化信息生产，进而精准传播，对于提升中国外宣媒体的国际传播效能有重要的意义和价值。

"一带一路"倡议自提出以来，受到国际社会的广泛关注，成为国际传播信息场域的焦点。共建国家在经济、贸易、文化交流等各个领域全面展开深度合作，倡议已落地为建设，蓝图变成路线图，"一带一路"的"四梁八柱"框架已基本成型。随着"一带一路"建设从写意的框架搭建转至工笔的细描深入，共建国家文化的差异、意见的多元化、利益诉求的差异等矛盾与错位会凸显出来。因此，加深对共建国家的历史、文化、经济、政治等领域的了解，推动共建国家的信息交流，未雨绸缪，规避或疏导潜在的障碍，推动共建国家共赢，是"一带一路"倡议亟待解决的问

---

① 姜飞、张楠：《中国对外传播的三次浪潮（1978—2019）》，《全球传媒学刊》2019年第2期。

② 陈昌凤、师文：《智能化新闻核查技术：算法、逻辑与局限》，《新闻大学》2018年第6期。

③ 程明、奚路阳：《关于大数据技术与国际传播力建构的思考》，《新闻知识》2017年第6期。

题。打造"一带一路"国际舆情数据库平台，对共建国家政治变化、经济态势、政策法规、突发事件等国情民意进行采集、整理和分析。从海量、多源的数据中挖掘具有决策价值的知识，为"一带一路"倡议传播效果评估赋能，进而智能辅助决策，对"一带一路"持续良性展开与核心诉求实现有重要的现实价值。"一带一路"倡议的效果评估高度依赖国际媒体和社交媒体数据，"一带一路"倡议相关国家对倡议的态度、舆论领袖态度、公众对相关信息的情感态度，既是不同声音的表达也是传播效果评估的重要依据。对共建"一带一路"国家的区域国别研究，可以将特定的国家作为一个窗口，观察该国对"一带一路"倡议的认知与评价，这亦需要海量、准确的数据的支持。很多大国在基础数据领域保持较大投入，支撑科学决策。比如，总部在英国的简氏信息集团（Jane's Information Group）创建了简氏国家安全与风险预警数据库、简氏军用装备与技术数据库、简氏防务杂志数据库等，在国际防务市场有极大的影响力；美国国家经济研究局也建立了各类数据库[1]；印度和平与冲突研究所的南亚军事平衡数据库和南亚诸国数据库为决策研究提供信息服务[2]。因此，建设"一带一路"国际传播信息数据库对提升"一带一路"大数据决策支持能力有重要意义。

共建"一带一路"国家地缘关系复杂，经济发展水平参差不齐，民族习俗差异巨大，文化千差万别，因此对共建国家社情民意信息及时、准确地洞察，是中国作为"一带一路"倡议发起国确保宏观决策科学的基础。只有掌握共建国家的社情民意，才能有针对性地优化"一带一路"倡议的话语表达，保障实体合作顺利开展。共建"一带一路"国家每时每刻都在产生海量的信息，对信息分析化繁为简，提取有价值的知识，是大数据的优势和特长。根据维克托·迈尔−舍恩伯格（Viktor Mayer-Schönberger）的观点，大数据的核心特征是对大量的、高速的、多样的、低价值密度的和真实性的全数据进行处理。存储在共建"一带一路"国家媒体网站和社交

① 袁建霞、董瑜、张薇：《论情报研究在我国智库建设中的作用》，《情报杂志》2015 年第 4 期。
② 赵豪迈：《"一带一路"新型智库信息资源开发问题及策略研究》，《智库理论与实践》2019 年第 5 期。

媒体上的与"一带一路"倡议相关的新闻、评论及用户行为数据，为应用大数据的分析提供了可能。大数据平台分析不但可以实现理论驱动在大数据集上检验，更可以实现基于数据潜在模式的识别，进而优化或创新理论。碎片化的数据提取和大数据分析，不但能准确识别共建"一带一路"国家国情，更可以准确体现民意。基于文化的多样性，共建"一带一路"国家的公众意见在数据上呈现复杂性、隐蔽性、动态性等特点，关键舆情往往蕴含在海量数据的隐性邻域中。大数据分析不仅解决数据大容量的问题，更关注"海量数据"和"规模非常大"特点之外的价值稀疏问题，即隐性价值挖掘。[1] 应用大数据平台可以实现数据隐性邻域的挖掘，剥离噪声，将数据的稀疏价值提炼为有效知识。基于大数据的支持，根据共建国家的民意诉求，优化"一带一路"倡议的话语表达，可以有效推动"民心相通"工程。因此，"一带一路"舆情大数据平台的建设，将有助于构建"一带一路"清朗国际舆论新空间。"一带一路"数据资源归集是实现知己知彼、促进合作交流的有力保障，也是建立"一带一路"信息服务体系的基石。[2] 信息数据库建设可以为"一带一路"定量评估提供准确的、系统的原始材料，提升"一带一路"相关效果研究过程的规范性、数理分析的便捷性。

"一带一路"数据平台建设也面临诸多挑战。首先，数据源的定位是一大难题。共建"一带一路"国家目前有 60 多个，每个国家都积累有海量的信息，如何准确地定位及提取有代表性的数据源，既需要对目标国家有深入的了解，又需要在对数据源提取样本后进行科学评估，工程量巨大。以日本为例，日本对中国的报道，多数集中在《朝日新闻》和《读卖新闻》，而《产经新闻》相对较少。[3] 其次，"一带一路"倡议覆盖的语言仅官方语言就有 53 种，这需要大量的外语外事人才参与，不同种类的语言在进入数据库后如何整体分析，是数据建设面临的一大挑战。再次，海量

---

① 李学龙、龚海刚：《大数据系统综述》，《中国科学：信息科学》2015 年第 1 期。

② 于施洋、杨道玲、王璟璇、傅娟：《"一带一路"数据资源归集体系建设》，《电子政务》2017 年第 1 期。

③ 顾晶姝：《外媒舆情中的中国形象构建研究——以〈产经新闻〉"一带一路"涉华报道为例》，《哈尔滨学院学报》2019 年第 7 期。

的数据源归属于不同的国家、不同的文化，数据结构千差万别，数据格式五花八门，数据采集过程中确保数据的质量是数据建设的一大难点。最后，如何将异构的数据使用统一的标准清洗，进而实施有效的分享，实现数据向信息和知识转化，需要深度的跨学科的协作，这是又一大难点。同时，有关"一带一路"的信息涉及文字、声音、图片、视频等多种模态，如何将不同模态信息加以整合、利用是"一带一路"数据平台建设面临的挑战。信息有价，并且演变成了贵金属，发挥战略资源功能。① 新媒体和社交媒体借助大数据和人工智能，正不断变革人类信息传递与分发的生态。基于大数据技术对共建"一带一路"国家所产生的相关数据进行分析和处理，从中提取对国际传播有指导意义的信息和知识，对"一带一路"倡议的外宣有重要的现实意义。"一带一路"倡议相关信息不少，但多是不连续的、不系统的、碎片化的，缺乏关联性，亟须借助数据挖掘从零碎的低价值的数据中提取高价值的知识。② 国内与"一带一路"倡议相关的专题数据库和特色数据库也不断开发与建设，表 1-1 列出了中国主要的"一带一路"数据平台。从表 1-1 来看，现有的数据库建设重点关注的是共建国家的经济、政策、贸易、旅游等宏观及概况型数据，以及专家学者从各层面、各领域、各行业对"一带一路"的研究成果。现有的数据建设重视经济、政策等"硬"数据，忽视文化、媒体等"软"数据。但随着"一带一路"倡议深入推进，已有的数据体系不能满足"一带一路"倡议支持服务，亟须构建多语种、跨学科、多来源的"一带一路"倡议信息资源体系，全方位开展共建"一带一路"国家官方一手资源的收集和整理，进一步加强共建国家媒体的新闻舆情资源建设。③ 国家之交往在于民心相通，民心相通的基础是交往双方信息的准确编解码，深度的了解是有效沟通的基础，构建"一带一路"大数据舆情平台势在必行。

① 姜飞、张楠：《中国对外传播的三次浪潮（1978—2019）》，《全球传媒学刊》2019 年第 2 期。

② 赵益维、赵豪迈：《大数据背景下"一带一路"新型智库信息服务体系研究》，《电子政务》2017 年第 11 期。

③ 严丹、李明炎：《高校"一带一路"研究的信息需求和资源支撑体系构建》，《图书馆建设》2018 年第 8 期。

表 1-1　国内有关"一带一路"的主要数据库情况

名称	单位	主要内容	检索方式	指标体系
一带一路研究与决策平台	国务院发展研究中心信息网	报告、案例、行业、法规、项目、园区、数据以及图表、资讯、规划方案、机构、大事记和重点报告	多维检索	无
中国一带一路网	国家信息中心	国内外"一带一路"新闻、政策、基于指标体系数据、企业信息	关键词检索	大数据指标体系
新华丝路网	新华社	新闻、国别分析报告、智库与咨询机构研究动态与成果、海外记者稿件、共建国家和全球主要经济体宏观经济、法律法规、知识产权等数据、世界各国官方统计数据	关键词检索	无
一带一路统计数据库	中国经济信息网	参与共建的 65 个国家、国内重点省市和相关港口的主要经济统计数据	多维检索	指标数体系
一带一路数据分析平台	北京大学	参与共建的国家政治、经济、文化、科技、外交、军事等各类统计数据与介绍信息	无检索	五通指标体系
丝路信息网	上海社会科学院	参与共建的国家、城市、文献、统计、投资项目、经济运行报告、中国国策等	关键词检索	无
一带一路数据库	社会科学文献出版社	参与共建的国家、区域的基础性资料、学术理论库、投资指南库	多维检索	无

资料来源：笔者根据各网站资料整理。

第四节　研究创新

一　学术思想创新：聚焦传播效果的实证评估体系

"一带一路"国际传播效果评估强调评估的聚合性与针对性。"一带一路"倡议的国际传播效果评估是一个复杂而多维度的过程，聚合性聚焦评估体系应综合多种因素和视角，全面覆盖传播的各个方面。这包括传播内容的广度与深度、传播渠道的多样性、受众的广泛性和多元性等。通过综合考量这些因素，形成一个整体性的评估框架，有助于全面了解"一带一路"倡议的国际传播效果。针对性强调评估体系能够针对不同的传播对象、传播环境和传播内容进行精细化分析。不同国家和地区的文化背景、政治环境和社会经济条件各不相同，传播效果也因此存在差异。评估时需要根据具体情况，采取有针对性的评估方法，针对性评估有助于精准把握各个地区和国家的传播效果，提高评估的科学性和准确性。评估指标体系设计强调定量与定性指标的兼顾。定量指标可以通过数据统计和分析，客观反映传播的基本情况和整体效果。这些指标包括传播覆盖面、受众参与度、信息传播速率、社交媒体互动强度等。评估指标体系的构建在重点突出和全面兼顾之间较好平衡。评估体系的全面兼顾和重点突出是确保评估效果的重要原则。全面性要求评估体系涵盖所有可能影响传播效果的因素，从宏观传播策略到微观内容细节都要纳入考察范围。通过设定多层次、多维度的指标体系，确保评估的系统性和完整性。在全面覆盖的基础上，评估体系突出关键指标即对整体传播效果具有决定性影响的指标。通过识别和重点分析这些关键指标，可以更有效地评估"一带一路"国际传播的实际效果。指标体系的可操作性和应用性是构建评估体系的重要方面。可操作性要求指标设计简明易行，评估过程便于实施和管理，减少主观因素的干扰。应用性则强调指标体系在不同媒介生态和传播环境下的普适性。随着媒介技术的发展和传播环境的变化，评估体系需要具有足够的灵活性和适应性，能够根据实际情况进行调整和优化。这不仅有助于提高评估的准确性和可靠性，还可以为不同层次的决策提供有力支持。评价体系的普适性是确保评估结果具有广泛适用性的关键。普适性要求评估体系能够适用于不同的传播环境和媒介生态，提供一致和可比较的评估标准。同时，评价体系还应考虑研究的横向对比。通过比较不同地区和不同传播策略的效果，可以发现"一带一路"倡议国际传播的最佳实践和成功经验。这有助于总结经验教训，推广有效的传播模式，提高整体传播效果。"一带一路"国际传播效果的评估应具备聚合性与针对性，设置精确的指标，兼顾定量与定性指标，确保指标体系的全面兼顾和重点突出，强调指标体系的可操作性和应用性，最终实现评价体系的普适性和研究的横向对比。

二 学术观点创新：引入情感维度且可操作性强的指标体系

构建"一带一路"国际传播效果的评估体系，细化到全部末级指标是确保评估全面性和精准性的关键步骤。将每个评估维度分解为具体、可操作的末级指标。每个末级指标应有明确的定义和测量标准，确保在评估过程中能够准确地捕捉和反映相关的传播效果。这种细化不仅有助于提高评估的精确度，还能为具体的改进措施提供明确的指引。在评估体系中，确保所有指标具有充分的可观测性和客观性。每个指标都必须能够通过具体的、可测量的数据来评估，而不是依赖于主观判断或难以量化的信息，同时评估结果避免主观偏见，确保评估过程的公正性和科学性。这需要通过严格的数据收集和分析方法，保证数据来源的可靠性和结果的可重复性。在实际评估过程中，指标能够方便应用和操作。为了达到这一目标，指标体系设计应简明、直观，评估方法应易于理解和实施，评估结果能够直接指导实际操作和决策。有效的评估指标不仅要反映传播效果，还应为改进传播策略提供实用的建议和方向。通过实际的社交媒体评估数据对指标进行可靠性和稳定性的检验。检验评估指标在不同情境下的表现以及其可靠性和稳定性。在社交媒体数据传播效果评估中情感维度是不可忽视的重要方面。传播内容对受众的情感影响直接决定了传播致效的程度。评估体系将情感作为重要维度纳入其中，充分考虑情感的正负面类型和强度。"一带一路"国际传播效果评估体系的构建需要细化到全部末级指标，确保所有指标具备充分的可观测性和客观性以及较强的可操作性。同时，需要综合考虑多种网络平台，实现对异构平台指标计算的整合和合理的权重配比。使用因子分析法对指标进行因子归纳。这些方法和原则的应用，将为"一带一路"国际传播效果的科学评估提供坚实的理论和方法基础。

三 数据使用创新：基于社交媒体用户行为和态度数据评估[①]

共建"一带一路"国家数据采集要覆盖目标国家的政府网站、媒体网

---

① 本部分为已经发表成果观点修改。参见秦昕婕、刘昊《"一带一路"沿线国家舆情大数据平台建设研究》，《经济研究导刊》2020年第29期。

站、论坛、社交媒体等信息承载平台，实现舆情信息的最大化覆盖。信息采集不但要覆盖信息的内容本身，更要基于信息承载媒体平台的特性，进行结构化信息的提取，比如新闻页面的评论、访问量、社交媒体内容的评论、回复、转发等。设计采集器实现目标信息采集的智能化和自动化，并使用人工核检的方式提升数据的质量。积累热点关键词形成"一带一路"热点词词库并更新与优化。共建"一带一路"国家有 53 种官方语言，属于九大语系，语言状况复杂。① 数据采集的语言覆盖目标官方语言，数据采集的难度通过小语种人才的培养和机器翻译等技术手段解决。在自有采集的数据基础上，借助第三方数据平台，比如 Factiva 数据库、GDELT 全球事件库，进行数据整合和交叉比对，提升数据的质量和覆盖面。数据采集根据目标国家的信源的结构变化动态调整。采集数据的存储专门考虑可扩充性和升级能力，持续地对大数据平台进行后期维护，提升数据的价值。针对采集的半结构化或非结构化的文本数据，基于数据的特点和数据存储的扩展性，放弃使用传统的关系数据存储，选择云数据的方式，提升数据的并发访问能力和高可扩展性。采集内容在入库前要经过严格的编码，过滤垃圾数据和重复信息，提升数据质量。信息编码的规范在数据专家的帮助下进行。编码标准一旦确定，须严格遵守，保证数据编码的唯一性和持续性。配置专门的数据编码员，采用冗余编码员交叉检查采集数据的完整性，纠正数据的错误，科学处理缺失值，补采遗漏属性或标注。设计技术维度的数据检错机制，通过技术手段检查数据的完整性。基于机器学习和人工智能技术手段，通过聚类、分类、情感标注等手段，对采集信息进行智能化标注，并将标注的标签写入数据集，提升数据的结构化程度。基于自然语言处理的实体抽取技术，抽取采集信息的人名、地名、机构、数字、时间等核心实体和实体之间的关系，将抽取的信息以属性的方式回标数据。基于地理实体的抽取，结合地理空间数据库，即地理信息系统，引入地理空间数据维度，供数据可视和分析的高阶调用。数据编码与标注保存数据之间的关联特征，比如社交媒体用户关注、信息的评论关系、文本转发关系、事件信息的流动关系。大数据平台对数据服务的封装

---

① 王辉、王亚蓝:《"一带一路"沿线国家语言状况》,《语言战略研究》2016 年第 2 期。

是数据价值开发的重要途径，数据检索是数据共享的接口。检索架构也是数据分析与可视化的起点，数据检索性能的灵活性直接影响"一带一路"大数据平台效率和应用场景的多元化。"一带一路"大数据平台资源架构与检索的设计，注重界面的友好性、检索方式的灵活性、显示方式的直观性、数据交换的便捷性、检索结果的准确性。为检索结果创建索引字段，在遵循国际及国内标准的前提下，根据"一带一路"舆情信息的特征选择数据属性进行索引的创建。将常用的基础查询封装成存储过程调用，既优化查询效率，又提升系统的安全性。将异构的数据集打包为数据服务，供数据再加工、数据分析、数据可视化、趋势预测灵活调用。优化检索算法，提高检索结果与关键词的耦合度，剔除冗余信息。面向决策组织资源，基于数据的多维属性和多维关系，设计直观的交互方式，预留数据上下钻取的通道，决策呈现与底层数据无缝整合，决策到数据可回溯，数据到决策有过程。"一带一路"大数据平台建设面向决策需求，提供统计分析、风险评估，态势预测和可视化展现等一站式数据服务。使用统计分析对采集数据属性进行统计描述。依托采集的数据，遴选与优化指标，指标体系分为两个层级，利用灰色统计法和层次分析法计算各层指标权重，使用因子分析和主成分分析进行多级指标构建和效度检验。应用指标体系实时监测"一带一路"关联事件的国际舆情的热度、情感度、负面主题等，并评价"一带一路"传播效果。使用自然语言处理、社会网络挖掘、大数据聚类与分类等方法，实现"一带一路"的议程挖掘、舆论领袖挖掘、重要媒体挖掘，提供观点分析、事件脉络分析、趋势分析、历史报道分析。基于数据科学的方法，从经济、政治、文化、教育等多个维度对共建"一带一路"国家进行数据画像。配合典型事件及话题的观察，基于关联分析、时间序列分析、分类分析、聚类分析，评估中国"一带一路"在传播理念、话语选择、渠道配置、传播视角、传播内容、编码方式、传播策略上的合理性。研究国际传播中的舆情规律，挖掘潜在的数据模式，检验、拓展和创新理论。基于抓取的数据提供即时查询并可回溯的数据来源，为危机处理提供数据支撑。

　　本书所形成的数据库可推动"一带一路"理论的创新，并基于数据挖掘国际传播领域潜在的运行机制和模式，推动"一带一路"的基础性研究，为"一带一路"风险监测和预警、以重点国家和区域国别研究为代表的学科走向深入独辟蹊径，为各类科研院所的相关学术研究提供深入、系统的专业学术参考。研究成果形成的数据集不但可以成为"一带一路"倡议外宣研究与决策的第一手材料，也可以成为管理学、新闻与传播学、政治学、语言学、区域与国别研究的重要基础数据，为各学科研究提供深入、系统的学术参考。

第二章 社交媒体场域中的"一带一路" 国际传播

第一节 社交媒体定义

维奥思社（We Are Social）和互随（Hootsuite）两家机构的统计数据显示，截至 2019 年 1 月，全球有 43.9 亿互联网用户，其中社交媒体的用户高达 34.8 亿，占互联网用户总量的 79.27%。[①] 随着互联网尤其是移动互联网的大规模普及，社交媒体正成为人们主要的信息获取来源。社交媒体源于外文词 Social Media。安东尼·梅菲尔德（Antony Mayfield）最早把 Social Media 定义为一系列在线媒体的总称，具备参与性、公开性、互动性、社区性和连通性。[②] Social Media 在国内有时又被翻译为社会化媒体、社会性媒体。关于 Social Media 的翻译曹博林和赵云泽等学者有专门的讨论和辨析，[③] 认为翻译成"社交媒体"更为准确，因为社会化媒体的翻译仅仅强调民间媒体与国有媒体的区别，但不能反映出 Social Media 的核心特征即人际交往。一般谈到社交媒体这个概念时，都会具体指向一些网站，即社交媒体网站。从社会学的角度出发，潘恩（Paine）将社交媒体定

[①] We Are Social & Hootsuite, "Digital 2019: Global Internet Use Accelerates," April 27, 2019, https://wearesocial.com/uk/blog/2019/01/digital-in-2019-global-internet-use-accelerates/.

[②] Antony, Mayfield, *What Is Social Media*, 2008.

[③] 曹博林：《社交媒体：概念、发展历程、特征与未来——兼谈当下对社交媒体认识的模糊之处》，《湖南广播电视大学学报》2011 年第 3 期；赵云泽、张竞文、谢文静、俞炬昇：《"社会化媒体"还是"社交媒体"？——一组至关重要的概念的翻译和辨析》，《新闻记者》2015 年第 6 期。

义为一个商业性的社区，在这个社区中，客户和员工的关系并不重要，重要的是社区成员之间形成的关系。① 从传播学的视角出发，卡普兰（Kaplan）和海恩莱因（Haenlein）强调内容的创造和传播方式的特点，将社交媒体定义为"建立在 Web2.0 的意识形态和技术支持基础上，允许用户自己创造和交流内容的网络应用"。② 社交媒体是指能够帮助网络用户进行内容创造、互动和操作的一系列硬件和软件技术创新，与传统网络媒体沟通方式相比，社交媒体更易接近、互动性更强并且是以用户为中心的。③ 社交媒体一般具有分享内容的场所，用户在这个场所中创造、分享或评估的内容全部或大部分来自参与者自己，建立在社会互动的基础之上；所有积极参与互动的用户均有自己的个人页面，用来联结其他用户、内容、平台及应用。④ 学者所普遍接受和引用的社交媒体网站定义为，社交媒体网站是一种基于网络的服务，允许用户创建公开或半公开的个人账号，列出与该用户共享链接的其他用户的名单，允许用户查看并访问这些链接，这些链接的构成规律会因网站而异。⑤ 这个定义给出了社交媒体的基本特征即受众基于链接的传播和互动。按照这个定义，国际上一般把推特（Twitter）、脸书（Facebook）、油管（YouTube）、照片墙（Instagram）、领英（LinkedIn）、红迪（Reddit）等归为社交媒体。

第二节　社交媒体平台

社交媒体成为世界各国互联网用户，特别是年轻群体一种重要的信息获取方式。根据维奥思社和互随2022年4月发布的全球数字报告，世界各

---

① Paine, Katie Delahaye, *Measure What Matters: Online Tools for Understanding Customers, Social media, Engagement, and Key Relationships* (New York: John Wiley & Sons, 2011).

② Kaplan, Andreas M., and Haenlein, Michael, "Users of the World, Unite! The Challenges and Opportunities of Social Media," *Business Horizons* 53 (2010): 59-68.

③ Berthon, Pierre R. et al., "Marketing Meets Web 2.0, Social Media, and Creative Consumers: Implications for International Marketing Strategy," *Business Horizons* 55 (2012): 261-271.

④ Lietsala, Katri, and Sirkkunen, Esa, *Social Media: Introduction to the Tools and Processes of Participatory Economy* (Tampere University Press, 2008).

⑤ Boyd, Danah M., Ellison, Nicole B., "Social Network Sites: Definition, History, and Scholarship," *Journal of Computer-Mediated Communication* 13 (2007): 210-230.

地已有 46.2 亿人在使用脸书、油管、微信等社交媒体,相当于全球总人口的 58.4%。① 脸书、推特、油管是较早出现、用户量较大的平台,而照片墙、领英是后起之秀。各种社交媒体平台既有自己独特的服务特性,又有社交媒体共有的特性。脸书是社交网络服务及社会化媒体网站,其用户可以传播文字、图片、视频、文档、表情和声音等信息。脸书的内容共享是半开放的部分用户共享的信息,需要建立好友关系后才可见。推特是微博客和社交网络服务平台,该平台允许用户更新不超过 280 个字符(中文、日文和韩文为 140 个)的推文。推特是个完全开放的平台,网站的非注册用户可以阅读公开的推文,内容的查看不需要基于关注关系。脸书和推特的本质区别在于,前者是基于关系的(特别是熟人关系)、半开放的,后者是基于信息传播(特别是信息广播)的、完全开放的。油管是视频搜索和分享平台,平台用户可以上传、观看、分享及评论视频。领英是一款社交网络服务网站,专注于商业人士的人脉关系的服务和求职,用户注册后通过用户标签嵌入关系网络。照片墙的主要服务是在线图片及视频分享,用户中年轻人居多。全球知名的市场研究公司 Statista 的数据显示,截至 2022 年 1 月,脸书仍为全球最大的社交媒体平台,月活跃用户为 29.10 亿,油管次之,月活跃用户为 25.62 亿。② 社交媒体平台用户普遍有较高的平台使用黏性。美国调查机构皮尤研究中心(Pew Research Center)2021 年 1 月 25 日至 2 月 8 日针对美国民众进行的调查显示,71%的脸书用户每天访问该平台,59%的照片墙用户每天访问该平台,46%的推特用户每天访问该平台,54%的油管用户每天访问该平台。③ 社交媒体的信息对用户的认知、态度和行为产生深度影响。皮尤研究中心于 2020 年 1 月 6 日至 20 日对 12638 名美国成年人进行了一项具有代表性的小组调查。这项调查发现,大多数(72%)的美国人认为油管是他们获取新闻的重要途径

① We Are Social & Hootsuite, "Digital 2022: April Global Statshot Report," May 24, 2022, https://datareportal. com/reports/digital-2022-april-global-statshot.

② Statista Research Department, "Most Popular Social Networks Worldwide as of January 2022, Ranked by Number of Monthly Active Users," May 24, 2022, https://www. statista. com/statistics/272014/global-social-networks-ranked-by-number-of-users/.

③ Pew Research Center, "Social Media Use in 2021," May 24, 2021, https://www. pewresearch. org/internet/2021/04/07/social-media-use-in-2021/#fn-27044-1.

（59%）或最重要途径（13%）。① 社交媒体不但成为全球网络用户重要的信息接收和转发平台，而且成为国际主流媒体扩大影响力的平台。美国社交媒体服务提供商萌芽社交（Sprout Social）的调查显示，86%的社交媒体用户愿意跟踪相关品牌的社交媒体账号，78%的消费者会在脸书上跟踪相关品牌的账号，57%的消费者会在照片墙上跟踪相关品牌的账号，47%的消费者会在油管上跟踪相关品牌的账号，36%的消费者会在推特上跟踪相关品牌的账号。②

第三节　社交媒体国际传播特点

一　去中心化传播信息扩散效应强

社交媒体平台的每一个账号都是一个相对独立的信息处理与转发单元，他们能够和与之相连接的周围的节点进行实时的信息交流。因此任何一个社交媒体用户既是信息的传递者，也是信息的接收者。与传统的媒体受众的概念有较大的不同，社交媒体用户不但是信息的接收者，更是信息传播的中介，发挥分流作用。因此社交媒体具备更强的信息扩散能力，社交媒体用户之间的信息传递的穿透力更强。同时社交媒体的信息网络传播结构呈现一种典型的"去中心化"特点，普通用户因为信息传播能力的增强，对互动和主题讨论的参与性会更强，信息传播的深度和广度得到有效扩展。

二　碎片化传播增强信息渗透性

社交媒体平台传播的是短小、精悍的碎片化信息，以推特为例，从最初的最长 140 个字符到后来的 280 个字符的限制，文字不长，很多时候嵌入图片和短视频。碎片化的内容会缩短用户的信息消费时间，减少用户信

---

① 《调查：约 1/4 美国成年人通过 YouTube 获取新闻资讯》，2020 年 9 月 29 日，https://www.sohu.com/a/421700773_99956743，最后访问日期：2021 年 8 月 26 日。

② Sprout Social，"15+ Social Media Platforms Your Brand Should Use," May 24, 2021, https://sproutsocial.com/insights/social-media-platforms/.

息消费的时间成本，用户的体验会更好，自然更容易接纳传播的内容。社交媒体内容的碎片化传播，也要求社交媒体的内容制作更强调重点突出、观点明确、形式新颖，无形中增强了信息的传播力。受众在接收到社交媒体信息后，因为信息是零碎地传递给受众，受众要靠自己的认知完成信息的拼接，形成自己的观点，对比长篇大论的内容输出，受众更容易接受自己组织信息后的认知。因此社交媒体的碎片化信息传播更有助于构建社交节点之间的信息穿透、认知理解和情感认同。加上社交媒体可以对国际议题进行实时互动，恰当地使用社交媒体传播工具可以有效地对冲谣言，消除负面影响。同时社交媒体参与信息传播的主体更加多元，也会让碎片化的内容更加丰富，通过平台的无国界穿透，有利于消除公众因为信息缺失和主流媒体建构形成的对中国的刻板印象。

三　多主体内容生产与立体传播

随着社交媒体平台使用普及率的提升和使用时长的增加，社交媒体成为用户获取信息资讯、感知世界的重要渠道。新的信息与通信技术加快了跨国界传播，而信息在互联网的发布如此简捷便利，使得任何一个人都可以轻易地向全世界发布新闻信息。这些新的传播手段和途径的出现使国际传播面临新的机遇和挑战。[①] 基于庞大的用户数量与受众获取新闻习性的变革，社交媒体已经成为发送突发新闻信息和及时性事件的有效平台，成为媒体机构发布内容和吸引受众的不可或缺的工具。[②] 社交媒体的特性决定了其能激发社会从专业媒体到自媒体，从政府、组织到个人，从专业内容生产到用户内容生产的全面、立体的信息内容生产。传统媒体不但频繁引用社交媒体内容，而且普遍入驻推特、脸书等社交媒体平台，频繁进行新闻传播活动。社交媒体推动着"人人都有麦克风"的公众传播，公共领域中的信息表达和接收似乎也显得更为自由和"去中心化"。[③] 一些根植于社交媒体平台的"草根"原为自媒体，凭借流量和内容，成为网络媒体的

---

① 田智辉：《新媒体环境下的国际传播》，中国传媒大学出版社，2010，第47页。

② Kilgo, D. K., "Media Landscape on Tumblr," *Digital Journalism* 4（2016）：784-800.

③ 徐翔：《中国文化在国际社交媒体传播中的"话语圈层"效应》，《新闻界》2017年第2期。

舆论领袖，参与议程设置。主流媒体不再拥有阐释意义的唯一合法性和权威地位，社交媒体上升为阐释意义和价值的新主流媒体。① 因此社交媒体有可能成为国内外民众之间交流沟通的有效渠道，基于中国庞大的社交媒体用户量，其有可能成为丰富中国国际传播内容、提升中国国际传播效果的有效渠道。社交媒体平台多种传播主体立体化的传播参与，不但有利于构建立体的外宣体系，还有利于多维度讲述中国故事，让中国国家形象更加鲜活生动，让中国国际传播更具亲和力。

第四节　社交媒体平台的国际传播优势

一　传播元素广泛性，传播渠道立体化

传播元素广泛性强调传播主体和传播内容以及受传者的广泛性。以往的传播主体多是政府或官方机构，而自媒体平台的传播主体不仅有官方机构、意见领袖，还有身处各行各业的自媒体用户，自媒体平台上任何一个节点都可以传播或再传播。主体的多样性自然带来内容的丰富性，用户生产内容、专业生产内容甚至两者叠加，让信息呈现海量性，信息形式呈现多样性，创造性地实现丰富信息的传递，充分满足受众多元化和个性化的信息需求。在社交媒体平台，用户靠兴趣、地域、话题等属性聚合成特定群体，信息传播呈现小众化、圈层化的群体传播特点。加之社交媒体平台信息流动的便利性，其中人际传播、群体传播、大众传播交叉叠加，信息传递呈现主体、形式和渠道的立体化特点。借助社交媒体，传播者可以与不同国家的民众互动，充分利用和整合"公民记者"、民间基金会等"非官方"渠道和资源，逐渐淡化对外传播的官方色彩，提升中国对外传播媒体和机构的公信力和亲和力。② 社交媒体平台实现了不同国家、不同民族、不同肤色的社交媒体用户彼此直接、快速的交流。社交媒体用户根据自己的兴趣订阅并关注特定文化的好友，融入特定的意见网络，在了解好友生活的

① 王莉丽、刘子豪：《后真相时代特朗普"推特治国"舆论传播特点及启示》，《国外社会科学》2018 年第 3 期。
② 史安斌：《探析全球传播变局与我国外宣思路》，《中国国情国力》2014 年第 11 期。

同时也分享自己的生活。社交媒体互动能推动民间的对话，互动过程中形成的用户的行为数据可以使用大数据的方式分析，识别文化壁垒与成见，进而识别"一带一路"的舆情风险，提升国际传播效力。

二　传播话语平等性，开辟信息渗透路径

平等性是渗透式传播的显著特点，指话语形式和内容的平等。传统城市形象片的拍摄主体一般为媒介机构等专业团队，选取的内容是脱离日常生活的奇观式影像，并以官方主导的宏大历史叙事的政绩展现为基调，采取线性历史的片段性拼贴完成主流叙事。① 自媒体时代渗透式传播不再强调宏大的内容和叙事角度，转换传播者的俯视视角，讲求话语在形式与内容上的平等性，并以一种互动、协商的平视的视角去讲述故事、传递信息。主体平等性使官方和媒体机构基于社交媒体的传播特点选择草根话语，变宏观为微观，变说教为讲述，变刻板为鲜活。传播话语的平等性营造了一种信息自然流动的氛围，使受众在轻松的娱乐过程中不知不觉地感知传播信息，通过信息共振提升受众的同向解码的可能，将传播效果从注意引导为认知、态度和行为。渗透式传播的渗透路径强调传递信息的碎片化，为浸润提供可能，即宏观主体的碎片化打散和宏观叙述的微观转换。

三　隐匿性传播，增加受众接受度

显性的传播容易触发受众的逆反心理，导致用户对信息的解码出现协商式解码，甚至逆向式解码，影响传播致效。社交媒体平台的信息传播特性，导致内容选择、传播话语和故事讲述的转换，传播过程体验感的提升，让用户在使用信息的过程中愉悦感提升，传播、传授过程淡化。因此，社交媒体平台信息传播的隐匿性更强。渗透式传播隐匿传播者的意图，通过符号系统、话语叙事、意义空间的巧妙拼接，将传播者的传播内容进行"娱乐化"包装，以一种间接的、隐形的方式传递。比如部分自媒体，以"反讽、戏谑、拼贴、转喻等修辞手法使网络语言鲜活有趣、耐人

---

① 孙玮：《我拍故我在　我们打卡故城市在——短视频：赛博城市的大众影像实践》，《国际新闻界》2020 年第 6 期。

寻味"，^① 淡化了传播意图的文本更容易让受众接受，且更容易打破传播者在受传者那里的刻板印象，甚至让用户自发地实现对内容的再传播和二次创作。

四　长期信息浸润，强化传播效果

社交媒体传播是一种缓慢的、长期的信息传递，需要传播者基于传播意图，在内容组织、形式选择等方面进行长期的规划和布局。社交媒体传播强调通过长时间对同一主题类信息进行有效、持续的传递，形成环境信息量与用户认知量之间持续的压力差，使受传者基于信息认知，达到态度认同和行为认同的涵化效果。受传者经过碎片化信息的长期浸泡，基于自己的认知及与社交信息环境的交互，逐渐形成对传播内容的认知，效果形成的过程缓慢，但更多地体现在态度和认知层面。社交媒体传播契合国际受众的信息接收规律，国际形象的改善是一个长期的、由量变到质变的过程。此外，社交媒体传播也是一个长期交互的过程，这个过程包括传播者与受众之间的交互，以及受众对接收到的信息进行再传播。由此，通过反复沉淀和雕刻最终实现传播致效。

五　跨文化信息涵化，提升接受度

社交媒体可以有效推动国际传播中传播主体的多元化。基于社交媒体的平台特性，任何一个个体都可以借助社交媒体平台成为传播者镶嵌在虚拟网络上传播信息。信息在社交媒体网络上快速地互动、整合和聚集。信息的自由流动和用户传播信息能力的提升，提供了不同文化、不同地区的个体进行交流的可能，创造了不同社群和个体连接的机会。这有助于推动文化的交流，增进了解，消除误解，促进"一带一路"倡议为共建国家所了解并认同。社交媒体网络由用户根据自己的喜好编制构建，并且根据用户兴趣动态变化，取代了传统媒体由点到面的中心化信息传播模式。传统的西方主流媒体基于掌握渠道对信息和话语的垄断在社交媒体上有可能被打破，主流媒体阐释舆论的地位在弱化，取而代之的是多元话语。因此国

---

① 隋岩、罗瑜：《论网络语言对话语权的影响》，《当代传播》2019 年第 4 期。

际传播只要内容、形式、话语选择得当，基于社交媒体平台，通过社群聚合和用户自发的二次传播，就容易发挥信息增量效应。

第五节　社交媒体拓展国际场域

随着各种社交媒体平台的普及，社交媒体成为人类信息流动的一个重要场域，成为国际传播内容的重要载体和流通的重要渠道。社交媒体在全球强势崛起和不断发展，给国际传播的格局和特征带来深刻冲击和挑战。[①] 在发达国家中，受众的新闻供应不仅非常有选择性和不完全性，而且这些新闻也只是从国内的角度来看待世界其他国家的。[②] 社交媒体为改善这种信息的选择性和不完全性提供了新的可能。同时，社交媒体正如同互联网一样成为一种重要的网络基础设施，拓展和丰富人类社会生活。网络基础设施也可能在重新设计国际关系、政治对话、文化交流和创造新思想的条件方面发挥作用，这些方式与外交的本质直接相关。[③] 社交媒体平台在文化、社会、政治、经济等领域的国际交流方面的影响力日益增强。社交媒体的社交网络环境针对国际传播打造了一种信息生态，其广度和深度与传统的国际信息流通方式有着显著的不同。脸书和推特现在已经成为外交领域的常用工具，用于收集信息、制定政策策略、沟通交流、建立关系、管理网络和获取大众知识。[④] 社交媒体提供了传统主流媒体无法提供的国际交流机会，借助社交媒体，信息的国际流动成本更低。研究发现，推特上的互动对组织与公众关系的质量有着积极的影响。[⑤] 再者，社交媒体大规模信息扩散开辟了新平台，催生了基于社交媒体的公共外交。越来越多的

① 徐翔：《国际社交媒体传播的中国文化及其类型特征——基于网络文本挖掘的实证研究》，《哈尔滨工业大学学报》（社会科学版）2017年第2期。

② 丹尼尔·麦奎尔：《受众分析》，刘燕南等译，中国人民大学出版社，2006，第2页。

③ Melissen, J., Keulenaar, E., "Critical Digital Diplomacy as a Global Challenge: The South Korean Experience," *Global Policy* 3 (2017): 294-302.

④ Hayden, Craig, *The Rhetoric of Soft Power: Public Diplomacy in Global Contexts* (Lexington Books, 2012).

⑤ Saffer, Adam J., Sommerfeldt, Erich J., and Taylor, Maureen, "The Effects of Organizational Twitter Interactivity on Organization-public Relationships," *Public Relations Review* 3 (2013): 213-215.

政府选择社交媒体作为线上交流平台，以美国政府为例，其资助了脸书、推特和油管等网站上多种类型的数千个账户。随着传播渠道的激增与非结构化传播方式的出现，普通用户也获得了直接创制内容的机会，向来由大众传播所主导的一对多的传播模型由此经历重大变化。① 社交媒体已经成为全球性议题传播和扩散的重要渠道。韩国外交部有意利用网络参与文化，吸引用户浏览与韩国相关的网页。这甚至推动人们在政策问题上转向支持韩国的观点，包括国际政治中一些有争议的话题。在传统的国际传播格局中，中国媒体尚未建立强大的话语权和拥有议程设置能力，导致中国在国际传播活动中长期处于不利地位。借助社交媒体平台，国际传播的影响力和传播实力有重新洗牌的机会，中国媒体存在"弯道超车"的可能。广泛的社交媒体传播主体及内嵌的关系网络，有助于打破西方传媒集团的传播垄断，扭转"西强我弱"的国际传播格局，进而提升中华文化在国际社会的到达率和渗透率。社交媒体创造出不同个体、社群、族群间的连接机会。这有利于加强国际对话，增进"他者"与我们的相互了解，从而有助于淡化文化差异、弱化观念或思想的对立，最终促进中华文化被国际社会理解与认同。②

全球社交媒体舆论空间整体发挥着越来越大的影响力，世界很多国家特别是有国际影响力的大国对社交媒体平台的舆论传播日益重视。因此，基于国际社交媒体平台塑造中国国家形象、传递中国声音、讲述中国故事，宣介"一带一路"倡议，既是提升中国国际舆论引领力、传播力、感召力的重点，也是中国形象构建的关键。

第六节　社交媒体评价数据源选择

国际传播效果研究数据源的使用主要包括三个方面：其一是使用媒体

---

① Wilbur, J. E., Buchholz, S. W., Ingram, D. M. et al., "Effectiveness, Efficiency, Duration, and Costs of Recruiting for an African American women's Lifestyle Physical Activity Program," *Research in Nursing & Health* 5 (2013): 487-499.

② 吉强：《基于社交媒体的中华文化国际传播的统战工作新路径探析》，《江苏省社会主义学院学报》2019 年第 2 期。

数据库或者自己采集媒体数据，进而统计中国媒体报道被国际媒体转引情况；其二是使用受众调查的方法获取结构化或非结构化的数据，通过对用户的洞察来评估传播效果；其三是使用国际主流的社交媒体，通过对平台内容和平台用户的行为分析评价传播效果。① 经过多方比较，本书选择推特平台数据作为实现指标体系评价计算的数据。首先，推特作为全球著名的社交媒体平台，广泛汇集了大量国家的网民。推特是一种典型的融合多种传播方式的社交媒体，支持 34 种语言版本，② 拥有 3.965 亿用户，8.85%的世界社交媒体用户使用推特。③ 推特社交媒体平台既能发送文本内容，也可以融合图片、视频、链接等综合形式。其次，推特是个完全开放的平台，不像部分半开放或封闭式的社交媒体平台，其用户平台使用行为清晰可见，方便数据的提取与研究。最后，推特平台的开放性决定了其平台的传播方式更加多元化，既有由点到面的大众传播，又有群体传播，更有点对点的人际传播，有利于实现评价指标体系立体化的评价。基于此，使用推特数据平台，提取关键词"belt and road""B&R""Belt and Road Initiative"，基于推特的限定时间段检索功能按天检索"一带一路"相关推文作为研究对象。使用采集器编写采集规则，对检索的推文及用户数据进行提取，并对用户数据进行匿名化脱敏处理。

---

① 罗雪：《浅论我国媒体的国际传播效果评估体系构建》，《当代电视》2016 年第 10 期。
② "How Many People Use Twitter in 2022?" August 23, 2022, https://backlinko.com/twitter-users.
③ Twitter Developer Platform, "Supported languages and browsers," August 30, 2022, https://developer.twitter.com/en/docs/twitter-for-websites/supported-languages.

第三章 2015~2021年"一带一路"重要节点事件梳理

　　"一带一路"倡议是推进全球化进程的区域合作模式新创举，随着第三次全球化浪潮的到来，一方面各国在国际分工中实现产业互动，在贸易中实现互利共赢，通过参与国际分工实现国内资源的最优配置及分享全球化红利成为大多数国家的共识；另一方面国家间的贸易摩擦、冲突屡见不鲜，"逆全球化"不断抬头。中国作为负责任的大国，"一带一路"倡议成为推动新一轮全球化的划时代壮举。[1] "一带一路"建设秉持的是共商、共建、共享原则，各国共同参与，实现共同发展繁荣。[2] "一带一路"倡议的提出对扩大全球需求、提升全球供给、培育全球新动能具有积极作用，为共建国家平等参与国际合作创造了一个开放性平台，为实现全球可持续发展开辟了新途径。[3] 中国的"丝绸之路经济带"和"21世纪海上丝绸之路"横跨亚洲、非洲、欧洲三个大陆，以政策沟通、设施联通、贸易畅通、资金融通、民心相通，即"五通"工程将共建国家和地区连接起来，实现不同国家和地区之间的优势互补，推动共建国家和地区经济增长，优化产业结构，推动区域合作升级。"一带一路"倡议创新"五通"合作模式，以点带面，从线到片，逐步形成区域大合作格局。[4] 但"一带一路"

---

① 王丞：《一带一路"高质量发展的内涵与路径》，《山东社会科学》2021年第4期。
② 《习近平的"一带一路"之喻》，2019年4月24日，http://www.xinhuanet.com/politics/xxjxs/2019-04/24/c_1124408038.htm，最后访问日期：2021年8月22日。
③ 李锋：《"一带一路"促进全球经济强劲、平衡、包容、可持续发展——"一带一路"国际合作高峰论坛"智库交流"平行主题会议综述（上）》，《经济研究参考》2017年第31期。
④ 《一带一路的五通是什么？》，2019年10月25日，https://www.imsilkroad.com/news/p/45876.html，最后访问日期：2021年8月22日。

倡议的提出也面临诸多挑战，一方面共建国家数量众多，不同国家文化、经济、政治发展不同，部分地区区域冲突频繁；另一方面共建"一带一路"大国与域外大国对"一带一路"倡议有所排斥。针对国际社会的不同声音，中国多次强调，"一带一路"倡议是中国在既有的国际规则内发展与共建国家的正常交往，而非挑战自由、开放、稳定、民主的当今世界秩序。[①] "一带一路"倡议的形象由中国和其他国家共同构建，现有研究显示两者构建的形象存在差异，因此"一带一路"倡议的成功实践需要基于对国际传播信息的全面掌握和反馈信息的及时修正。"一带一路"国际传播尤为必要和紧迫，增强国际传播的效力和效能任重道远。研究"一带一路"国际传播效果，首先应准确把握"一带一路"倡议的历史脉络、背景、内涵、意义、核心诉求，进而精准地开展传播效果评估，因此对"一带一路"倡议重要节点事件的梳理尤为必要。在此对2015年至2021年"一带一路"倡议重大阶段性事件加以整理，展现"一带一路"倡议发展的历程及全貌。

第一节 "一带一路"2015年重要事件

为推进实施"一带一路"重大倡议，让古丝绸之路焕发新的生机活力，以新的形式使亚欧非各国联系更加紧密，互利合作迈向新的历史高度，2015年3月28日，国家发展改革委、外交部、商务部联合发布了《推动共建丝绸之路经济带和21世纪海上丝绸之路的愿景与行动》。[②]

2015年5月19日，中国和巴西两国就修建连接大西洋和太平洋的"两洋铁路"可行性研究达成协议，就推进中巴产能合作达成共识，决定启动"两洋铁路"可行性研究，双方还共同见证了价值270亿美元协议的签署。[③]

---

① 李晓、李俊久：《"一带一路"与中国地缘政治经济战略的重构》，《世界经济与政治》2015年第10期。

② 《推动共建丝绸之路经济带和21世纪海上丝绸之路的愿景与行动》，2015年3月28日，https://www.fmprc.gov.cn/web/ziliao_674904/zt_674979/dnzt_674981/qtzt/ydyl_675049/zyxw_675051/201503/t20150328_9279242.shtml，最后访问日期：2022年8月27日。

③ 《总理拉美行巴西首站捷报：签铁路水电等270亿美元大单》，2015年5月21日，https://www.chinadaily.com.cn/interface/toutiao/1138561/2015-5-21/cd_20782920.html，最后访问日期：2024年6月7日。

罗塞夫总统表示，这一工程减少了向亚洲市场输送商品材料的时间和成本，一条通向亚洲的路线将为巴西打开。铁路将从东向西穿越巴西和南美洲大陆。

2015 年 5 月 25 日，中国、智利领导人举行会谈。智利领导人愿同中方携手打造两国经贸合作升级版，欢迎中方参与"两洋隧道"等基础设施建设。进一步加强农牧业、科技创新合作，拓展文化、教育交流，将智中战略伙伴关系全面推向前进，将有力推动智中关系在两国建交 45 周年之际取得更大发展。①

截至 2015 年 12 月 25 日，包括缅甸、新加坡、文莱、澳大利亚、中国、蒙古、奥地利、英国、新西兰等在内的 17 个意向创始成员国提交批准书，亚投行正式成立。亚投行成员国总数增至 84 个，共贷出 42 亿美元，投资项目从贫民窟到地铁均有覆盖。②

第二节　"一带一路"2016 年重要事件

2016 年 6 月 8 日，中国铁路正式启用中欧班列统一品牌，此后，中国开往欧洲的班列将全部采用这一品牌。中欧班列品牌标识以奔驰的列车和飘扬的丝绸为造型，融合中国铁路路徽、中国铁路英文缩写、快运班列英文字母等元素，以"中国红""力量黑"为主色调，凸显出中国铁路稳重、诚信、包容、负责和实力的品牌形象。统一中欧班列品牌建设、班列命名、品牌标识、品牌使用和品牌宣传，有利于集合各地力量，增强市场竞争力，将中欧班列打造成为具有国际竞争力和国际美誉度的知名物流品牌，对于推进铁路供给侧结构性改革，努力提供更多有效供给，更好地服务于"一带一路"建设，具有十分重要的意义。中欧班列已成为国际物流中陆路运输的主流方式，为服务中国对外经贸发展，贯通中欧陆路贸易通道，实现中欧间的

---

① 《李克强同智利总统会谈：打造中智务实合作升级版》，2015 年 5 月 26 日，https://www. gov. cn/guowuyuan/2015-05/26/content_2868658. htm，最后访问日期：2024 年 6 月 27 日。

② 《亚投行晒两周年成绩单　谈为何刚投对华首个项目》，2017 年 12 月 25 日，http:// www. xinhuanet. com/world/2017-12/25/c_129792052. htm，最后访问日期：2024 年 6 月 27 日。

道路连通、物流畅通,推进国家"一带一路"建设提供了运力保障。①

2016年6月20日,统一品牌中欧班列首达欧洲(波兰)。②

2016年6月23日,中国、蒙古、俄罗斯三国签署《建设中蒙俄经济走廊规划纲要》。该规划纲要明确了经济走廊建设的具体内容、资金来源和实施机制,商定了32个重点合作项目,涵盖了基础设施互联互通、产业合作、口岸现代化改造、能源合作、海关及检验检疫、生态环保、科技教育、人文交流、农业合作及医疗卫生等十大重点领域。③

2016年8月17日,推进"一带一路"建设工作座谈会召开,会议强调聚焦政策沟通、设施联通、贸易畅通、资金融通、民心相通,聚焦构建互利合作网络、新型合作模式、多元合作平台,聚焦携手打造绿色丝绸之路、健康丝绸之路、智力丝绸之路、和平丝绸之路,让"一带一路"建设造福各国人民。④

2016年9月2日,中国与哈萨克斯坦签署《"丝绸之路经济带"建设与"光明之路"新经济政策对接合作规划》。这是"一带一路"倡议框架下第一个双边合作规划。⑤

2016年9月19日,中国与联合国开发计划署签署关于共同推进"一带一路"建设的谅解备忘录。这是中国政府与国际组织签署的第一份共建"一带一路"的谅解备忘录。⑥

---

① 《中国铁路启用中欧班列统一品牌》,2016年6月8日,https://www.gov.cn/xinwen/2016-06/08/content_5080530.htm,最后访问日期:2024年6月7日。

② 《习近平同波兰总统杜达共同出席统一品牌中欧班列首达欧洲(波兰)仪式》,2016年6月21日,http://www.xinhuanet.com/world/2016-06/21/c_129077487.htm? bdmprm = tcfrompbnews,最后访问日期:2021年8月23日。

③ 《外交部:〈建设中蒙俄经济走廊规划纲要〉签署有重要意义》,2016年7月11日,https://www.chinanews.com.cn/m/gn/2016-06-24/7916738.shtml,最后访问日期:2022年8月23日。

④ 《习近平在推进"一带一路"建设工作座谈会上发表重要讲话 张高丽主持》,2016年8月17日,https://www.gov.cn/guowuyuan/2016-08/17/content_5100177.htm,最后访问日期:2024年6月7日。

⑤ 《中华人民共和国政府和哈萨克斯坦共和国政府关于"丝绸之路经济带"建设与"光明之路"新经济政策对接合作规划》,2016年10月24日,http://ydyl.china.com.cn/2016-10/24/content_58249488.htm,最后访问日期:2024年6月7日。

⑥ 《联合国鼎力支持"一带一路"倡议》,2017年4月14日,http://www.xinhuanet.com/world/2017-04/14/c_1120813300.htm,最后访问日期:2022年8月23日。

2016 年 11 月 17 日联合国大会决议首次写入"一带一路"倡议，得到193 个会员国的一致赞同。①

第三节　"一带一路"2017 年重要事件

2017 年 3 月 21 日中国国家"一带一路"官网——中国"一带一路"网正式上线运行，网站微博、微信同步开通。②

2017 年 3 月 27 日，中国与新西兰签署了《中华人民共和国政府和新西兰政府关于加强"一带一路"倡议合作的安排备忘录》。这是中国在"一带一路"框架下与南太平洋地区国家签署的第一个合作文件。③

2017 年 4 月 20 日，中国、白俄罗斯、德国、哈萨克斯坦、蒙古、波兰、俄罗斯七国铁路部门正式签署《关于深化中欧班列合作协议》。该合作协议的签署标志着中国与共建"一带一路"国家铁路的合作关系更加紧密，既为中欧班列的运行提供了更加有力的机制保障，也对进一步密切中国与上述六国的经贸交流合作，助推"一带一路"建设具有重要意义。④

2017 年 5 月 14 日至 15 日，"一带一路"国际合作高峰论坛在北京举行，包括 29 位外国元首和政府首脑在内的 130 多个国家和 70 多个国际组织的约 1500 名代表出席此次高峰论坛。论坛成果涵盖政策沟通、设施联通、贸易畅通、资金融通、民心相通 5 大类，共 76 大项 270 多项具体成果。⑤

---

① 《联大通过决议呼吁国际社会为"一带一路"建设提供安全环境》，2016 年 11 月 18 日，http://www. xinhuanet. com/world/2016-11/18/c_1119943517. htm，最后访问日期：2022 年 8 月 23 日。

② 《国家"一带一路"官方网站正式上线运行》，2017 年 3 月 21 日，http://www. xinhua-net. com/world/2017-03/21/c_1120666700. htm，最后访问日期：2022 年 8 月 23 日。

③ 《中国与新西兰政府签署"一带一路"合作协议》，2017 年 3 月 28 日，https://www. ndrc. gov. cn/fzggw/jgsj/kfs/sjdt/201703/t20170328_1086195. html？code=&state=123，最后访问日期：2022 年 8 月 23 日。

④ 《七国铁路部门签署〈关于深化中欧班列合作协议〉》，2017 年 4 月 24 日，http://www. xinhuanet. com/world/2017-04/22/c_1120856570. htm，最后访问日期：2024 年 6 月 7 日。

⑤ 《习近平出席"一带一路"国际合作高峰论坛开幕式并发表主旨演讲》，2017 年 5 月 14 日，http://www. xinhuanet. com/politics/2017-05/14/c_1120969571. htm，最后访问日期：2022 年 8 月 28 日。

2017 年 6 月 19 日,中国国家发展改革委和国家海洋局联合发布《"一带一路"建设海上合作设想》。这是中国政府首次就推进"一带一路"建设海上合作提出中国方案,也是"一带一路"国际合作高峰论坛成果之一。该设想提出,中国政府将秉持和平合作、开放包容、互学互鉴、互利共赢的丝绸之路精神,遵循"求同存异,凝聚共识;开放合作,包容发展;市场运作,多方参与;共商共建,利益共享"的原则,致力于推动联合国制定的《2030 年可持续发展议程》在海洋领域的落实,与"21 世纪海上丝绸之路"沿线各国开展全方位、多领域的海上合作,共同打造开放、包容的合作平台。①

2017 年 7 月 4 日,中国和俄罗斯领导人会晤,首次提出共同打造"冰上丝绸之路",落实好有关互联互通项目。②

2017 年 8 月 17 日,国家发展改革委称,截至信息发布时间,与中国签署共建"一带一路"合作协议的国家和国际组织达 69 个,一系列合作协议覆盖"五通"各领域。中国积极推动人文交流合作,与 60 多个国家签署了教育合作协议,与世界卫生组织携手打造"健康丝绸之路",与共建国家广泛开展旅游、减贫、绿色环保、防治荒漠化等领域合作,力所能及开展对外援助,履行大国责任。③

2017 年 12 月 3 日,在第四届世界互联网大会上,中国、老挝、沙特、塞尔维亚、泰国、土耳其、阿联酋等国家相关部门共同发起《"一带一路"数字经济国际合作倡议》,标志着"一带一路"数字经济合作开启了新篇章。④

2017 年 12 月 14 日,国家发展改革委与香港特别行政区政府签署《关于支持香港全面参与和助力"一带一路"建设的安排》。安排指出,在符合

---

① 《国家发展改革委、国家海洋局联合发布〈"一带一路"建设海上合作设想〉》,2017 年 6 月 20 日,http://www.xinhuanet.com/politics/2017-06/20/c_1121176743.htm,最后访问日期:2022 年 8 月 28 日。

② 《习近平会见俄罗斯总理梅德韦杰夫》,2017 年 7 月 4 日,http://www.xinhuanet.com//politics/2017-07/04/c_1121263419.htm,最后访问日期:2022 年 8 月 28 日。

③ 《69 个国家和国际组织与我国签署共建"一带一路"合作协议》,2017 年 8 月 17 日,http://www.xinhuanet.com//politics/2017-08/17/c_1121500544.htm,最后访问日期:2022 年 8 月 28 日。

④ 《7 国共同发起倡议开启"数字丝绸之路"合作新篇章》,2017 年 12 月 3 日,http://www.xinhuanet.com//politics/2017-12/03/c_1122050732.htm,最后访问日期:2022 年 8 月 23 日。

相关金融市场规范及金融领域监管的基础上，促进各主要利益相关方（包括投融资方和项目营运方）通过香港平台共同合作，为"一带一路"建设提供所需资金和多元化的融资渠道。支持符合条件的中资机构为"一带一路"建设相关绿色项目在香港平台发债集资。参与和助力"一带一路"建设的金融机构（含相关投资机构和多边发展银行）进一步加强与香港的合作联系。进一步完善对外开放平台，打造推进"一带一路"建设的重要支撑区。①

第四节 "一带一路"2018 年重要事件

2018 年 1 月 1 日，《中华人民共和国政府和格鲁吉亚政府自由贸易协定》正式生效，中格自贸协定是中国与欧亚地区国家签署的第一个自贸协定，也是"一带一路"倡议提出后中国启动并达成的第一个自贸协定。协定对推进自贸区战略和实施"一带一路"倡议具有重要意义。②

2018 年 1 月 11 日，为贯彻落实《推动共建丝绸之路经济带和 21 世纪海上丝绸之路的愿景与行动》和 2017 年"一带一路"国际合作高峰论坛精神，在实施《标准联通"一带一路"行动计划（2015—2017）》的基础上，中国围绕推进"一带一路"建设新阶段的总体要求和重点任务，结合标准化工作实际，制定《标准联通共建"一带一路"行动计划（2018—2020 年）》。在推进"一带一路"建设中，标准与政策、规则相辅相成、共同推进，为互联互通提供重要的机制保障。③

2018 年 1 月 12 日，中国电信集团公司与尼泊尔电信公司在尼泊尔首都加德满都举行两国跨境光缆开通仪式，标志着尼泊尔正式通过中国的线路接入互联网。开通尼中跨境光缆是尼泊尔互联网基础设施发展的一个里

---

① 《关于支持香港全面参与和助力"一带一路"建设的安排》，2018 年 3 月 29 日，http://drc. gd. gov. cn/gdyydyljs/content/post_2523632. html，最后访问日期：2021 年 8 月 23 日。

② 《中国与格鲁吉亚自贸协定今日生效》，2018 年 1 月 1 日，http://www.mofcom. gov. cn/article/ae/ai/201712/20171202691811. shtml，最后访问日期：2021 年 8 月 30 日。

③ 《标准联通共建"一带一路"行动计划（2018—2020 年）》，2018 年 10 月 10 日，https://www. sohu. com/a/258597557_532369，最后访问日期：2021 年 8 月 30 日。

程碑事件。通过中国网络接入互联网，为尼泊尔增加了一个路径选择，将有助于提升尼泊尔的互联网服务水平。①

2018年1月22日，中国-拉共体论坛第二届部长级会议在智利首都圣地亚哥举行。会议通过《圣地亚哥宣言》《中国与拉美和加勒比国家合作（优先领域）共同行动计划（2019—2021）》，还专门通过并发表《"一带一路"特别声明》。②

2018年1月26日，国务院新闻办公室发表《中国的北极政策》白皮书，这是中国首次就北极政策发表白皮书。北极的未来关乎北极国家的利益，以及北极域外国家和全人类的福祉。中国本着"尊重、合作、共赢、可持续"的基本原则，愿与有关各方一道，抓住北极发展的历史性机遇，积极应对北极变化带来的挑战，共同认识北极、保护北极、利用北极和参与治理北极，积极推动"一带一路"倡议涉北极合作，积极推动构建人类命运共同体，为北极的和平稳定和可持续发展作出贡献。③

2018年1月30日，海关总署制定出台《推进"一带一路"沿线大通关合作行动计划（2018—2020年）》，推出17条具体措施，以"信息互换、监管互认、执法互助"为重点，提出建立适应共建"一带一路"国家贸易投资需求、适应新技术发展的高水平大通关国际合作机制。内容涵盖机制衔接、贸易便利和安全、科技创新、能力建设、国内环境、口岸开放等多个领域。海关以促进"五通"为目标，同共建"一带一路"国家积极开展大通关合作，共建"一带一路"国家大通关效率不断提高。④

2018年3月20日，第十三届全国人民代表大会第一次会议在北京人民大会堂闭幕。国家主席习近平强调中国将继续积极推进"一带一路"建

① 《中尼跨境互联网光缆正式开通》，2018年1月15日，https://baijiahao.baidu.com/s? id=1589612891065398162&wfr=spider&for=pcl，最后访问日期：2021年8月30日。
② 《中国邀拉美国家共建"一带一路"深化中拉合作实现共同发展》，2018年1月24日，https://www.sohu.com/a/218552131_162522，最后访问日期：2021年8月30日。
③ 《国务院新闻办公室发表〈中国的北极政策〉白皮书》，2018年1月26日，http://www.xinhuanet.com/politics/2018-01/26/c_1122320087.htm，最后访问日期：2021年8月30日。
④ 《海关总署出台〈推进"一带一路"沿线大通关合作行动计划（2018—2020年）〉》，2018年1月30日，https://www.imsilkroad.com/news/p/82242.html，最后访问日期：2024年6月7日。

设，加强同世界各国的交流合作，让中国改革发展造福人类。①

2018年4月8日，中国和奥地利签署了《关于未来就共建"一带一路"倡议开展合作的联合声明》等11项政府间合作协议。奥方欢迎并支持中方"一带一路"倡议。双方强调愿支持两国企业就"一带一路"框架下的具体项目合作进行交流并共同推动，实现互利共赢。中奥合作符合两国和两国人民共同利益，为继续深化合作，双方决定进一步提升两国关系发展水平，建立中奥友好战略伙伴关系，以体现当前两国关系的意义、广度和深度。②

2018年4月9日，乌兹别克斯坦媒体公布乌外交政策优先方向法令。根据该法令，乌兹别克斯坦将扩大与中亚各国的贸易合作，同中国在落实"一带一路"倡议、基础设施现代化、农业现代化、吸引中国资金和技术建设工业园区等领域加强合作。乌方将同中国合作建设中国-吉尔吉斯斯坦-乌兹别克斯坦铁路，希望扩大对中国出口，计划到2020年将乌中贸易额扩大到100亿美元。③

2018年4月10日，博鳌亚洲论坛2018年年会在海南省博鳌开幕。国家主席习近平指出，"一带一路"建设是全新的事物，在合作中有些不同意见是完全正常的，只要各方秉持和遵循共商共建共享的原则，就一定能增进合作、化解分歧，把"一带一路"打造成为顺应经济全球化潮流的最广泛国际合作平台，让共建"一带一路"更好造福各国人民。④

2018年4月20日至21日，全国网络安全和信息化工作会议在北京召开。国家主席习近平强调，推进全球互联网治理体系变革是大势所趋、人

---

① 《在第十三届全国人民代表大会第一次会议上的讲话》，2020年5月15日，http://www.xinhuanet.com/politics/leaders/2020-05/15/c_1125989644.htm，最后访问日期：2021年8月30日。

② 《中华人民共和国和奥地利共和国关于建立友好战略伙伴关系的联合声明》，2018年4月8日，http://m.xinhuanet.com/2018-04/08/c_1122651098.htm，最后访问日期：2021年8月30日。

③ 《"一带一路"写入乌兹别克斯坦外交法令》，2018年4月11日，http://district.ce.cn/newarea/roll/201804/11/t20180411_28789257.shtml，最后访问日期：2022年8月30日。

④ 《习近平出席博鳌亚洲论坛2022年年会开幕式上的主旨演讲（全文）》，2018年4月10日，http://www.news.cn/politics/leaders/2022-04/21/c_1128580418.htm，最后访问日期：2021年8月30日。

心所向。要以"一带一路"建设等为契机,加强同共建国家特别是发展中国家在网络基础设施建设、数字经济、网络安全等方面的合作,建设 21 世纪数字丝绸之路。①

2018 年 4 月 25 日,中国首个"一带一路"巡回法庭在江苏连云港中哈物流合作基地揭牌。巡回法庭将主动适应"一带一路"建设的需要,切实维护公平竞争、诚实守信、和谐共赢的营商环境。②

2018 年 5 月 11 日至 15 日,第三届丝绸之路国际博览会暨中国东西部合作与投资贸易洽谈会在西安开幕。本届大会的主题是"新时代·新格局·新发展",来自 73 个国家和地区的 230 个团组参加了本届盛会。第三届丝绸之路国际博览会充分发挥了陕西古丝绸之路起点、内陆改革开放新高地、"一带一路"核心区和中国(陕西)自贸试验区新优势,着力打造陆海内外联动、东西双向互济的开放格局,积极服务"一带一路"建设、东中西地区联动发展和陕西"五新"战略任务,推动"五个中心"建设和枢纽经济、门户经济、流动经济的快速发展。③

2018 年 5 月 16 日,"一带一路"税收合作会议在哈萨克斯坦首都阿斯塔纳闭幕,与会者就税收法治、纳税服务和争端解决等议题深入讨论并联合发布了《阿斯塔纳"一带一路"税收合作倡议》。"一带一路"税收合作会议是首次以"一带一路"税收合作为主题的国际税收会议,此次会议开创了新的对话平台、探索了新的合作框架,并且形成了四点重要共识。④

2018 年 5 月 23 日,"一带一路"中欧对话会在欧盟总部所在地布鲁塞尔举行。"一带一路"倡议同欧洲发展战略对接顺利,中国同 11 个欧盟成员国签署政府间合作文件,推进基建、物流、港口、电子商务、金融合作

① 《习近平出席全国网络安全和信息化工作会议并发表重要讲话》,2018 年 4 月 21 日,http://www.gov.cn/xinwen/2018-04/21/content_5284783.htm,最后访问日期:2022 年 8 月 30 日。

② 《连云港中哈物流合作基地设全国首个"一带一路"巡回法庭》,2018 年 4 月 25 日,https://www.chinanews.com.cn/m/gn/2018/04-25/8499713.shtml,最后访问日期:2022 年 8 月 28 日。

③ 《"新时代·新格局·新发展"第三届丝绸之路国际博览会西安启幕》,2018 年 5 月 15 日,https://www.sohu.com/a/231670351_591467,最后访问日期:2024 年 6 月 7 日。

④ 《"一带一路"税收合作会议发布联合倡议》,2018 年 5 月 17 日,https://www.yidaiyilu.gov.cn/p/55571.html,最后访问日期:2024 年 6 月 7 日。

等诸多项目合作。①

2018 年 5 月 28 日，"首届一带一路服务贸易合作论坛"在北京国家会议中心举行。论坛以"新市场　新机遇　新发展"为主题，主要围绕"一带一路"发展过程中如何扩大服务业开放，发展服务业各国能力建设，"一带一路"服务贸易合作机制建设等方面展开讨论。论坛期间，中国服务贸易协会与联合国贸易和发展会议签署合作备忘录，并提出《一带一路产业发展国家能力建设行动计划》。各国代表共同商讨筹建"一带一路服务贸易联盟"，中方发起筹建"一带一路"服务贸易联盟基金等重要推进措施，积极推动"一带一路"发展，推动联合国 2030 计划，实现各国共同发展、共同繁荣。②

2018 年 6 月 4 日，《中华人民共和国政府与安提瓜和巴布达政府关于共同推进丝绸之路经济带与 21 世纪海上丝绸之路建设的谅解备忘录》签署。安提瓜和巴布达是东加勒比地区首个同中国签署"一带一路"合作文件的国家。③

2018 年 6 月 12 日，国家发展改革委、国务院港澳办会同有关部门，与香港特区政府在北京共同召开支持香港参与和助力"一带一路"建设第一次联席会议。会议审议通过了《支持香港全面参与和助力"一带一路"建设联席会议制度》，明确了联席会议的工作规则、主要职责、成员单位和工作要求。④

2018 年 6 月 13 日，"一带一路"倡议与 2030 年可持续发展议程高级别研讨会在纽约联合国总部举行，该研讨会由中国常驻联合国代表团、联合国经济和社会事务部、联合国开发计划署和世界卫生组织驻联合国办事

---

① 《中欧对话"一带一路"中方呼吁加强三方面合作》，2018 年 5 月 24 日，https://news.china.com/domesticgd/10000159/20180524/32444079_all.html，最后访问日期：2021 年 8 月 30 日。

② 《首届一带一路服务贸易合作论坛在京举行》，2018 年 5 月 29 日，http://world.people.com.cn/n1/2018/0529/c1002-30020914.html，最后访问日期：2021 年 8 月 30 日。

③ 《首个东加勒比国家加入"一带一路"！》，2018 年 6 月 5 日，https://www.sohu.com/a/234160572_731021，最后访问日期：2021 年 8 月 31 日。

④ 《支持香港参与和助力"一带一路"建设第一次联席会议在京召开》，2018 年 6 月 13 日，https://www.ndrc.gov.cn/xwdt/xwfb/201806/t20180613_954271.html? code=&state=123，最后访问日期：2021 年 8 月 31 日。

处联合主办,来自50多个国家和联合国机构的约100名代表出席。与会的联合国机构代表以及来自非洲、拉美等地区国家的代表均高度评价"一带一路"倡议,并分享"一带一路"倡议与各自机构和国家的契合点与合作潜力。①

2018年6月19日,中国与玻利维亚建立中玻战略伙伴关系。中国与玻利维亚在"一带一路"框架内加强发展战略对接,共同打造投资、贸易、服务并举的合作新模式。两国元首共同签署了《中华人民共和国和多民族玻利维亚国关于建立战略伙伴关系的联合声明》。②

2018年6月21日,中国与巴布亚新几内亚两国签署《中华人民共和国政府与巴布亚新几内亚独立国政府关于共同推进丝绸之路经济带和21世纪海上丝绸之路建设的谅解备忘录》,巴布亚新几内亚成为太平洋岛国地区首个与中方签署"一带一路"建设谅解备忘录的国家。双方预计在经贸、投资、农业、旅游、基础设施等领域扩大合作。③

2018年6月27日,中共中央办公厅、国务院办公厅印发《关于建立"一带一路"国际商事争端解决机制和机构的意见》。最高人民法院设立国际商事法庭,牵头组建国际商事专家委员会,支持"一带一路"国际商事纠纷通过调解、仲裁等方式解决,推动建立诉讼与调解、仲裁有效衔接的多元化纠纷解决机制,形成便利、快捷、低成本的"一站式"争端解决中心,为"一带一路"建设参与国当事人提供优质高效的法律服务。④

2018年6月27日,"'一带一路'国际联盟"成立仪式及首届年度圆桌会议在中国香港举行。联盟会聚中国香港、内地及海外的商会、行业协会、投资推广机构和智库组织,共同探讨及促进"一带一路"倡议下的合

---

① 《"一带一路"与可持续发展研讨会在联合国总部举行》,2018年6月14日,http://www.gov.cn/xinwen/2018-06/14/content_5298739.htm,最后访问日期:2021年8月31日。

② 《习近平同玻利维亚总统莫拉莱斯举行会谈》,2018年6月19日,http://www.xinhuanet.com/politics/leaders/2018-06/19/c_1123004242.htm,最后访问日期:2021年8月31日。

③ 《习近平会见巴布亚新几内亚总理奥尼尔》,2018年6月21日,http://www.xinhuanet.com/politics/2018-06/21/c_1123018160.htm,最后访问日期:2021年8月31日。

④ 《中共中央办公厅、国务院办公厅印发〈关于建立"一带一路"国际商事争端解决机制和机构的意见〉》,2018年6月27日,http://www.gov.cn/zhengce/2018-06/27/content_5301657.htm,最后访问日期:2021年8月31日。

作与发展。联盟旨在提供平台，让各地的协会与团体互相联系、共享信息，拓展"一带一路"倡议下的合作商机。①

2018年6月底，中欧班列累计已突破9000列，运送货物近80万标箱，国内开行城市48个，到达欧洲14个国家42个城市，运输网络覆盖亚欧大陆主要区域。②

2018年7月9日，国务院办公厅转发了由商务部等20个部门发布的《关于扩大进口促进对外贸易平衡发展的意见》。意见从四个方面提出扩大进口促进对外贸易平衡发展的政策举措。提出要优化国际市场布局，加强"一带一路"国际合作，将"一带一路"相关国家作为重点开拓的进口来源地。③

2018年7月10日，中国-阿拉伯国家合作论坛第八届部长级会议开幕式在北京举行。会议通过并签署了《北京宣言》、《论坛2018年至2020年行动执行计划》和《中阿合作共建"一带一路"行动宣言》等重要成果文件。④

2018年7月11日，上海国际港务（集团）股份有限公司、中国远洋海运集团有限公司与30多个共建"一带一路"国家（地区）的逾百家港航企业和机构在上海举行了"21世纪海上丝绸之路"港航合作会议。会议发布了《"21世纪海上丝绸之路"港航合作倡议》。倡议呼吁相关各方建立携手并进、互联互通、互利共赢的港口发展合作机制，对接需求，深化项目合作，加强航线衔接，加强相互投资合作，探索创新投资合作模式，促进更多有质量和效率的投资；加强港口在资本、业务、信息、技术、管理、人才等领域的交流和合作。⑤

---

① 《"'一带一路'国际联盟"在香港举行成立仪式》，2018年6月27日，http://m. xinhuanet. com/2018-06/27/c_1123046224. htm，最后访问日期：2021年8月31日。
② 《中欧班列累计开行9000列 职工：新时代的惠民之车》，2018年7月15日，https://www. chinanews. com. cn/m/sh/2018/07-15/8567166. shtml，最后访问日期：2021年8月23日。
③ 《国务院办公厅转发〈关于扩大进口促进对外贸易平衡发展的意见〉》，2018年7月9日，http://www. xinhuanet. com/politics/2018-07/09/c_1123100031. htm，最后访问日期：2021年8月31日。
④ 《中阿合作论坛第八届部长级会议在北京举行》，2018年7月11日，http://www. xinhuanet. com/politics/2018-07/11/c_1123106956. htm，最后访问日期：2021年8月31日。
⑤ 《〈"21世纪海上丝绸之路"港航合作倡议〉今日发布》，2018年7月11日，https://xueqiu. com/9371001315/110328912，最后访问日期：2021年8月31日。

2018 年 7 月 21 日，中国和塞内加尔签署了共建"一带一路"合作文件，塞内加尔成为第一个同中国签署"一带一路"合作文件的西非国家。①

2018 年 7 月 23 日，中国同卢旺达签署了关于"一带一路"建设的多项双边合作文件。②

2018 年 7 月 30 日，国家外汇管理局发布《"一带一路"国家外汇管理政策概览》。概览在综合国际货币基金组织相关年报与相关国家外汇管理部门官方网站资料的基础上，从经常项目外汇管理、资本和金融项目外汇管理、个人外汇管理、金融机构外汇业务管理等方面对"一带一路"国家外汇管理政策情况进行了编译和梳理。③

2018 年 8 月 9 日，上海海事法院召开新闻发布会，以涉"一带一路"海事审判情况为专题向社会发布中英文版 2017 年度海事审判白皮书。此次审判白皮书是希望通过对近年来相关工作的阶段性小结，促进海事司法保障"一带一路"建设能力和水平的提升，为"一带一路"建设营造更加良好的航运法治环境。

2018 年 8 月 30 日，中国援建的中马友谊大桥正式开通。大桥全长 2 千米，将连通马尔代夫首都马累和机场岛，设计使用寿命 100 年。中马友谊大桥是两国在共建 21 世纪海上丝绸之路领域的标志性项目。④

2018 年 9 月 4 日，中非合作论坛北京峰会圆桌会议在北京成功举行。会议通过《关于构建更加紧密的中非命运共同体的北京宣言》和《中非合作论坛—北京行动计划（2019—2021 年）》。⑤

---

① 《习近平：欢迎塞内加尔成为第一个同中国签署"一带一路"合作文件的西非国家》，2018 年 7 月 22 日，http://news.cnr.cn/native/gd/20180722/t20180722_524308342.shtml，最后访问日期：2021 年 8 月 30 日。

② 《习近平同卢旺达总统卡加梅举行会谈》，2018 年 7 月 23 日，http://www.xinhuanet.com/world/2018-07/23/c_1123166491.htm，最后访问日期：2021 年 8 月 31 日。

③ 《国家外汇管理局发布〈"一带一路"国家外汇管理政策概览〉》，2018 年 7 月 30 日，http://m.xinhuanet.com/2018-07/30/c_129923120.htm，最后访问日期：2021 年 8 月 30 日。

④ 《中马友谊大桥正式开通》，2018 年 8 月 31 日，http://m.xinhuanet.com/2018-08/31/c_1123356572.htm，最后访问日期：2022 年 8 月 28 日。

⑤ 《中非合作论坛北京峰会举行圆桌会议，习近平主持通过北京宣言和北京行动计划》，2018 年 9 月 4 日，http://www.gov.cn/xinwen/2018-09/04/content_5319279.htm，最后访问日期：2022 年 2 月 22 日。

2018年10月10日，"'一带一路'国际商事调解论坛暨'一带一路'国际商事调解中心调解规则评议研讨会"在罗马举行。来自亚洲、欧洲、美洲和非洲12个国家20余个机构的代表共同签署并发布了针对"一带一路"国际商事调解具有重要指导意义的里程碑式文件《罗马宣言》。①

2018年11月5日，首届中国国际进口博览会（进博会）在上海开幕。进博会的数据显示，进口博览会3000多家参展企业中，不仅涉及G20全部成员，覆盖超过50个共建"一带一路"国家和地区。大量外国参展商希望抓住中国消费升级和高质量发展的机遇，借助进博会的平台，在中国市场"更进一步"。②

2018年11月12日，新加坡正式宣布核准《"一带一路"融资指导原则》。该原则是2017年首届"一带一路"国际合作高峰论坛期间的一项重要成果，由包括中国在内的27国财政部门共同核准，旨在深化"一带一路"融资合作，推动建设长期、稳定、可持续、风险可控的多元化融资体系。③

2018年11月12日，工信部发布《关于工业通信业标准化工作服务于"一带一路"建设的实施意见》。意见指出，与共建"一带一路"国家共同制定国际标准80项以上，成体系部署标准外文版研制计划400项以上；标准互认领域不断扩大，形成一批互认标准；一批先进中国标准在"一带一路"建设中得到应用；与共建"一带一路"重点国家的标准体系对接合作机制基本建立。④

2018年11月20日，中国与菲律宾签署包括《中华人民共和国政府与菲律宾共和国政府关于共同推进"一带一路"建设的谅解备忘录》在内的

① 《多国签署〈罗马宣言〉指导"一带一路"国际商事调解》，2018年10月11日，http://m. xinhuanet. com/2018-10/11/c_129969561. htm，最后访问日期：2021年9月1日。
② 于佳欣、何欣荣、王攀、周蕊：《从广交会到进博会——中国对外开放再谱新乐章》，2018年10月30日，https://www.gov.cn/xinwen/2018-10/30/content_5335663. htm，最后访问日期：2024年6月7日。
③ 《财政部部长刘昆与新加坡财长签署换函 宣布新加坡核准〈"一带一路"融资指导原则〉》，2018年11月13日，http://news. cnstock. com/news，bwkx-201811-4297527. htm，最后访问日期：2021年9月2日。
④ 《到2020年我国与"一带一路"沿线国家共制国际标准将达80项以上》，2018年11月13日，https://www.sohu. com/a/275205288_800039，最后访问日期：2021年9月2日。

多项双边合作文件。①

2018 年 12 月 6 日，国家发展改革委与澳门特别行政区政府签署了《关于支持澳门全面参与和助力 "一带一路" 建设的安排》。该安排助力 "一带一路" 的建设，也有利于澳门通过参与 "一带一路" 建设，提升自身竞争力，培育发展新优势。②

2018 年 12 月 16 日至 17 日， "一带一路" 国际合作高峰论坛咨询委员会第一次会议在北京举行。会议讨论了 "一带一路" 倡议与联合国 2030 年可持续发展议程及世界经济增长、 "一带一路" 国际合作重点领域及机制和能力建设等议题。③

第五节 "一带一路" 2019 年重要事件

2019 年 1 月 31 日，推进 "一带一路" 建设工作领导小组会议召开，会议强调坚持问题导向，聚焦重点工作，推动共建 "一带一路" 向高质量发展转变，筹办好第二届 "一带一路" 国际合作高峰论坛。④

2019 年 2 月 18 日，中共中央、国务院印发《粤港澳大湾区发展规划纲要》。纲要详解了粤港澳大湾区参与 "一带一路" 建设的三个方面，要求打造具有全球竞争力的营商环境，提升市场一体化水平，携手扩大对外开放。⑤

2019 年 2 月 21 日，中国与巴巴多斯签署《中华人民共和国政府与巴巴多斯政府关于共同推进丝绸之路经济带和 21 世纪海上丝绸之路建设的谅

① 《习近平同菲律宾总统杜特尔特举行会谈》，2018 年 11 月 20 日，http://www.xinhuanet.com/world/2018-11/20/c_1123743117.htm，最后访问日期：2021 年 9 月 2 日。

② 《国家发展改革委、澳门特别行政区政府签署〈关于支持澳门全面参与和助力 "一带一路" 建设的安排〉》，2018 年 12 月 6 日，https://www.gov.cn/xinwen/2018-12/06/content_5346343.htm，最后访问日期：2024 年 6 月 7 日。

③ 《 "一带一路" 国际合作高峰论坛咨询委员会举行第一次会议》，2018 年 12 月 18 日，https://www.fmprc.gov.cn/web/wjb_673085/zzjg_673183/gjjjs_674249/xgxw_674251/201812/t20181218_7661656.shtml，最后访问日期：2021 年 9 月 2 日。

④ 《韩正主持召开推进 "一带一路" 建设工作领导小组会议》，2019 年 1 月 31 日，http://www.gov.cn/xinwen/2019-01/31/content_5362888.htm，最后访问日期：2021 年 9 月 3 日。

⑤ 《地方丨粤港澳大湾区发展规划纲要：打造 "一带一路" 建设重要支撑区》，2019 年 2 月 19 日，https://www.sohu.com/a/295734119_731021，最后访问日期：2021 年 9 月 3 日。

解备忘录》，加勒比岛国巴巴多斯加入"一带一路"倡议。①

2019年3月5日，国务院的政府工作报告指出，2018年对外开放全方位扩大，共建"一带一路"取得重要进展，共建"一带一路"引领效应持续释放，同共建国家的合作机制不断健全，经贸合作和人文交流加快推进。2019年要推动共建"一带一路"。②

2019年3月23日，中意签署和交换中意关于共同推进"一带一路"建设的谅解备忘录，意大利成为七国集团（G7）中首个签署"一带一路"倡议谅解备忘录的国家。意大利是发达国家，也是欧洲重要国家，其加入"一带一路"倡议具有里程碑式的意义。③

2019年4月18日，34个国家和地区税务部门在浙江乌镇共同签署《"一带一路"税收征管合作机制谅解备忘录》，标志着"一带一路"税收征管合作机制正式成立。构建"一带一路"税收征管合作机制的目的，就是通过加强税收合作，促进优化营商环境，支持贸易自由化和投资便利化。④

2019年4月22日，中国推进"一带一路"建设工作领导小组办公室发布题为《共建"一带一路"倡议：进展、贡献与展望》的报告。这是中国政府全面反映"一带一路"建设进展情况的官方报告，也是第二届"一带一路"国际合作高峰论坛的重要成果之一。⑤

2019年4月23日，"一带一路"新闻合作联盟首届理事会议在北京人民日报社举行，标志着"一带一路"新闻合作联盟正式成立并启动运行。⑥

① 《聚焦丨加勒比岛国巴巴多斯加入"一带一路"朋友圈，欢迎2019年首位新伙伴》，2019年2月22日，https://baijiahao.baidu.com/s? id＝1626175891848510797&wfr＝spider&for＝pc，最后访问日期：2021年9月3日。

② 《政府工作报告》，2019年3月16日，http://www.gov.cn/guowuyuan/2019-03/16/content_5374314.htm，最后访问日期：2021年9月3日。

③ 《意大利成G7首个加入"一带一路"朋友圈国家 专家：某种意义上具有里程碑意义》，2019年3月25日，https://www.sohu.com/a/303580454_362042，最后访问日期：2021年9月3日。

④ 《"一带一路"税收征管合作机制在我国宣告成立》，2019年4月18日，http://www.gov.cn/xinwen/2019-04/18/content_5384315.htm，最后访问日期：2021年9月3日。

⑤ 《中国发表〈共建"一带一路"倡议：进展、贡献与展望〉报告》，2019年4月22日，https://www.gov.cn/xinwen/2019-04/22/content_5385127.htm，最后访问日期：2024年6月7日。

⑥ 《"一带一路"新闻合作联盟首届理事会在人民日报社开幕》，2019年4月23日，https://baijiahao.baidu.com/s? id＝1631615846824067323&wfr＝spider&for＝pc，最后访问日期：2021年9月3日。

2019 年 4 月 25 日至 27 日，第二届"一带一路"国际合作高峰论坛举行。包括中国在内，38 个国家的国家元首或政府首脑以及联合国秘书长和国际货币基金组织总裁共 40 位领导人出席圆桌峰会。来自 150 个国家、92 个国际组织的 6000 余名外宾参加了论坛。会议形成了 283 项成果，通过了《共建"一带一路"开创美好未来——第二届"一带一路"国际合作高峰论坛圆桌峰会联合公报》。①

2019 年 4 月 25 日，"一带一路"绿色发展国际联盟正式成立，为"一带一路"绿色发展合作打造了政策对话和沟通平台、环境知识和信息平台、绿色技术交流与转让平台。②

2019 年 5 月 15 日，亚洲文明对话大会在北京开幕。中国领导人发表主旨演讲《深化文明交流互鉴 共建亚洲命运共同体》。亚洲 47 个国家以及域外国家的政府官员、专家学者和各界代表共计 2000 余人参会。③

2019 年 6 月 17 日，中英签署《关于开展第三方市场合作的谅解备忘录》。继法国、意大利、奥地利等国之后，英国成为与中国正式开展第三方市场合作的欧洲又一重要国家。根据该备忘录，双方将积极推动中英两国企业、机构按照企业主体、市场原则在第三方市场开展务实合作，并重点推动基础设施领域的投融资合作项目。目前，"第三方市场合作"已经成为"一带一路"倡议的重要内容。④

2019 年 6 月 30 日，国家发展改革委、商务部发布《外商投资准入特别管理措施（负面清单）（2019 年版）》，清单条目由 48 条减至 40 条。两部门同日发布了《自由贸易试验区外商投资准入特别管理措施（负面清

---

① 《第二届"一带一路"国际合作高峰论坛成果丰硕》，2019 年 4 月 29 日，http://www.gov.cn/xinwen/2019-04/29/content_5387629.htm，最后访问日期：2022 年 2 月 23 日。
② 《"一带一路"绿色发展国际联盟在京成立打造绿色发展合作沟通平台》，2019 年 4 月 25 日，http://m.xinhuanet.com/2019-04/25/c_1124416934.htm，最后访问日期：2021 年 9 月 4 日。
③ 《亚洲文明对话大会精彩纷呈 有力促进文明交流互鉴》，2019 年 5 月 22 日，https://m.chinanews.com/wap/detail/chs/zwsp/8844280.shtml，最后访问日期：2021 年 9 月 4 日。
④ 《中英签署〈关于开展第三方市场合作的谅解备忘录〉》，2019 年 6 月 19 日，https://www.sohu.com/a/321689248_825950，最后访问日期：2021 年 9 月 4 日。

单）（2019 年版）》，清单条目由 45 条减至 37 条。①

2019 年 7 月 13 日，亚投行理事会批准贝宁、吉布提、卢旺达加入亚投行，亚投行成员增至 100 个。②

2019 年 8 月 15 日，国家发展改革委印发《西部陆海新通道总体规划》，提出到 2025 年，基本建成经济、高效、便捷、绿色、安全的西部陆海新通道。到 2035 年，全面建成西部陆海新通道，物流服务和通关效率达到国际一流水平。③

2019 年 8 月 19 日，中巴经济走廊胡布电站项目正式投入运营，该项目为中巴经济走廊重点能源项目，投资额 20 亿美元。④

2019 年 8 月 20 日，中国（上海）自由贸易试验区临港新片区揭牌。临港新片区定位于打造具有国际市场影响力和竞争力的特殊经济功能区。⑤

2019 年 8 月 26 日，中国自贸试验区增至 18 个。中国的沿海省份已全部是自贸区，实现中国沿海省份自贸区的全覆盖。⑥

2019 年 9 月 11 日，中国与哈萨克斯坦签署《关于落实"丝绸之路经济带"建设与"光明之路"新经济政策对接合作规划的谅解备忘录》。备忘录旨在落实中哈两国领导人在上海合作组织青岛峰会期间达成的有关共识，深化"丝绸之路经济带"建设与"光明之路"新经济政策对接，以路

---

① 《发改委：〈自由贸易试验区外商投资准入特别管理措施（负面清单）（2019 年版）〉》，2019 年 6 月 30 日，https://www.ebrun.com/ebrungo/zb/339895.shtml，最后访问日期：2021 年 9 月 4 日。

② 《亚投行成员增至 100 个》，2019 年 7 月 14 日，http://www.gov.cn/xinwen/2019-07/14/content_5409026.htm，最后访问日期：2021 年 9 月 4 日。

③ 《到 2025 年，基本建成经济、高效、便捷、绿色、安全的西部陆海新通道——新通道　新商机　新未来》，2019 年 8 月 16 日，http://www.gov.cn/xinwen/2019-08/16/content_5421580.htm，最后访问日期：2022 年 2 月 23 日。

④ 《中巴经济走廊胡布电站项目正式投入运营》，2019 年 8 月 20 日，http://www.mofcom.gov.cn/article/i/jyjl/j/201908/20190802892250.shtml，最后访问日期：2021 年 9 月 4 日。

⑤ 《上海自贸试验区临港新片区揭牌礼赞 70 年》，2019 年 8 月 21 日，http://politics.people.com.cn/n1/2019/0821/c1001-31307061.html，最后访问日期：2021 年 9 月 4 日。

⑥ 《中国自贸区总数增至 18 个 沿海省份已全是自贸区》，2019 年 8 月 27 日，https://news.cctv.com/2019/08/27/ARTIUV3XOcORCGyWqnCvowe1190827.shtml，最后访问日期：2024 年 6 月 7 日。

线图的形式突出战略对接、重点任务和主要举措。①

2019 年 9 月 11 日，由香港特别行政区政府及香港贸易发展局合办的第四届"一带一路"高峰论坛在香港举行，吸引了来自 69 个国家的约 5000 名政府官员、企业家及专业人士参加。②

2019 年 9 月 11 日，中国国家铁路集团有限公司携手中国中欧班列运营企业共同签署了《推进中欧班列高质量发展公约》。公约旨在强化市场化运作机制，坚持共商共建共享原则，不断加强和优化运输组织，进一步降低物流成本，推进各国铁路、海关及运营企业间的信息化建设，打造"数字化"中欧班列。③

2019 年 10 月 9 日，中国与所罗门群岛签署共建"一带一路"谅解备忘录。④

2019 年 10 月 17 日，中国与毛里求斯签署自由贸易协定。该协定是中国商签的第 17 个自贸协定，也是中国与非洲国家的第一个自贸协定。⑤

2019 年 11 月 5 日，第二届中国国际进口博览会在上海举办，150 多个国家和地区的 3000 多家企业、50 万名采购商和观众参会。⑥

2019 年 11 月 5 日，厄瓜多尔加入亚投行。厄瓜多尔成为亚投行第 75 个正式成员国和首个正式加入该行的拉美国家。这也是厄瓜多尔首次加入亚洲地区金融机构。⑦

① 《中哈签署〈关于落实"丝绸之路经济带"建设与"光明之路"新经济政策对接合作规划的谅解备忘录〉》，2019 年 9 月 12 日，http://kz. mofcom. gov. cn/article/jmxw/201909/20190902898865. shtml，最后访问日期：2021 年 9 月 4 日。

② 《"成就新机遇 由香港进"：第四届"一带一路"高峰论坛在港举办》，2019 年 9 月 12 日，https://wap. xinmin. cn/content/31583757. html，最后访问日期：2022 年 8 月 28 日。

③ 《〈推进中欧班列高质量发展公约〉11 日签署》，2019 年 9 月 12 日，https://www. sohu. com/a/340511893_362042，最后访问日期：2021 年 9 月 4 日。

④ 《最新丨签了！所罗门群岛加入"一带一路"》，2019 年 10 月 9 日，https://baijiahao. baidu. com/s? id=1646908995242825123&wfr=spider&for=pc，最后访问日期：2021 年 9 月 4 日。

⑤ 《中国与毛里求斯签署自由贸易协定》，2019 年 10 月 17 日，http://fta. mofcom. gov. cn/article/zhengwugk/201910/41642_1. html，最后访问日期：2021 年 9 月 4 日。

⑥ 《上海第二届中国国际进口博览会：买全球 惠世界》，2019 年 11 月 7 日，https://news. cctv. com/2019/11/07/ARTIevAjbYj6pb0DgEsS7oUM191107. shtml，最后访问日期：2024 年 6 月 7 日。

⑦ 《厄瓜多尔加入亚投行 成首个正式加入该行的拉美国家》，2019 年 11 月 7 日，https://www. yidaiyilu. gov. cn/p/108860. html，最后访问日期：2024 年 6 月 7 日。

2019 年 11 月 27 日，中国同苏里南建立战略合作伙伴关系。两国签署关于共同推进"一带一路"建设合作规划、全面互免签证等多项合作文件。①

2019 年 12 月 8 日，"一带一路"律师联盟成立大会在广州召开。联盟由中华全国律师协会发起成立，创始会员 85 个，包括来自 36 个国家和地区的律师协会、律师事务所、法律机构和律师个人。②

2019 年 12 月 10 日，中央经济工作会议召开，会议明确要健全"一带一路"投资政策和服务体系。要主动参与全球经济治理变革，积极参与世贸组织改革，加快多双边自贸协议谈判。③

2019 年 12 月 17 日，亚投行在中国启动第一笔主权担保贷款，为京津冀低碳能源转型与空气质量改善项目提供 5 亿美元的贷款。④

第六节　"一带一路" 2020 年重要事件

2020 年 2 月 24 日，海关总署专门就进一步促进中欧班列发展出台十条举措，以深化沿线各国经贸往来。⑤

2020 年 3 月 2 日，"一带一路"银行间常态化合作机制发布倡议，呼吁"一带一路"金融机构为全球抗击疫情、保持经济稳定增长作出积极贡献。⑥

2020 年 3 月 17 日，中国、巴基斯坦两国领导人会谈并见证了多项双边合作文件的签署。⑦

---

① 《习近平同苏里南总统会谈　两国元首共同宣布中苏建立战略合作伙伴关系》，2019 年 11 月 27 日，https://www.chinanews.com.cn/gn/2019/11-27/9019102.shtml，最后访问日期：2021 年 9 月 5 日。

② 《"一带一路"律师联盟正式成立》，2019 年 12 月 9 日，https://www.sohu.com/a/359191098_114731，最后访问日期：2021 年 9 月 23 日。

③ 《中央经济工作会议在北京举行》，2019 年 12 月 13 日，https://baijiahao.baidu.com/s? id = 1652749812325471929&wfr=spider&for=pc，最后访问日期：2021 年 9 月 23 日。

④ 《亚投行在中国启动首笔主权支持融资》，2019 年 12 月 18 日，https://www.yidaiyilu.gov.cn/p/126539.html，最后访问日期：2024 年 6 月 7 日。

⑤ 《海关推出十条举措助力中欧班列发展》，2020 年 2 月 24 日，http://m.xinhuanet.com/2020-02/24/c_1125620630.htm，最后访问日期：2021 年 9 月 23 日。

⑥ 《"一带一路"银行间常态化合作机制倡议支持抗疫》，2020 年 3 月 2 日，http://www.xinhuanet.com/politics/2020-03/02/c_1125653337.htm，最后访问日期：2022 年 9 月 27 日。

⑦ 《习近平同巴基斯坦总统阿尔维会谈》，2020 年 3 月 7 日，http://www.gov.cn/xinwen/2020-03/17/content_5492448.htm，最后访问日期：2021 年 9 月 27 日。

2020 年 3 月 27 日，陕西省人民政府办公厅印发《陕西省"一带一路"建设 2020 年行动计划》。①

2020 年 3 月 27 日，"一带一路"项目绿色发展指南研究以视频会议形式召开首次专家咨询会。②

2020 年 4 月 1 日，中国同新加坡应对新冠疫情视频联席会议举办。双方同意在确保公共卫生安全的同时，要确保两国三个政府间项目和其他重点项目推进，持续深化"一带一路"合作。通过中新互联互通项目"陆海新通道"进一步加强中国西部地区和东南亚的贸易联通。③

2020 年 4 月 7 日，国务院批复同意设立广西百色重点开发开放试验区。该试验区是中国对东盟开放合作的重要前沿。批复要求，努力将试验区建设成为中国与东盟高质量共建"一带一路"的重要平台、辐射带动周边经济发展的重要引擎、稳边安边兴边模范区、生态文明建设示范区，为构建全面开放新格局作出新的重要贡献。④

2020 年 4 月 9 日，中国-柬埔寨自贸协定第二轮谈判举行，双方达成广泛共识，完成了"一带一路"倡议合作、投资合作、经济技术合作、电子商务及部分法律问题等领域的磋商。⑤

2020 年 5 月 4 日，广西南宁至崇左铁路龙怀双线大桥连续梁完成浇筑。新建南宁至崇左铁路正线全长 119.3 公里，设计时速 250 公里，是"一带一路"和中新互联互通南向通道建设的重要交通设施。⑥

2020 年 5 月 18 日，《中共中央 国务院关于新时代加快完善社会主义

---

① 《陕西省印发"一带一路"建设 2020 年行动计划》，2020 年 4 月 1 日，https://www. yid-aiyilu. gov. cn/xwzx/dfdt/121633. htm，最后访问日期：2021 年 9 月 27 日。

② 《"一带一路"项目绿色发展指南研究在线召开首次专家咨询会》，2020 年 3 月 30 日，ht-tps://www. ydylcn. com/zx/336273. shtml，最后访问日期：2021 年 9 月 27 日。

③ 《中国与新加坡就开展防疫合作及确保供应链畅通达成共识》，2020 年 4 月 2 日，https://world. huanqiu. com/article/3xfXR8MAr6y，最后访问日期：2021 年 9 月 27 日。

④ 《国务院同意设立广西百色重点开发开放试验区》，2020 年 4 月 8 日，http://gx. chinadaily. com. cn/a/202004/08/WS5e8d6730a310395ca8f74661. html，最后访问日期：2021 年 9 月 27 日。

⑤ 《中国和柬埔寨举行双边自贸协定第二轮谈判》，2020 年 4 月 9 日，http://www. gov. cn/xinwen/2020-04/09/content_5500714. htm，最后访问日期：2021 年 9 月 27 日。

⑥ 《广西全速建设中国—东盟重要通道南宁至崇左高铁》，2020 年 5 月 4 日，https://www. chinanews. com. cn/cj/2020/05-04/9175439. shtml，最后访问日期：2021 年 9 月 30 日。

市场经济体制的意见》公布。意见明确,以"一带一路"建设为重点构建对外开放新格局,加快自由贸易试验区、自由贸易港等对外开放高地建设,健全高水平开放政策保障机制,积极参与全球经济治理体系变革。①

2020年5月18日,国务院新闻办公室发布统计数据,2013年至2019年,中国与共建"一带一路"国家货物贸易累计总额超过了7.8万亿美元,对共建"一带一路"国家直接投资超过了1100亿美元,一大批重大项目和产业园区相继落地见效。共建"一带一路"的影响力、感召力在不断提升。②

2020年5月18日,"一带一路"重大项目阿拉伯联合酋长国迪拜哈斯彦4×600MW清洁燃煤电站项目1号机组一次并网成功,宣告了"一带一路"框架下中东地区首个中资企业参与投资、建设和运营的电站项目取得重大成果。③

2020年5月20日,由联合国教科文组织与中国联合国教科文组织全国委员会主办的"一带一路"青年创意与遗产论坛特别对话召开,来自60多个国家的100多名青年远程参加。④

2020年5月20日,中国、孟加拉国国家领导人通电话,孟方愿同中方共建"一带一路",推动孟中战略合作伙伴关系不断发展。⑤

2020年5月31日16时53分,中国成功将高分九号02星、和德四号卫星送入预定轨道,发射取得圆满成功。高分九号02星可为"一带一路"

① 《在更高起点、更高层次、更高目标上推进经济体制改革——聚焦新时代加快完善社会主义市场经济体制的意见》,2020年5月19日,https://baijiahao.baidu.com/s? id=1667083012081050984&wfr=spider&for=pc,最后访问日期:2021年9月30日。

② 《商务部部长钟山出席国新办发布会介绍稳住外贸外资基本盘推动商务高质量发展有关情况》,2020年5月18日,https://m.thepaper.cn/baijiahao_7449320,最后访问日期:2021年9月30日。

③ 《"中国造"中东首个清洁燃煤电站一次并网发电成功》,2020年5月19日,https://www.chinanews.com.cn/cj/shipin/cns/2020/05-19/news856756.shtml,最后访问日期:2021年9月30日。

④ 《联合国"一带一路"国际论坛用腾讯会议召开　60余国青年参与》,2020年5月21日,https://baijiahao.baidu.com/s? id=1667282740887942043&wfr=spider&for=pc,最后访问日期:2021年9月30日。

⑤ 《习近平同孟加拉国总理哈西娜通电话》,2020年5月20日,http://www.xinhuanet.com/politics/2020-05/20/c_1126011633.htm,最后访问日期:2021年9月30日。

建设等提供信息保障。①

2020 年 6 月 5 日,"一带一路"人才发展项目 2020 年"数字丝绸之路"高级研修班采取"云上"授课方式在浙江大学开班。来自印度尼西亚、新加坡、马来西亚、柬埔寨、泰国等 16 个国家和地区的 56 名高级别政府官员、专家学者和商界精英以"数字赋能世界经济发展"为主题,深入探讨数字经济发展和数字国际合作如何为各国创造新的经济增长点,云上共话"数字丝绸之路"建设。②

2020 年 6 月 29 日,位于青岛上合示范区的上合"一带一路"央企"国际客厅"宣布启用,首场网上招商发布会同步举行,上合国际贸易商事仲裁中心等首批 20 个总投资约 800 亿元的项目集中发布。③

2020 年 7 月 11 日,文化和旅游部开展"一带一路"文化产业和旅游产业国际合作重点项目征集与扶持工作。④

2020 年 8 月 6 日,中国成功将高分九号 04 星送入预定轨道,高分九号 04 星是一颗光学遥感卫星,可为"一带一路"建设等提供信息保障。⑤

2020 年 9 月 10～11 日,国家发展改革委(推进"一带一路"建设工作领导小组办公室)在福建泉州召开共建"一带一路"2020 年重点工作推进会。会议要求,各地区各部门各单位要高质量推动"一带一路"建设。⑥

2020 年 9 月 12 日,"一带一路"建设促进中心与北京大学等五所高校

---

① 《我国成功发射高分九号 02 星》,2020 年 6 月 1 日,http://military.people.com.cn/n1/2020/0601/c1011-31730912.html,最后访问日期:2021 年 9 月 30 日。

② 《"一带一路"人才发展项目 2020 年"数字丝绸之路"高级研修班云上开班》,2020 年 6 月 5 日,https://baijiahao.baidu.com/s? id=16686512217938164445&wfr=spider&for=pc,最后访问日期:2021 年 9 月 30 日。

③ 《上合"一带一路"央企"国际客厅"启用》,2020 年 7 月 2 日,http://ydyl.people.com.cn/n1/2020/0702/c411837-31768107.html,最后访问日期:2021 年 10 月 2 日。

④ 《文化和旅游部开展 2020 年"一带一路"国际合作重点项目征集与扶持》,2020 年 7 月 11 日,https://www.gov.cn/xinwen/2020-07/11/content_5525934.htm,最后访问日期:2021 年 10 月 2 日。

⑤ 《我国成功发射高分九号 04 星 搭载发射清华科学卫星》,2020 年 8 月 6 日,http://m.xinhuanet.com/2020-08/06/c_1126332949.htm,最后访问日期:2021 年 10 月 02 日。

⑥ 《共建"一带一路"2020 年重点工作推进会在福建泉州召开》,2020 年 9 月 14 日,https://www.ndrc.gov.cn/fzggw/wld/njz/lddt/202009/t20200914_1238164_ext.html,最后访问日期:2021 年 10 月 4 日。

智库战略合作座谈会暨签约仪式举行，加强"一带一路"智库建设。①

2020年9月23日，联合国秘书长古特雷斯在与中国领导人会晤时表示，支持中国推动共建"绿色丝绸之路"，支持中国同非洲和发展中国家深化合作。②

2020年9月25日，满载着汽车配件、家具、布料、电器等货物的首列"贵西欧"国际集装箱货运班列从贵阳车站驶出。抵达西安港后将按不同去向，搭乘中欧班列长安号至哈萨克斯坦、乌兹别克斯坦及白俄罗斯等欧亚国家。中欧班列"贵西欧"的开行是贵州省与陕西省共同融入"一带一路"建设的重要举措。③

2020年10月30日，"一带一路"人工智能高峰论坛在西安举行，发布了"'一带一路'人工智能创新联盟——西安宣言"。④

2020年11月3日，《中共中央关于制定国民经济和社会发展第十四个五年规划和二〇三五年远景目标的建议》全文公布。该文件提出，推动共建"一带一路"高质量发展。⑤

2020年11月9日，《国务院办公厅关于推进对外贸易创新发展的实施意见》发布，提出落实好已签署的共建"一带一路"合作文件。⑥

2020年11月13日，国家发展改革委发布消息称，中国已与138个国

---

① 《"一带一路"建设促进中心与五所高校智库战略合作座谈会暨签约仪式举行》，2020年9月21日，https://www.ndrc.gov.cn/xxgk/jd/wsdwhfz/202009/t20200921_1239291_ext.html，最后访问日期：2021年10月4日。

② 《习近平会见联合国秘书长古特雷斯》，2020年9月23日，http://www.xinhuanet.com/politics/leaders/2020-09/23/c_1126532678.htm，最后访问日期：2021年10月4日。

③ 《首列中欧班列"贵西欧"在贵阳发车，将助力贵州地区产品走向国际市场》，2020年9月25日，https://baijiahao.baidu.com/s?id=1678793387564507273&wfr=spider&for=pc，最后访问日期：2021年10月4日。

④ 《2020年"一带一路"人工智能高峰论坛在西安举行》，2020年10月30日，https://baijiahao.baidu.com/s?id=1681993143774819987&wfr=spider&for=pc，最后访问日期：2021年10月4日。

⑤ 《中共中央关于制定国民经济和社会发展第十四个五年规划和二〇三五年远景目标的建议》，2020年11月3日，http://www.gov.cn/zhengce/2020-11/03/content_5556991.htm，最后访问日期：2021年10月4日。

⑥ 《国务院办公厅关于推进对外贸易创新发展的实施意见》，2020年11月9日，http://www.gov.cn/zhengce/content/2020-11/09/content_5559659.htm，最后访问日期：2021年10月4日。

家、31 个国际组织签署了 201 份共建"一带一路"合作文件。①

2020 年 11 月 20 日,皎漂深水港项目特许协议签约仪式在中国驻缅甸大使馆举行。该项目是中缅两国共建"一带一路"和中缅经济走廊框架下的重点项目。②

2020 年 11 月 22 日,"一带一路"文化产业和旅游产业国际合作重点项目投融资对接活动在广州举行,吸引了来自全国 18 个省份的重点项目、金融机构负责人等约 100 人参会。③

2020 年 11 月 24 日,世界互联网大会·互联网发展论坛"一带一路"互联网国际合作分论坛召开。④

2020 年 11 月 24 日,白俄罗斯总统表示,白俄罗斯愿与中国继续扩大"一带一路"合作并推动该项目与欧亚经济联盟的对接。⑤

2020 年 11 月 24 日,第七届"一带一路"中德经济合作对话会开幕,推动中德共同参与"一带一路"建设。⑥

2020 年 11 月 24 日,中国高铁全方位整体走出去"第一单"、东南亚第一条高铁——印尼雅万高铁 1 号隧道顺利贯通。⑦

2020 年 11 月 26 日,"一带一路"记者组织论坛通过网络视频方式在

---

① 《中国已与 138 个国家、31 个国际组织签署共建"一带一路"合作文件》,2020 年 11 月 13 日,https://www.chinanews.com.cn/gn/2020/11 - 13/9338135.shtml,最后访问日期:2021 年 10 月 4 日。

② 《皎漂深水港项目特许协议已签署!中缅两国合作再迈重要一步》,2020 年 11 月 21 日,https://baijiahao.baidu.com/s? id=1683964272310289366&wfr=spider&for=pc,最后访问日期:2021 年 10 月 4 日。

③ 《"一带一路"文化产业和旅游产业国际合作重点项目投融资对接活动在广州举办》,2020 年 11 月 22 日,https://gd.chinadaily.com.cn/a/202011/22/WS5fba0dc7a3101e7ce9730f32.html,最后访问日期:2021 年 10 月 4 日。

④ 《"一带一路"互联网国际合作分论坛举办》,2020 年 11 月 26 日,http://cn.chinadaily.com.cn/a/202011/26/WS5fbf04fca3101e7ce9731b94.html,最后访问日期:2021 年 10 月 4 日。

⑤ 《白俄罗斯愿与中国继续扩大"一带一路"合作》,2020 年 11 月 24 日,http://www.xinhuanet.com/world/2020-11/24/c_1126781763.htm,最后访问日期:2021 年 10 月 4 日。

⑥ 《以党际交往促进地方务实合作:贵州参加第七届"一带一路"中德经济合作对话会》,2020 年 11 月 25 日,https://baijiahao.baidu.com/s? id=1684313589890362520&wfr=spider&for=pc,最后访问日期:2024 年 6 月 7 日。

⑦ 《出口海外最大直径盾构机!中交装备助力中国高铁全方位整体出海》,2020 年 11 月 25 日,https://m.thepaper.cn/baijiahao_10139804,最后访问日期:2021 年 10 月 4 日。

北京召开，来自60多个国家和地区的120余位记者组织负责人围绕"团结合作、命运与共——后疫情时代的新闻交流"主题进行深入交流。①

2020年11月27日，第十七届中国-东盟博览会和中国-东盟商务与投资峰会开幕。②

2020年12月3日，第四届"一带一路"国际青年论坛在韩国首尔和辽宁大连两地连线举行，来自中国、韩国、美国、俄罗斯、巴西等20多个国家的青年共同探讨应对全球性危机的国际合作方案。③

2020年12月8日，中国、新加坡高层领导会谈，双方一致同意在"一带一路"合作框架下，重点推动互联互通、金融支撑、三方合作及法律司法合作，深挖"陆海新通道"潜力，高质量推进重点项目合作，打造科技创新合作旗舰项目。④

2020年12月8日，"一带一路"合作伙伴疫情防控和复工复产廉洁建设研讨会在北京召开，来自22个国家和国际组织的代表在线参会。⑤

第七节 "一带一路"2021年重要事件

2021年1月19日，国务院新闻办公室举行的2020年央企经济运行情况新闻发布会公布数据，截至发布会时间，已有81家中央企业在共建"一带一路"国家承担了超过3400个项目，成为推动"一带一路"从理念

---

① 《2020年"一带一路"记者组织论坛在京召开》，2020年11月27日，https://m.gmw.cn/baijia/2020-11/27/34409573.html，最后访问日期：2021年10月4日。

② 《习近平在第十七届中国-东盟博览会和中国-东盟商务与投资峰会开幕式上致辞》，2020年11月28日，https://baijiahao.baidu.com/s？id=1684474785855971730&wfr=spider&for=pc，最后访问日期：2021年10月4日。

③ 《第四届一带一路国际青年论坛在韩举行》，2020年12月7日，https://www.sohu.com/a/436705345_120057480，最后访问日期：2021年10月4日。

④ 《韩正同新加坡副总理王瑞杰举行视频会见并共同主持中新双边合作机制会议》，2020年12月8日，http://www.xinhuanet.com/world/2020-12/08/c_1126837147.htm，最后访问日期：2021年10月4日。

⑤ 《"一带一路"合作伙伴疫情防控和复工复产廉洁建设研讨会在京举行》，2020年12月8日，https://www.ccdi.gov.cn/xxgkn/ldjg/yxd/zyhd/202012/t20201209_40975.html，最后访问日期：2021年10月4日。

转化为行动、从愿景转变为现实的重要力量。①

2021年1月28日，中国铁路呼和浩特局集团有限公司二连车站发布消息称，二连浩特口岸接运中欧班列突破6000列。二连浩特口岸是"一带一路"建设和"中蒙俄经济走廊"上的重要节点，是中欧班列中线通道的唯一出入境口岸。②

2021年3月1日，普华永道发布《新形势下全球化转型与"一带一路"倡议的驱动力》专题系列的第二份报告。报告称，跨行业、多维度的发展为"一带一路"重点区域电子商务的发展奠定了基础，加速了当地数字化发展，提高了经济效率，并促进了当地经济和社会发展，加强了与全球经济体系的连接。③

2021年3月16日晚，中国、圭亚那领导人通电话。圭亚那领导人希望同中方积极共建"一带一路"，加强基础设施等领域合作。④

2021年4月6日，国务院新闻办公室发表《人类减贫的中国实践》白皮书。白皮书引用世界银行研究报告指出，共建"一带一路"将使相关国家760万人摆脱极端贫困、3200万人摆脱中度贫困。⑤

2021年4月9日，"一带一路"创新发展中心成立仪式在国家开发银行举行，助力"一带一路"高质量发展。⑥

2021年5月30日，国际金融论坛2021年春季会议发布《国际金融论坛2021中国报告》。报告调查结果显示，中方并没有因疫情减小对"一带

---

① 《最新｜国资委：超过七成境外项目持续施工"一带一路"重点项目无一停工》，2021年1月20日，https://baijiahao.baidu.com/s? id = 1689364951217736005&wfr = spider&for = pc，最后访问日期：2021年10月5日。

② 《中蒙最大陆路口岸7年接运中欧班列破6000列》，2021年1月28日，https://www.chinanews.com.cn/cj/2021/01-28/9399059.shtml，最后访问日期：2021年10月5日。

③ 《普华永道：广东正加速融入粤港澳大湾区发展》，2021年3月1日，https://www.sohu.com/a/453428198_120091004，最后访问日期：2021年10月5日。

④ 《习近平同圭亚那总统阿里通电话》，2021年3月16日，http://www.xinhuanet.com/world/2021-03/16/c_1127219080.htm，最后访问日期：2021年10月5日。

⑤ 《白皮书：共建"一带一路"使相关国家760万人摆脱极端贫困》，2021年4月6日，https://baijiahao.baidu.com/s? id = 1696255854561405646&wfr = spider&for = pc，最后访问日期：2021年10月5日。

⑥ 《"一带一路"创新发展中心在京成立》，2021年4月9日，https://baijiahao.baidu.com/s? id = 1696553001284769698&wfr = spider&for = pc，最后访问日期：2021年10月6日。

一路"项目支持力度。①

2021年6月2日,中国、哈萨克斯坦两国领导人通电话,哈方表示,愿同中方扎实推进共建"一带一路",加强经贸、基础设施、卫生等领域合作。②

2021年6月5日,中国印尼高级别对话合作机制首次会议成功举办。印尼愿同中方加快共建"一带一路",深化"区域综合经济走廊"建设,推动雅万高铁如期完工。③

2021年6月15日,中国共产党同突尼斯主要政党共同建立中突政党共建"一带一路"交流机制,并通过视频方式举行首次会议。④

2021年6月17日,商务部公布的数据显示,2021年1~5月,中国对外非金融类直接投资中,对共建"一带一路"国家投资增长较快。在共建"一带一路"国家新签承包工程合同额464.9亿美元,完成营业额308亿美元,分别占同期对外承包工程新签合同额和完成营业额的55.5%和58.5%。⑤

2021年6月18日,第五届中国-阿拉伯国家博览会组委会会议和新闻发布会宣布第五届中国-阿拉伯国家博览会在宁夏银川举办。本届博览会以"深化经贸合作、共建'一带一路'"为主题。⑥

---

① 《〈国际金融论坛2021中国报告〉显示"一带一路"倡议有助后疫情时代绿色复苏》,2021年5月30日,https://baijiahao.baidu.com/s?id=1701187102522291918&wfr=spider&for=pc,最后访问日期:2021年10月6日。

② 《习近平同哈萨克斯坦总统托卡耶夫通电话》,2021年6月2日,http://www.gov.cn/xinwen/2021-06/02/content_5615077.htm?tdsourcetag=s_pcqq_aiomsg,最后访问日期:2021年10月6日。

③ 《王毅卢胡特共同主持中国印尼高级别对话合作机制首次会议》,2021年6月6日,http://www.gov.cn/guowuyuan/2021-06/06/content_5615770.htm,最后访问日期:2021年10月6日。

④ 《共商合作共赢之道,共筑携手发展之路——驻突尼斯大使张建国参加中国-突尼斯政党在线交流》,2021年6月16日,https://www.mfa.gov.cn/web/zwbd_673032/wshd_673034/202106/t20210616_9172023.shtml,最后访问日期:2021年10月6日。

⑤ 《商务部:1~5月我国对"一带一路"沿线国家投资增长13.8%》,2021年6月17日,https://baijiahao.baidu.com/s?id=1702797566371228316&wfr=spider&for=pc,最后访问日期:2021年10月6日。

⑥ 《第五届中阿博览会8月19日至22日在银川举办》,2021年6月19日,http://nx.people.com.cn/n2/2021/0619/c192482-34783547.html,最后访问日期:2022年9月1日。

2021年6月20日，推进"一带一路"建设工作领导小组办公室和中欧班列专题协调机制在北京召开工作座谈会。①

2021年6月21日，中国、坦桑尼亚领导人通电话，坦桑尼亚表示愿同中方积极推进共建"一带一路"，认真落实中非合作论坛北京峰会成果，推动中非关系取得新发展。②

2021年6月23日，"一带一路"亚太区域国际合作高级别会议以视频方式举行。包括哥伦比亚总统杜克在内，共有29个国家的副总理、外长等政要与会。③

2021年6月24日，中国、塞尔维亚领导人通电话。塞尔维亚领导人表示，愿积极参与共建"一带一路"，扩大各领域务实合作。④

2021年6月24日，中国、斐济领导人举行电话会谈。斐济领导人表示，共建"一带一路"前景广阔，斐济将继续积极参与。⑤

2021年6月28日，中国、俄罗斯发表联合声明，正式决定《中俄睦邻友好合作条约》延期。双方同意，推进"一带一路"倡议同欧亚经济联盟对接。⑥

2021年7月9日，商务部发布《"十四五"商务发展规划》。从提升"一带一路"贸易畅通水平、提高"一带一路"投资合作质量和拓展"一带一路"平台机制功能等三方面深化经贸领域务实合作，为共建"一带一

---

① 《推进"一带一路"建设工作领导小组办公室在京召开中欧班列统一品牌五周年工作座谈会》，2021年6月20日，https://m.thepaper.cn/baijiahao_13224174，最后访问日期：2021年10月6日。

② 《习近平同坦桑尼亚总统哈桑通电话》，2021年6月21日，http://www.gov.cn/xinwen/2021-06/21/content_5619902.htm，最后访问日期：2021年10月6日。

③ 《王毅主持一带一路亚太区域国际合作高级别视频会议》，2021年6月25日，https://baijiahao.baidu.com/s?id=1703485179619158621&wfr=spider&for=pc，最后访问日期：2024年6月7日。

④ 《习近平同塞尔维亚总统武契奇通电话》，2021年6月24日，http://www.xinhuanet.com/2021-06/24/c_1127595163.htm，最后访问日期：2021年10月6日。

⑤ 《习近平同斐济总理姆拜尼马拉马通电话》，2021年6月24日，http://www.xinhuanet.com/world/2021-06/24/c_1127595179.htm，最后访问日期：2021年10月6日。

⑥ 《习近平同俄罗斯总统普京举行视频会晤 两国元首宣布〈中俄睦邻友好合作条约〉延期》，2021年6月28日，http://www.xinhuanet.com/asia/2021-06/28/c_1127606503.htm，最后访问日期：2021年10月6日。

路"高质量发展、推动构建人类命运共同体贡献力量。①

2021 年 7 月 12 日，国家发展改革委会同有关部门与香港特别行政区政府以视频形式召开支持香港全面参与和助力"一带一路"建设联席会议第四次会议。②

2021 年 7 月 13 日，中国、土耳其国家领导人通电话。土方表示，愿积极共建"一带一路"，扩大经贸、基础设施等领域务实合作。③

2021 年 7 月 13 日，中国、巴巴多斯国家领导人通电话。巴方表示，愿同中方加强双边务实合作和多边沟通协作，共建"一带一路"。④

2021 年 7 月 16 日，中国、马尔代夫国家领导人通电话。马方表示，积极共建"一带一路"，密切多边协调配合。⑤

2021 年 7 月 16 日，中国、蒙古国家领导人通电话。蒙方表示，积极共建"一带一路"，加强在多边事务中的协调合作。⑥

2021 年 7 月 18 日，中国、埃及一致同意商签加强两国全面战略伙伴关系第二个五年实施纲要和共同实施"一带一路"倡议方案。⑦

2021 年 7 月 19 日，中国文化和旅游部印发《"十四五""一带一路"文化和旅游发展行动计划》。⑧

2021 年 7 月 24 日，中国、巴基斯坦开展外交部长对话，双方将深入

---

① 《划重点！〈"十四五"商务发展规划〉出炉》，2021 年 7 月 9 日，http://www.zqrb.cn/finance/hongguanjingji/2021-07-09/A1625823488574.html，最后访问日期：2021 年 10 月 6 日。

② 《国家发展改革委与香港特区政府召开支持香港全面参与和助力"一带一路"建设联席会议第四次会议》，2021 年 7 月 12 日，http://www.gov.cn/xinwen/2021-07/12/content_5624473.htm，最后访问日期：2021 年 10 月 6 日。

③ 《习近平同土耳其总统埃尔多安通电话》，2021 年 7 月 13 日，http://www.xinhuanet.com/2021-07/13/c_1127652293.htm，最后访问日期：2021 年 10 月 6 日。

④ 《习近平同巴巴多斯总理莫特利通电话》，2021 年 7 月 13 日，http://m.xinhuanet.com/2021-07/13/c_1127652332.htm，最后访问日期：2021 年 10 月 6 日。

⑤ 《习近平同马尔代夫总统萨利赫通电话》，2021 年 7 月 16 日，http://www.xinhuanet.com/2021-07/16/c_1127663584.htm，最后访问日期：2021 年 10 月 6 日。

⑥ 《习近平同蒙古国总统呼日勒苏赫通电话》，2021 年 7 月 16 日，http://www.xinhuanet.com/2021-07/16/c_1127663582.htm，最后访问日期：2021 年 10 月 6 日。

⑦ 《王毅同埃及外长舒凯里举行会谈》，2021 年 7 月 19 日，http://www.xinhuanet.com/world/2021-07/19/c_1127668219.htm，最后访问日期：2021 年 10 月 6 日。

⑧ 《〈"十四五""一带一路"文化和旅游发展行动计划〉制定印发》，2021 年 7 月 20 日，http://www.ce.cn/xwzx/gnsz/gdxw/202107/20/t20210720_36734397.shtml，最后访问日期：2021 年 10 月 6 日。

推进共建"一带一路",推动两国关系不断迈上新台阶。①

2021年7月27日,中国海关总署公布了《"十四五"海关发展规划》,对"一带一路"合作、自贸区建设、口岸公共卫生、知识产权保护、国门生物安全和打击走私等多方面工作明确了具体发展目标。②

2021年7月27日,刚果(金)加入"一带一路"合作倡议后,中刚双方合作实施的首个重大基础设施和民生项目——金苏卡变电站项目举办开幕仪式。③

2021年8月9日,由商务部国际贸易经济合作研究院编撰的《中国"一带一路"贸易投资发展报告2021》(中英文版)在北京发布。该报告指出,货物贸易方面,2013~2020年,中国与共建"一带一路"国家货物贸易额由1.04万亿美元增至1.35万亿美元,占中国货物贸易总额的比重由25%升至29.1%。2013年以来,中国与共建"一带一路"国家货物贸易额累计达9.2万亿美元。④

2021年8月18日,伊朗总统莱希在与中国领导人通电话时表示,中方倡议共建"一带一路"充满战略远见,伊方愿积极参与。⑤

2021年8月19日,作为中阿共建"一带一路"的重要平台,第五届中国-阿拉伯国家博览会在宁夏银川开幕。博览会以"深化经贸合作,共建'一带一路'"为主题。⑥

2021年8月23日,国务院新闻办公室举行新闻发布会,会上介绍了

---

① 《中国和巴基斯坦第三次外长战略对话联合新闻稿》,2021年7月25日,https://www.fm-prc.gov.cn/wjbzhd/202107/t20210725_9137701.shtml,最后访问日期:2021年10月6日。
② 《聚焦 | 海关总署"十四五"如何助力"一带一路"高质量发展?》,2021年7月29日,https://baijiahao.baidu.com/s? id=1706559651381990498&wfr=spider&for=pc,最后访问日期:2021年10月6日。
③ 《刚果(金)总统为中刚"一带一路"合作项目奠基》,2021年7月29日,https://m.thepaper.cn/baijiahao_13811874,最后访问日期:2021年10月6日。
④ 《〈中国"一带一路"贸易投资发展报告2021〉发布:合作抗疫、逆势增长成为关键词》,2021年8月11日,http://world.people.com.cn/n1/2021/0811/c1002-32189921.html,最后访问日期:2021年10月6日。
⑤ 《习近平向第五届中国-阿拉伯国家博览会致贺信》,2021年8月19日,http://www.xin-huanet.com/politics/2021-08/19/c_1127775491.htm,最后访问日期:2021年10月7日。
⑥ 《第五届中国-阿拉伯国家博览会开幕》,2021年8月19日,http://www.xinhuanet.com/2021-08/19/c_1127776132.htm,最后访问日期:2021年10月6日。

"一带一路"成效。2013～2020年，中国与共建"一带一路"国家货物贸易额累计达9.2万亿美元，中国对共建"一带一路"国家直接投资累计达1360亿美元，共建"一带一路"国家在华新设企业累计达2.7万家，实际投资累计约600亿美元。①

2021年9月1日，中国香港第六届"一带一路"高峰论坛举办。②

2021年9月2日，商务部举行例行新闻发布会。发布会介绍，中国已与22个国家建立了双边电子商务合作机制，并通过举办"丝路电商"云上大讲堂，推出"双品网购节丝路国别爆款"等，推动合作走深走实。③

2021年9月10日，第十八届中国-东盟博览会和中国-东盟商务与投资峰会在广西南宁开幕，主题为"共享陆海新通道新机遇，共建中国-东盟命运共同体"，由中国商务部和东盟10国政府经贸主管部门及东盟秘书处共同主办。④

2021年10月18日，古巴正式加入中国倡建的"一带一路"能源合作伙伴关系。该伙伴关系寻求在利益共享的原则下，打造国际合作和交流的超级平台。⑤

2021年11月，第四届中国国际进口博览会在上海成功举办，1000多家中外企业达成超200项合作意向。其中，共建"一带一路"国家收获了大量订单。⑥

2021年11月12日，"一带一路"人才发展项目2021年"贸易畅通"

---

① 《朋友圈更大了！"一带一路"合作国家和国际组织已达172个》，2021年8月23日，http://m.cyol.com/gb/articles/2021-08/23/content_d55nOH07E.html，最后访问日期：2021年10月6日。

② 《商务部部长王文涛：支持香港参与"一带一路"建设走深走实》，2021年9月1日，https://baijiahao.baidu.com/s?id=1709666502951817895&wfr=spider&for=pc，最后访问日期：2021年10月7日。

③ 《商务部召开例行新闻发布会（2021年9月2日）》，2021年9月2日，http://www.mofcom.gov.cn/xwfbh//20210902.shtml，最后访问日期：2024年6月7日。

④ 《习近平向第18届中国-东盟博览会和中国-东盟商务与投资峰会致贺信》，2021年9月10日，http://www.gov.cn/xinwen/2021-09/10/content_5636568.htm，最后访问日期：2021年10月7日。

⑤ 《外媒：古巴加入"一带一路"能源合作》，2021年10月21日，http://ydyl.china.com.cn/2021-10/21/content_77823173.htm，最后访问日期：2022年8月31日。

⑥ 《习近平总书记谋划推动共建"一带一路"述评》，2021年11月19日，http://www.mod.gov.cn/topnews/2021-11/19/content_4899103.htm，最后访问日期：2022年8月31日。

高级研修班举行开班仪式。来自印度尼西亚、马来西亚、巴基斯坦、意大利、亚美尼亚、莱索托、塞拉利昂、埃塞俄比亚等 23 个国家和地区的政府高级别官员、专家学者和商界精英等 69 名学员参加本期研修班。①

2021 年 11 月 23 日，2021 中新（重庆）战略性互联互通示范项目金融峰会发布消息，中国与东盟的互联互通，正从基础设施建设和物流信息流联通向金融合作领域深度拓展。②

2021 年 12 月 1 日，欧盟委员会在布鲁塞尔公布了 3000 亿欧元的全球基建投资计划。欧盟希望成为更有吸引力的投资合作方，有能力与中国的"一带一路"竞争。③

2021 年 12 月 9 日，中国与圣多美和普林西比（简称"圣普"）签署共建"一带一路"谅解备忘录。④

2021 年 12 月 13 日，中国与非盟共建"一带一路"合作工作协调机制第一次会议召开，会议签署了《中华人民共和国国家发展和改革委员会与非洲联盟委员会关于建立共建"一带一路"合作工作协调机制的谅解备忘录》。⑤

2021 年 12 月 17 日，"一带一路"国际合作高峰论坛咨询委员会会议以视频形式举行。包括埃及前总理沙拉夫在内的现任咨询委员会委员参加了会议。⑥

---

① 《2021 年"一带一路"贸易畅通高级研修班开班》，2021 年 11 月 13 日，http://xm. fjsen. com/2021-11/13/content_30889096. htm，最后访问日期：2022 年 8 月 31 日。
② 《中新互联互通项目为"一带一路"增色添彩》，2021 年 11 月 25 日，http://finance. people. com. cn/n1/2021/1125/c1004-32291644. html，最后访问日期：2022 年 8 月 31 日。
③ 《欧盟斥资数十亿欧元挑战中国影响力》，2021 年 12 月 1 日，https://www. bbc. com/zhongwen/simp/world-59486995，最后访问日期：2022 年 8 月 31 日。
④ 《中国与圣普签署共建"一带一路"谅解备忘录》，2021 年 12 月 10 日，http://world. people. com. cn/n1/2021/1210/c1002-32304807. html，最后访问日期：2022 年 8 月 31 日。
⑤ 《中国发布 | 我国已与 145 个国家 32 个国际组织签署共建"一带一路"合作文件》，2021 年 12 月 16 日，http://news. china. com. cn/2021-12/16/content_77934195. html，最后访问日期：2022 年 8 月 31 日。
⑥ 《埃及前总理沙拉夫：中国高质量共建"一带一路"将为世界发展作出新贡献》，2021 年 12 月 19 日，https://world. huanqiu. com/article/4637pWOCQZR，最后访问日期：2022 年 8 月 31 日。

第四章 "一带一路"国际传播
效果指标建构

传播效果的测评研究一直是多个学科关注的热点和焦点。传播效果的研究是受众研究的重要议题，丹尼斯·麦奎尔将受众研究方法划分为结构性、行为性和文化性三类。[①] 结构性受众研究方法使用受众规模、受众组成等指标，量化认知层面的传播效果；行为性受众研究方法关注受众特定行为背后的心理状态；文化性受众研究方法探讨受众在媒介使用过程中的能动作用，比如忠诚度、社交热度等指标，使用定性的研究方法剖析媒介内容对受众的影响。[②] 不同学科对传播的效果都有关注，传播学对效果的研究一类是从传播要素维度出发，通过信源、信宿等传播要素对媒介效果进行评估。[③] 另一类则是从影响力维度出发，尝试对媒介效果的广度、深度、效度等方面进行衡量。[④] 心理学关注信息对用户影响的过程，将过程序列化为到达、注意、兴趣、态度、互动、分享等阶段对媒介效果加以度量。[⑤] 社会学的效果研究引入了社会网络结构信息，即信息网络中节点的位置及网络结构。[⑥]

---

① 丹尼斯·麦奎尔：《受众分析》，刘燕南等译，中国人民大学出版社，2009，第 30 页。
② 罗雪：《浅论我国媒体的国际传播效果评估体系构建》，《当代电视》2016 年第 10 期。
③ 吴玉兰、肖青：《财经媒体官方微博传播影响力研究——以"@财新网"为例》，《现代传播（中国传媒大学学报）》2014 年第 6 期。
④ 王秀丽、赵雯雯、袁天添：《社会化媒体效果测量与评估指标研究综述》，《国际新闻界》2017 年第 4 期。
⑤ Jim, Sterne, *Social Media Metrics: How to Measure and Optimize Your Marketing Investment* (John Wiley & Sons, 2010), pp. 15-50；刘亚飞：《企业公众微信营销效果评估研究》，《中国电子商务》2013 年第 8 期。
⑥ Kay, Peters et al., "Social Media Metrics—A Framework and Guidelines for Managing Social Media," *Journal of Interactive Marketing* 27 (2013): 281-298；吴信东、李毅、李磊：《在线社交网络影响力分析》，《计算机学报》2014 年第 4 期。

计算机科学的研究视角多是基于用户线上行为监测以及与网站日志信息等实施的效果分析和流量评测。在现有的传播效果研究中，各个学科的成果各有所长，将已有的研究成果融合与整合对未来的研究有较大的参考价值。

第一节 国际传播效果指标体系研究综述

国际传播效果的评估方法有多种研究途径。一种是因循传播量化的研究传统使用受众调查法或访谈法，但受到诸多客观调查条件的限制，这一方法很难有大量的应用。另一种是基于数据采集的内容分析，例如通过统计中国主流媒体报道被西方媒体转载、转引的比例和内容，分析社会议题的传播效果和受关注程度。大数据的应用使这一研究变得方便快捷。还有一种是关注中国主流媒体在西方社交媒体，如脸书和推特上的官方账号，统计分析账号上所推送的新闻信息被多少社交媒体用户转发、评论或点赞，以评估传播效果。这种微传播的效果评估已经成为近年来中国国际传播研究的重要领域。对外传播效果实际上有三个维度的测量与评估需求：一是传播广度，就是传播内容所能辐射的范围；二是传播深度，就是传播内容能够被对象国受众关注并讨论的热度；三是传播向度，就是受众对传播内容赞同或反对的程度。① 无论用何种途径去评估国际传播的效果研究，都需要一套成熟的指标体系，学界和业界也做了诸多探索，主要集中在如下几个方面。

一 基于国际传播主体影响力指标

中国的外宣媒体是中国国际传播的主要力量，对中国外宣媒体的国际传播效果研究一直是国际传播效果研究的热点。国际传播主体效果指标的评价，主要从影响力维度出发，对媒介主体效果的广度、深度、效度等方面进行评估。比如，唐润华、刘滢的媒体国际传播能力评估指标体系提出了5个一级指标，即内容生产能力、市场拓展能力、技术支撑能力、品牌

---

① 戴元初：《大数据时代对外传播效果的评估与提升》，《对外传播》2014年第10期。

知名度、国家影响力。然后在其下共设了 12 个二级指标、34 个三级指标。[①] 刘澜从媒体国际传播能力出发提出了传播者的一般能力、信息采集能力、信息加工能力、信息流通能力、信息接收能力等指标，评估国际媒体影响力。[②] 基于网络议程设置理论，覆盖用户或受众认知、态度、行为各个层面，整合传统媒体与新媒体的评估框架，新型主流媒体的传播效果研究指标体系中一级指标使用传播力、影响力、引导力、公信力四个指标。传播力下设覆盖度和时效性二级指标，影响力下设关注量、浏览量、搜索量二级指标，引导力指标下设参与度指标，公信力下设信任度指标。[③]中国日报新媒体实验室提出了一套面向电视、纸媒、通讯社等媒体的指标体系，包括 149 个指标，按照单篇报道、版块、媒体和事件专题等 4 个粒度层次对媒体的传播效果进行综合评价。基于全球媒体数据搜集及处理分析平台、媒体传播影响力分析平台、事件传播影响力评估平台的支撑实现媒体国际传播效果评估。[④] 唐润华根据不同媒体的差异性与特殊性，分别为通讯社、平面媒体、电视媒体、网络媒体建构了四套评估体系，评估中国国际媒体的传播能力。[⑤] 社交媒体平台出现后，部分学者尝试利用外宣媒体在社交媒体平台的账号和行为来评估其影响力。罗雪利用媒体的社交媒体账号，对媒体国际传播能力进行评估，从传播广度、深度和参与度三个维度来进行度量。[⑥] 考虑媒体在海外社交网络平台上的传播效果主要体现为内容生成能力、传播延展能力和议题设置能力，海外社会化媒体传播效果评估体系的基本框架也相应地由这三个部分组成，即三个一级指标。每个一级指标又分解成若干二级指标，从不同方面支撑一级指标的主要

① 唐润华、刘滢：《媒体国际传播能力评估体系的核心指标》，《对外传播》2011 年第 11 期。
② 刘澜：《一个新的国际传播能力模型——兼论国际传播能力研究的历史与未来》，姜加林、于运全主编《世界新格局与中国国际传播——"第二届全国对外传播理论研讨会"论文集》，外文出版社，2012，第 444、448 页。
③ 张瑞静：《网络议程设置理论视域下新型主流媒体传播效果评价指标分析》，《中国出版》2019 年第 6 期。
④ 韩冰：《中国日报新媒体实验室的国际传播效果评估实验》，《中国传媒科技》2015 年第 Z1 期。
⑤ 唐润华：《中国媒体国际传播能力建设战略》，新华出版社，2015，第 159~172 页。
⑥ 罗雪：《社交网络中全球媒体的国际传播效果提升策略研究——基于 CGTN 和 BBC 推特账户的比较分析》，《电视研究》2018 年第 2 期。

内容。① 刘滢提出海外社会化媒体传播效果评估指标体系的基本框架与核心指标,一级指标包括内容生成能力、传播延展能力和议题设置能力,其中内容生成能力下有报道数量、报道质量,传播延展能力下有报道吸引力、报道延展性,议题设置能力下有议题配比合理性、媒体议题设置能力和公众议题设置能力。各二级指标设置三级指标直接实施测量。② 刘滢、应宵提出了社交媒体微传播影响力评估指标体系:传播力评估媒体国际微传播扩散路径的时、度、效,包含的二级指标有传播时机、传播力度、传播实效;引导力评估媒体国际微传播在国际舆论场上的号召能力,包含的二级指标有观点号召力、议题设置力、舆情疏导力;影响力评估媒体国际微传播的吸引力、凝聚力和说服力,这三个方面对应三个二级指标。公信力评估媒体国际微传播的国际公众信任度,二级指标包括公众态度评价值、公众态度稳定值、公众态度变化值。③ 基于对外传播的目的是影响国际民众,其效果测量主要逻辑自然应将境外公众的态度测量作为主要的标准。国际媒体往往是传播目的国受众接收信息的一个主要二级节点和桥梁,国外媒体对中国媒体信息的转载和引用情况是国际受众传播效果的一个重要显示指标,所以国际媒体的信息转引情况一度成为国际传播效果研究的重要指标。④ 因此信息的转引率成为外宣媒体效果评估,特别是业界评估考核一段时期的主要核心指标。比如《环球时报》使用道琼斯、慧科等数据库,基于中文、英文、法文、德文等多种语言,借助信息检测技术,统计自己的转引情况,评估传播效果。其一级指标为传播的广度、传播的平衡性、传播的认同度、传播的协同效应,其中传播的广度通过二级指标海外媒体中引用量与分地区和分媒体引用量评价,传播的平衡性使用海外媒体引用不同形式、领域和话题的报道的数量和比例评价,传播的认同度使用外媒对《环球时报》本身的评价、观点和评论的重视程度,以及

---

① 刘滢、应宵:《媒体国际微传播影响力的内涵与评估》,《国际传播》2018年第4期。
② 刘滢:《从七家中国媒体实践看海外社交平台媒体传播效果评估》,《中国记者》2015年第7期。
③ 刘滢、应宵:《媒体国际微传播影响力的内涵与评估》,《国际传播》2018年第4期。
④ 王娟、柯惠新:《对外传播受众调查与效果评估研究》,姜加林、于运全主编《世界新格局与中国国际传播——"第二届全国对外传播理论研讨会"论文集》,外文出版社,2012,第458页。

对外传播的权威性和中立性来评价，传播的协同效应使用外媒引用中英文版报道在形式、领域方面的侧重及外媒对《环球时报》中英文版在定性上的差异加以评价。[1] 基于公信力测量的媒体国际传播能力评估体系，围绕受众"入眼、入脑、入心"细分为三个维度："说了没有"，即对某一新闻事件，中国媒体是否发声了，是否主动设置议程引导国际舆论；"听了没有"，即中国媒体相关报道国外媒体转载或引用了没有；"信了没有"，即评价国外媒体转载或引用中国媒体报道的态度如何。[2]

围绕外宣媒介展开的效果传播指标研究是中国国际传播效果研究的热点，已有的研究聚焦于媒体国际传播能力和影响力的评估，指标体系在学界和业界均大量涉及，这个维度的研究在严格分类上并不是直接的效果研究，因为其并未充分重视对受众效果的评估，而较多地从媒体的内容、形式、话题设置能力等展开。

二 基于传播过程指标

基于国际传播的传播者与受传者信息之间流动的过程，聚焦效果从信源到信宿的关键要素，提炼反映国际媒介对外传播效果的关键指标，其中最具代表性的是柯惠新的国际传播效果评估指标体系，其选择微观层面的文本和公众两个维度来进行效果评估。文本信息指标在文本维度方面的研究内容分为两个层次，一个是信源，包括受众能够感知到的信源的形式以及受众难以感知到的转载率等内容；另一个是信息报道内容，包括报道方式、写作风格、题材选取等。对媒体文本内容的研究采用内容分析法。对公众维度的效果评估，运用"两级传播"理论，受众反馈指标将对外传播分为多级传播，因此，不同传播级别的公众在受众调查指标中应加以区别。对于意见领袖层级的公众，采用定性研究的方式进行调查，主要是以焦点小组座谈会或者对意见领袖深访的方式进行。在定性研究中，核心指标为意见领袖对各类信源以及报道内容的信任度，这是态度转变的关键环

① 《环球时报》舆情中心：《中国媒体对外传播效果评估和提升策略——以〈环球时报〉为个案的研究》，全国第二届对外传播理论研讨会，南京，2011年。
② 郭光华：《我国新闻媒体国际传播能力评估体系研究》，《湖南师范大学社会科学学报》2017年第4期。

节；此外，还需要了解意见领袖对于中国对外传播媒体的接触、信息内容的认知和评价、传播意愿等相关内容。对于普通公众而言，意见领袖的言论会对他们的态度产生重要影响，甚至作出相应的行为决策。在对普通公众的对外传播效果调查时，主要从接触、认知、态度、行为四大层级指标考虑实施。① 该指标体系对国际传播效果评估接触、认知、态度、行为的划分对于后续的研究有较大的指导意义。程曼丽、王维佳在《对外传播及其效果研究》一书中亦在对外传播效果评价中提出主客体划分的观点：主体评估指标，即面向对外传播媒体设定的效果评估标准；客体评估指标，即面向境外的个人、机构、组织等对外传播对象设定的效果评估标准。②

　　基于传播过程指标评估传播效果是传播学的研究传统，传播者与受传者之间信息的有效传递是效果评估的关键度量。但这种主客体的划分较多是理论层面的，提出的指标体系受方法的限制存在可行性的问题，且对客体和受众的评估并未有充分的重视，仍把传播过程的主体视为一个重要的维度，既要评估国际传播做了多少工作，也要评估传播效力。

三　基于认知过程指标

　　借鉴认知科学和心理学的理论，解构受众认知信息的过程，进行指标的构建。詹姆斯·波特（W. James Potter）将媒介效果细分为渐进的长期的变化、强化、即刻的转变和短期的浮动式变化。瓦德（Ward）、博赫纳（Bochner）和弗恩海姆（Furnham）提出了著名的跨文化适应 ABC 理论，即从 A（affective）情感、B（behavior）行为、C（cognition）认知三个维度研究跨文化适应。③ 麦奎尔（McGuire）的媒介信息处理理论，将媒介影响力的形成过程划分为接触传播内容、对传播内容感兴趣、理解传播内容、接受传播内容、记忆传播内容、在记忆中寻找并恢复信息、产生传播倾向、获得传播技巧、作出传播决定、产生传播行为、强化中意的传播行

---

① 柯惠新、陈旭辉、李海春、田卉：《我国对外传播效果评估的指标体系及实施方法》，《对外传播》2009 年第 12 期。
② 转引自刘滢、应宵《媒体国际微传播影响力的内涵与评估》，《国际传播》2018 年第 4 期。
③ Colleen, Ward et al., *The Psychology of Culture Shock*（New York：Routledge, 2020），p. 271.

为、形成更坚定的传播态度。① 拉维奇（Lavidge）和斯坦纳（Steniner）提出了一种传播效果阶梯模式，将受传者的反应过程归纳为认知、态度（情感）、行动（意愿）三个效果层次。② 国内学者按照传播效果反映在受传者身上的逻辑顺序，将传播效果分为认知层面、心理态度层面和行动层面三个层面。③ 心理学视角的研究较为关注用户对信息的行为反应过程，从到达、注意、兴趣、态度、互动、分享等阶段对媒介效果作出了诠释。④ 罗雪从受众认知、态度与行为三阶段传播效果入手，构建了整合传统媒体与新媒体的评估框架，并以此为基础，设计了由传播广度、深度、准确度和互动度四类量化指标构成的国际传播效果评估体系。⑤ 该评估体系对传统媒体受众和新媒体受众效果评估加以区分，给出了传统媒体的国际传播效果评估范式和新媒体的国际传播效果评估范式，将国际传播的受众效果评估从"受众效果的评估"扩展到"传播过程效果的评估"。郑丽勇等根据媒介影响力的形成过程以及认知的过程，将其解构为接触、接受、保持和提升四个环节，在此基础上提出包括广度（接触）、深度（接受）、强度（保持）和效度（提升）等四个因子的媒介影响力四维评价指标体系，并使用专家意见法，对四个因子分别确定了权重：广度（27%）、深度（23%）、强度（26%）、效度（24%）。⑥ 益普索集团（Ipsos）评估体系基于"品牌价值"（Brand Equity）的形成过程，将品牌与用户关系划分为三个阶段，并对各阶段评估指标进行细化：（1）认知阶段，由媒体的功能、形象、情感、性格四方面要素组成，如娱乐、权威或者内容广泛等功能或形象属性，以及"令人激动的""有共鸣感的"等情感或性格属性；（2）态度阶段，即受众意识到媒体的特性并认为与自己的需求相符，如受众认为

① McGuire, W. J., "Theoretical Foundations of Campaigns," in Rice, R. E., & Atkin, C. K., eds., *Public Communication Campaigns* (Newbury Park: Sage, 1989), pp. 43-65.

② 转引自陈然《政务社交媒体危机传播效果评价指标体系的构建》，《统计与决策》2019年第18期。

③ 郭庆光：《传播学教程》，中国人民大学出版社，2011，第172页。

④ Jim, Sterne, *Social Media Metrics: How to Measure and Optimize Your Marketing Investment* (New York: John Wiley & Sons, 2010), pp. 15-50；刘亚飞：《企业公众微信营销效果评估研究》，《中国电子商务》2013年第8期。

⑤ 罗雪：《浅论我国媒体的国际传播效果评估体系构建》，《当代电视》2016年第10期。

⑥ 郑丽勇、郑丹妮、赵纯：《媒介影响力评价指标体系研究》，《新闻大学》2010年第1期。

媒体内容制作精良且符合自身的生活品位；（3）行为阶段，用户形成明显的媒体偏好，具体行为包括正面评价、引用和推荐等。① 同时，广告效果的研究是传播效果研究的重要分支，广告经典的效果模式 DAGMAR（Defining Advertising Goals for Measured Advertising Results）由美国学者科利提出。借鉴 DAGMAR 的基本模式，按照信息认知的过程考虑媒介的中介作用，效果评价可分为媒介接触效果评价、媒介沟通效果评价、媒介行为效果评价。②

四 基于社交媒体整合指标

社交媒体出现后，迅速占有大量用户。因其信息流动速度快、互动性强、信息流动模式有显著的改变、用户行为数据可见，使用社交媒体平台数据评估信息传播效果迅速成为研究热点。信息时代人们对新媒体的大量使用导致了信息的碎片化和受众的细分，传统的传播结构受到挑战，因此效果研究开始关注新技术带来的各种社会影响以及传播的分层效应。③ 对西方近十年来的媒介效果研究进行梳理时发现，过去十年西方媒介效果研究的热点变化主要体现在媒介形态的变化上，以社交媒体为代表的新媒体成为学者新的研究对象。④ 学者对基于社交媒体信息传播效果评估的指标体系有较多研究且成果丰硕。查米杨（Meeyoung Cha）等针对推特平台信息传播影响力评价提出的代表性指标是点赞、转发和评论。⑤ 何音等研究发现，微博平台信息传播影响力评估核心指标是粉丝数、关注数、发文数等。⑥ 陈明亮等的微博主影响力评价指标体系全面涵盖媒介影响力形成

---

① 罗雪：《浅论我国媒体的国际传播效果评估体系构建》，《当代电视》2016 年第 10 期。
② 刘言君、黄婷、林建君：《基于层次分析法的体育场馆类 APP 传播效果的评价研究》，《浙江体育科学》2018 年第 6 期。
③ 王之延：《中国主流媒体国际传播效果研究的社会化取向》，《国际传播》2019 年第 2 期。
④ 张卓、王竞、刘婷：《西方媒介效果研究的新动向——基于 2007~2016 年欧美传播学期刊的文献计量分析》，《新闻与传播评论》2019 年第 1 期。
⑤ Ye, Shaozhi, Wu, S. F., *Measuring Message Propagation and Social Influence on Twitter. com* (International Conference on Social Informatics, Springer, Berlin, Heidelberg, 2010), pp. 216-231；Cha, M., Haddadi, H., Benevenuto, F., et al., *Measuring User Influence in Twitter：The Million Follower Fallacy* (International Conference on Weblogs and Social Media, Washington DC USA, 2010), pp. 10-17.
⑥ 何音、夏志杰、翟玥、罗梦莹：《突发事件情境下影响媒体官方微博传播的因素研究——基于多分 logistic 回归》，《情报科学》2017 年第 4 期。

的接触、认知、说服、二次传播四个环节，评价微博主的影响力。接触指标用微博使用时间衡量，认知指标用原创微博数、原创微博率衡量，说服指标用微博主是否实名认证、微博主业内知名度衡量，二次传播指标用粉丝质量指数、粉丝互动率和粉丝转发次数衡量。[①] 社交媒体的信息形式会影响到信息的传播效果。信息丰富性理论观点认为，越是丰富、生动的信息形式，越容易提升用户的互动性。[②] 对社交网络的研究表明，视频、图片、URL 等信息形式能提升信息传播效果与信息可达度。[③] 社交媒体具有天然的国际传播特性，借助国际社交媒体平台，信息可以流畅地实现跨国传递。社交媒体平台用户不但接收平台信息，同时会评论、转发和点赞信息。因此，社交媒体不但可以成为国际传播信息的重要渠道，也可以作为国际传播效果评估的重要依据。社交网络中全球媒体的国际传播效果评估框架对全球媒体在社交网络中的国际传播效果进行评估，应该充分考虑国际网络受众在议题构建方面的能动性，或者受众群体参与议题构建的传播和交互行为。因此，对于该类传播效果的评估应从广度、深度和参与度等三个维度对全球媒体的新闻体系及受众群体进行全方位考察。[④] 传播广度衡量全球媒体国际受众的规模和构成，是评估国际传播力的指标。传播力，是指传播者和受众成功地对信息进行编码和解码的能力，也指全球媒体在跨国传播中吸引国际受众的范围。国际传播深度衡量全球媒体国际受众的涉入程度及受众群体内部的传播网络结构，是评估媒体国际影响力的指标。传播参与度衡量全球媒体国际受众与媒体的交互程度，是评估媒体国际引导力的指标。所谓引导力，是指新闻传播引导受众持续

① 陈明亮、邱婷婷、谢莹：《微博主影响力评价指标体系的科学构建》，《浙江大学学报》（人文社会科学版）2014 年第 2 期。

② De Vries, Lisette, Gensler, Sonja, Leeflang, Peter S. H. , "Popularity of Brand Posts on Brand Fan pages: An Investigation of the Effects of Social Media Marketing," *Journal of Interactive Marketing* 26（2012）：83–91.

③ Shang, Shari S. C. , Wu, Ya-Ling, and Li, Eldon Y. , "Field Effects of Social Media Platforms on Information-sharing Continuance: Do Reach and Richness Matter?" *Information & Management* 54（2017）：241–255; Liu, Brooke Fisher, Fraustino, Julia Daisy, Jin, Yan, "Social Media Use During Disasters: How Information form and Source Influence Intended Behavioral Responses," *Communication Research* 43（2016）：626–646.

④ 罗雪：《浅论我国媒体的国际传播效果评估体系构建》，《当代电视》2016 年第 10 期。

关注的能力。在社交网络中，受众的持续关注度指的是受众自发围绕媒体内容进行交互的程度，因此该项指标依据全球媒体新闻帖的回复与转发比例对参与度进行衡量。① 王秀丽等基于认知、态度和行为三个维度，在对已有研究总结的基础上提出了一套测量社会化媒体效果的指标体系。一级指标分为认知、态度和行为，其中认知通过阅读或访问、搜索二级指标来测量，态度通过态度或情感倾向测量，行为分为线上和线下两个部分，线上分为针对内容本身的互动和线上目标行为转化，线下分为销售量、使用或试用量、线下参与活动人数或次数、线下目标行为改变人数或次数等。② 清博大数据平台围绕社交媒体效果测量，针对微信所提供的微信传播指数（Wexin Communication Index，WCI），分别从整体传播力（权重60%）、篇均传播力（权重20%）、头条传播力（权重10%）、峰值传播力（权重10%）等四个维度对微信公众号的传播效果进行综合评价。其中整体传播力由日均阅读数、日均在看数、日均点赞数三个二级指标构成，篇均传播力由篇均阅读数、篇均在看数、篇均点赞数三个二级指标构成，头条传播力由头条（日均）阅读数、头条（日均）在看数、头条（日均）点赞数三个二级指标构成，峰值传播力由最高阅读数、最高在看数、最高点赞数三个二级指标构成。③ 此外，清博大数据平台针对微博的传播效果评价，提出了微博传播指数（Micro-blog Communication Index，BCI）。BCI的一级指标为活跃度和传播度，活跃度下有二级指标发博数和原创微博数，传播度下有二级指标转发数、评论数、原创微博转发数、原创微博评论数、点赞数。④ 匡文波、武晓立使用微信公众号平台作为效果研究对象，提出了一套针对微信公众号平台的传播效果指标体系。一级指标为综合情况分析、知晓、态度和情感，综合情况分析主要借助清博大数据

① 罗雪：《社交网络中全球媒体的国际传播效果提升策略研究——基于 CGTN 和 BBC 推特账户的比较分析》，《电视研究》2018 年第 2 期。
② 王秀丽、赵雯雯、袁天添：《社会化媒体效果测量与评估指标研究综述》，《国际新闻界》2017 年第 4 期。
③ 《微信传播指数 WCI（V14.2）》，2022 年 8 月 23 日，https://www.gsdata.cn/site/usage-1，最后访问日期：2022 年 8 月 31 日。
④ 《微博传播指数 BCI（V9.0）》，2022 年 8 月 23 日，https://www.gsdata.cn/site/usage-2，最后访问日期：2022 年 8 月 31 日。

平台的 WCI，通过三级指标阅读量、点赞数计算，知晓主要借助传播广度阅读量反映，其下有文章位置、标题表述和粉丝规模，态度和情感主要借助传播深度点赞数反映，其下有多媒体使用、原创性、信源标注、话题选择、趣味度。①

　　基于社交媒体传播受众目标行为的可观测性，其指标体系非常丰富，既有围绕传播主体的影响力指标体系，又有基于认知、态度、行为的过程指标体系，也有纳入社会网络结构的传播效果研究。但现有的指标较多针对的是国内社交媒体平台，国际社交媒体的传播效果指标评价体系研究成果偏少，已有的指标体系虽有一定的层次性和维度，但要么没有考虑不同维度的权重差异，要么在权重的配置上仍有改进空间。

五　公共产品、国家形象舆情指标

　　随着世界经济的全球化和中国经济的快速发展，中国逐步走向世界中央，成为世界关注的焦点。中国梦、中国国家形象、中国影响力、北京奥运、中国城市、中国重要的会议成为国际传播效果研究的重要对象。在全球发展的视野下，"人类命运共同体""一带一路"等成为中国给世界贡献的公共产品，对其传播效果的研究亦成为学界关注的焦点。大量研究聚焦中国外宣媒体如何对中国主导的公共议题进行传播，传播受众的反应如何，效果如何，这些议题和对象是否被国外受众接受，如何被国外受众解读，其背后的跨文化跨地区的原因是什么等，成为中国国际传播效果研究的热点问题。与中国社会发展进程密切相关的研究主题，可清晰反映出社会语境对中国国际传播效果研究的影响。② 其中最具代表性的是当代中国与世界研究院实施的中国国家形象全球调查。调查覆盖亚洲（中国、日本、韩国、印度、印度尼西亚、沙特阿拉伯、土耳其）、欧洲（英国、法国、德国、意大利、西班牙、荷兰、俄罗斯）、北美洲（美国、加拿大、墨西哥）、南美洲（巴西、阿根廷、智利）、大洋洲（澳大利亚）、非洲

　　① 匡文波、武晓立：《基于微信公众号的健康传播效果评价指标体系研究》，《国际新闻界》2019 年第 1 期。
　　② 王之延：《中国主流媒体国际传播效果研究的社会化取向》，《国际传播》2019 年第 2 期。

（南非）等世界主要区域的 22 个国家。① 该调查自 2012 年起每年发布，采用在线问卷填答的方式，通过凯度集团的全球样本库进行数据收集，调查的国际标准形成了连续性的国际传播效果研究成果，有效地推动了中国国际传播效果研究。但调查法存在研究费用昂贵的缺点。李明德、李巨星的国家主流意识形态网络传播的效果评估体系从受众的"认知"、"态度"和"行为"三个一级指标出发，构建相关的效果评估体系。认知指标通过用户关注量/访问或阅读量、检索量衡量；态度指标通过正向情感评论量、中性情感评论量、负向情感评论量衡量；行为指标通过转发量、评论量、其他媒体报道量、传播速度（单位时间内转发、评论、发布的内容量）、点赞量、引用量/引用频率、线上活动或话题的参与量或参与频次、线下活动的参与量或参与频次（譬如捐款、游行等）来衡量。基于两轮专家评价法，使用层次分析对指标进行权重分配，其中认知权重占 9.1%，态度权重占 9.1%，行为权重占 81.8%。② 在柯惠新、刘绩宏的重大事件舆情监测指标体系中，扩散度、聚焦度、解析度、参与度为一级指标。其中扩散度用含有重大事件相关信息的页面的点击量度量；聚焦度用重大事件相关信息的搜索量度量；解析度用含有重大事件相关信息的页面的点击量与重大事件相关的网络舆情表达的数量之差度量；参与度用与重大事件相关的网络舆情表达的数量度量。③ 王锡苓、谢诗琦的新时代"人类命运共同体"传播效果评价指标体系以传播力、公信力、引导力和影响力作为一级指标，从新闻的生产能力、传播特性、效果反馈等维度全面评估传播效果。其中传播力下有报道量、传播效率、内容质量二级指标；公信力下有业务能力和公共属性二级指标；引导力下有引导方式和舆论引导二级指标；影响力下有覆盖面和社交媒体反馈二级指标。整个指标体系由三级 36 个指标构成，使用层次分析法确定指标权重，其中一级指标权重由高到低依次为

---

① 于运全、王丹、孙敬鑫：《以民意调查助力国家形象精准塑造——基于中国国家形象全球调查（2020）的思考》，《对外传播》2022 年第 1 期。

② 李明德、李巨星：《国家主流意识形态网络传播的效果评估体系研究》，《当代传播》，2019 年第 2 期。

③ 柯惠新、刘绩宏：《重大事件舆情监测指标体系与预警分析模型的再探讨》，《现代传播（中国传媒大学学报）》2011 年第 12 期。

引导力（权重0.3208）、公信力（权重0.2450）、影响力（权重0.2281）、传播力（权重0.2061）。[1] 赵可金的"一带一路"民心相通指标体系按照"一带一路"区域合作架构的紧密程度划分，建立由联通度、熟识度、参与度、治理度和认同度构成的"五度"指标体系，以此系统测量"一带一路"国际合作"朋友圈"建设的总体进展。[2] 除此以外，国内舆情指标的研究还有大量成果，比如戴媛、姚飞的传播扩散、民众关注、内容敏感性、态度倾向性四维度指标体系，[3] 柯惠新等的扩散度、聚焦度、解析度、参与度指标体系，[4] 曾润喜的警源、警兆、警情网络舆情风险预警综合指标体系（该套指标体系被研究者高频引用）。[5] 国内的舆情指标体系是根据国内的网络公共话语空间构建的，不能完全适用于海外舆情的研究，且存在指标体系偏静态化、部分末级指标难以量化、可执行性不高的问题。随着新的互联网应用的出现，该指标体系亟待更新和拓展。

六 指标体系研究趋势

传播效果一直是新闻传播学研究的焦点议题。对1993年至2005年发表的有关媒体传播效果的文献内容进行分析发现，媒介效果的焦点可以归为两大类，即认知效果和行为效果。[6] 在研究对象上，媒介自身的快速进化为传播效果研究提供持续更新的研究对象，从桌面互联网到移动互联网，从门户网站到社交媒体，新的媒体形式与平台成为新的关注焦点。效果研究呈现两大自然聚类：一类主要从新媒介层面研究媒介效果，集中探讨身份认同、性别问题和新式新闻生产；另一类则从心理学路径入手，聚

① 王锡苓、谢诗琦：《新时代"人类命运共同体"理念传播评价体系的构建》，《现代传播（中国传媒大学学报）》2020年第7期。
② 赵可金：《"一带一路"民心相通的理论基础、实践框架和评估体系》，《当代世界》2019年第5期。
③ 戴媛、姚飞：《基于网络舆情安全的信息挖掘及评估指标体系研究》，《情报理论与实践》2008年第6期。
④ 柯惠新、陈旭辉、李海春、田卉：《我国对外传播效果评估的指标体系及实施方法》，《对外传播》2009年第12期。
⑤ 曾润喜：《网络舆情突发事件预警指标体系构建》，《情报理论与实践》2010年第1期。
⑥ Potter, W. James, Riddle, Karyn, "A Content Analysis of the Media Effects Literature," *Journalism & Mass Communication Quarterly* 84（2007）：90-104.

焦传统媒体产生的效果，偏重测度受众认知、态度和行为等方面的变化。两者交集于社会参与和民意研究等议题上。① 在社交媒体平台上，公众在传播活动中既是受众，又是传播者，身份的多样化决定传播效果研究既要关注受众本身的认知、态度和行为效果，也要关注传播过程的效果和传播结构中受众不同的节点关系。在社交媒体平台，公众对信息的反应一般会经历"接触—注意—相信—肯定—评论—分享"六个阶段，这六个阶段正是传播效果从认知到态度再到行为的不断累积的过程。② 因此从认知、态度和行为三个递进的层次对传播效果进行测量是社交媒体平台传播效果研究的共识和趋势。现有的指标体系存在的典型问题是理论和实践衔接不够紧密，一方面指标体系追求过于理想导致可操作性不强，缺乏广泛的检验与验证，受众评价体现不够，缺乏对国际传播特殊性的观照；另一方面，随着以社交媒体为代表的新媒体的兴起，评估体系亟须引入新媒体指标。现有的指标体系，在指标选取上，业界的指标系统全面，但基本是根据自己的业务方式进行自我评估，缺乏整体性和系统性的考量。首先，学界的指标体系更多体现理论依据，但对指标有效性缺乏考察，实际操作性不强。其次，现有的指标体系缺乏广泛的验证和检验，部分终端指标存在计算可行性的问题。再次，已有的指标体系要么忽略了权重，要么对指标权重缺乏深层次的考量，缺乏科学性。最后，新技术的发展，特别是数据爬虫、大数据分析和人工智能的应用，不仅驱动传统的效果研究与时俱进，也为效果研究提供了技术上的支持，有利于效果研究的创新。比如，中国日报社与微软合作建设"全球媒体云"，依托云计算、大数据等技术为国际传播的效果研究提供工具和方法支撑。③ 传播效果评估指标体系要快速反映、响应技术的进步。

---

① 张卓、王竞、刘婷：《西方媒介效果研究的新动向——基于 2007～2016 年欧美传播学期刊的文献计量分析》，《新闻与传播评论》2019 年第 1 期。
② 陈然：《政务社交媒体危机传播效果评价指标体系的构建》，《统计与决策》2019 年第 18 期。
③ 《中国日报与微软全球媒体云战略合作正式启动》，2016 年 9 月 21 日，http://www.people.com.cn/GB/n1/2016/0921/c401720-28730825.html，最后访问日期：2022 年 8 月 31 日。

第二节　指标选取原则

效果指的是反映在传播客体之上的变化，传播效果的评估或测量最终也应当回归于受众的反馈与回应。根据传播学效果理论及心理学相关理论，传播效果的分析与评估最主要考察的就是受众在接收到传播内容或信息后，在认知、态度、行为等层面发生的相关改变。国际公共产品网络传播效果的衡量也应该有一定的具体指征，以期为国际公共产品网络传播效果的有效提升、国际公共产品的推广打好基础。基于此，本书将利用德尔菲法和层次分析法，从"认知"、"情感"和"行为"三个维度出发，进行具体的指标设计并初步构建"一带一路"传播效果的评估框架。对指标进行隶属度、相关性和鉴别力的综合考虑，对指标体系加以优化。

一　有效性

实现对"一带一路"国际传播效果的有效测量，相关评估指标应循着受众的认知、情感及行为过程展开，突出核心指标，最大限度地反映"一带一路"在国际受众中产生的真实认知、情感和行为选择。在底层指标的设计上考虑国际传播受众的多国别、跨文化性、多语种。选择代表性强、彼此独立、概念明确、易操作的指标。

二　科学性

依据科学的理论和方法，从国际传播、跨文化传播、社会心理学、认知科学等相关学科理论出发，构建有较强理论解释力的指标体系。且指标体系具备较好的层次性，构建树状指标体系，指标含义逻辑严密、明确，并且指标体系可以根据评估环境的变化动态调整。指标设计充分反映媒介差异、受众行为差异和平台的差异。

三　操作性

设计指标实现概念的可操作性，将国际传播效果的概念转换成方便直接观察和可以数值化的指标体系，且指标设置有效、合理和灵敏，测量有信度和效度，数据采集和指标计算可行。在保障指标体系全面、系统、严谨的前提下，突出核心指标，突出对信息接收方的考察，尽可能简化指标，降低指标计算的复杂度，提升可操作性。

四　全面性

指标评估采取定量与定性结合、专家评估和用户数据结合，用户调查和用户行为数据结合，对国际传播效果进行立体、全面的评估。指标考察对象整合传、受双方，并考虑互动过程和互动效果。

五　系统性

使用系统性思路指导指标体系构建，不同维度的指标之间要能反映整体效果的相互联系，下级指标与上级指标之间隶属度好，同级指标之间要具有互斥性，实现从不同的侧面反映上级指标的效果测量。指标体系有清晰的逻辑，从宏观、中观和微观层层递进，调整分层的合理性。

第三节　指标权重确定方法

科学系统地对指标进行权重配置是国际传播效果评价信度和效度的关键。所谓权重，是指某一指标相对于被评价事物的重要程度，倾向于贡献度或重要性。部分传播效果指标体系未考虑权重的问题，采用等权重的简单化处理，这样做的优点是指标计算相对比较简单，但缺点是默认所有指标之间权重相等，缺乏合理性。指标权重的核心任务是对不同指标的重要程度进行量化。一般的指标赋权是基于一种排序的观念，从主观评价和客观反映两方面对指标的重要程度进行综合度量。[1] 常用的指标权重分配方法有德尔菲法、层次分析法、BP 神经网络法、数据包络分析方法，各种权重分配方法各有优缺点。

---

[1] 黄晓曦、苏宏元：《中国文化走出去：评估指标构建与提升路径探析》，《学习论坛》2020年第 1 期。

一 德尔菲法

德尔菲法（Delphi Method），也称专家调查法。美国兰德公司于1946年研发了德尔菲法，德尔菲法的本质是一种反馈匿名函询法，其大致流程是在对所要预测的问题征得专家的意见之后，进行整理、归纳、统计，再匿名反馈给各专家，再次征求意见，再集中，再反馈，直至得到一致的意见。该方法由企业组成一个专门的预测机构，其中包括若干专家和企业预测组织者，按照规定的程序，背靠背地征询专家对未来市场的意见或者判断，然后进行预测。[①]

二 层次分析法

层次分析法（Analytic Hierarchy Process，AHP），是20世纪70年代初由美国著名运筹学家、匹兹堡大学教授托马斯·L.萨蒂（Thomas L. Saaty）提出的一种系统分析方法。[②] 该方法可以解决涉及主观判断的复杂决策问题，往往用来解决多属性决策问题。AHP把复杂的问题分解为各个组成因素，将这些因素按支配关系分组形成有序的递阶层次结构，通过两两比较的方式确定层次中诸因素的相对重要性，然后综合人的判断以决定决策诸因素相对重要性总的顺序。AHP体现了人们的决策思维的基本特征，即分解、判断、综合。[③]

三 BP神经网络法

BP神经网络（Back Propagation Neural Network）可自动探寻输入层与输出层的关系并以权重形式保存在神经网络中，规避了层次分析法、模糊综合分析法等常规评价方法中人为确定指标权重的弊端。BP神经网络通过反复迭代训练，发挥BP神经网络强大的非线性映射能力，使评价模型高度贴近实际评价过程。BP神经网络中信息是分布存储、并行处

---

① 秦乐：《科技成果评价指标体系研究》，《信息通信技术与政策》2019年第1期。
② Saaty, T. L., "How to Make a Decision: the Analytic Hierarchy Process," *European Journal of Operational Research* 48 (1990): 9-26.
③ 许树柏编著《实用决策方法——层次分析法原理》，天津大学出版社，1988，第2页。

理的,容错性强,可对多个评价指标进行全面、快速的评价,提高了评价效率,实用性强。[1]

四 数据包络分析方法

数据包络分析方法(Data Envelopment Analysis)是基于投入、产出的相对有效性评价方法。[2] 将每一个被评价的单位视为一个决策单元(DMU),根据 DMUs 的各项数据,利用线性规划方法找出效率前沿的投入-产出关系包络面,通过比较 DMU 与效率前沿面的投入-产出水平差异来测度 DMU 的相对效率,从而确定相对效率最高(即 DEA 有效)的 DMU,并给出非 DEA 有效的 DMU 与 DEA 有效的 DMU 之间的差距数据,以此作为非有效的 DMU 向有效的投入项或产出项调整的数量依据。DMU 要具有相同(或相近)的投入项和相同的产出项。该方法在避免主观因素方面有着不可低估的优越性。该方法多用于筛选指标,剔除无效或冗余指标。[3]

第四节 指标体系建构

"一带一路"国际传播效果评估体系是学界和业界的关注热点。本书在系统梳理现有的媒介效果、议程效果、品牌效果等指标体系,综合考察评估维度、指标设置、数据来源、权重分配等因素的基础上,建构了一个由多维度、多层次、多指标、多数据源组成的综合性评估体系。围绕效果评估目标,依据指标框架构建原则,从数据评估的角度出发,以用户认知理论为核心依托构建指标体系。根据已有传播致效的关键环节研究,有"三环节说",即传播影响力的产生包括三个环节:接触,媒介通过规模和特色来凝聚受众注意力;保持,受众通过持续不断的接触以对传媒产生忠

---

[1] 张莉曼、张向先、李中梅、卢恒:《基于 BP 神经网络的智库微信公众平台信息传播力评价研究》,《情报理论与实践》2018 年第 10 期。

[2] Charnes, A., Cooper, W. W., Rhodes, E. L., "Measuring the Effi-ciency of Decision-making Units," *European Journal of Operational Research* 3(1979): 339-338.

[3] 李妙妙、李昀:《基于数据包络分析法的北京市共建重点实验室效率评价》,《科技管理研究》2014 年第 4 期。

诚度；提升，通过优势群体将传媒影响扩展至一般社会群体。① 后有"四环节说"，包括接触、接受、保持和提升。"四环节说"增加并强调"接受"环节，即受众的认知，意指受众对媒介内容的选择性注意、选择性理解和选择性记忆。② 从认知效果、情感效果和行为效果三个维度归纳效果指标体系。认知效果关注的是信息的获取，即人们头脑中的信念是如何被解构（重构）的；情感效果包含态度的形成，或者对某事积极或消极的评价；行为效果是指可以观察到的和媒介接触相关联的行为。③

一 "一带一路"国际传播效果评估指标体系

"一带一路"国际传播效果评估的目标为，借鉴已有的指标体系和效果评价相关研究成果，从认知（Cognition）、情感（Affective）和行为（Behavior）三个维度构建"一带一路"国际传播效果评估指标体系（见表4-1）。

表4-1 "一带一路"国际传播效果评估指标体系

一级指标	二级指标	三级指标
C 认知效果指标（社交媒体平台与公共产品相关内容的数量、形式和广度）	C1 内容数量效果指标（社交媒体相关内容的数量）	C11 信息转发条数
		C12 信息原创条数
	C2 内容形式效果指标（社交媒体相关内容信息形式的丰富程度）	C21 文本内容的信息长度
		C22 文本内容数量
		C23 图片内容数量
		C24 视频内容数量
	C3 内容广度效果指标（社交媒体相关内容用户覆盖情况）	C31 用户数量广度
		C32 意见领袖用户广度
		C33 用户活跃度
		C34 用户资深度
		C35 用户嵌入度
		C36 用户地理广度

---

① 喻国明：《影响力经济——对传媒产业本质的一种诠释》，《现代传播》2003年第1期。
② 郑丽勇、郑丹妮、赵纯：《媒介影响力评价指标体系研究》，《新闻大学》2010年第1期。
③ 蒋忠波：《受众的感知、识记和态度改变：数据新闻的传播效果研究——基于一项针对大学生的控制实验分析》，《新闻与传播研究》2018年第9期。

续表

一级指标	二级指标	三级指标
A 情感效果指标 (社交媒体相关原创内容以及由此产生的互动内容的正面、中性情感态度与强度)	A1 内容态度效果指标 (社交媒体相关原创内容中正面与中性情感内容数量与强度)	A11 正面内容数量
		A12 中性内容数量
		A13 正面内容情感强度
	A2 互动态度效果指标 (社交媒体相关原创内容中正面与中性情感内容引发的点赞和评论的数量)	A21 正面内容点赞量
		A22 正面内容评论量
		A23 中性内容点赞量
		A24 中性内容评论量
B 行为效果指标 (相关内容产生的二次转发效果)	B1 转发行为效果指标 (用户正面及中性内容直接转发数量)	B11 正面内容直接转发量
		B12 中性内容直接转发量

二 指标计算方法

1. 认知效果指标

C11 信息转发条数

社交媒体原创相关内容被转发的次数。

C12 信息原创条数

社交媒体原创相关内容条数。

C21 文本内容的信息长度

社交媒体原创相关内容文本的平均长度。

C22 文本内容数量

社交媒体原创相关内容中文本信息的数量。

C23 图片内容数量

社交媒体原创相关内容中图片信息的数量。

C24 视频内容数量

社交媒体原创相关内容中视频信息的数量。

C31 用户数量广度

参与社交媒体原创相关内容发布用户数量,统计时间段内单个用户不重复计数。

C32 意见领袖用户广度

参与社交媒体原创相关内容粉丝量巨大用户和媒体用户数量，统计时间段内单个用户不重复计数。

C33 用户活跃度

参与社交媒体原创相关内容用户单位时间内社交媒体发布内容的数量，计算方法为用户发文量除以用户发布最新相关内容时间与注册时间的差值天数均值，统计时间段内单个用户不重复计数。

C34 用户资深度

参与社交媒体原创相关内容用户注册时间越早，越资深。计算方法为用户发布最新相关内容时间与用户注册时间的差值天数均值，统计时间段内单个用户不重复计数。

C35 用户嵌入度

参与社交媒体原创相关内容用户所关注信息源数量均值。数量越多，用户的社交媒体信息来源越丰富，统计时间段内单个用户不重复计数。

C36 用户地理广度

参与社交媒体原创相关内容用户所覆盖的地理国土面积。计算方法为特定国家人口与国土面积的比值与用户数量的乘积的累加。未做地理标注的用户使用其占地球人类总数的比例，按地理面积进行均摊。一个用户有多个地理属性标注时，按等权重的方式分摊地理广度。根据联合国《2024年世界人口展望》，2021 年世界人口为 7954448391。[1] 地球表面积为 5.1×10^8 平方千米。[2] 研究中使用 GeoNames 地理数据库，计算 GeoNames 全球国家面积总和为 148713671 平方千米，全球国家人口总和为 6858016319人，全球国家面积总和与全球人口总和的比值为 0.0217（精度保留小数点后 4 位），统计时间段内单个用户不重复计数。

2. 情感效果指标

A11 正面内容数量

---

[1] UN, "World Population Prospects 2024," May 28, 2022, https://statisticstimes.com/demo-graphics/world-population.php#：~：text=The%20World%20population%20is%20projected, billion%20for%20the%20year%202020.

[2] "What Is the Surface Area of the Earth?" February 10, 2022, https://www.universetoday.com/25756/surface-area-of-the-earth.

社交媒体原创相关内容中正面内容数量。

A12 中性内容数量

社交媒体原创相关内容中中性情感内容数量。

A13 正面内容情感强度

社交媒体原创相关内容中正面内容蕴含的正面情感强烈程度，情感强度使用 Python 的 sentistrength 进行度量。sentistrength 可以对文本情感进行二分类（正向、负向）、三分类（正向、负向、中性）以及基于情感正负数值的度量（-4~+4）。sentistrength 是基于英语开发的，特别为短社交媒体文本优化。①

A21 正面内容点赞量

社交媒体原创相关内容中正面内容被点赞的数量总量。

A22 正面内容评论量

社交媒体原创相关内容中正面内容被评论的数量总量。

A23 中性内容点赞量

社交媒体原创相关内容中中性内容被点赞的数量总量。

A24 中性内容评论量

社交媒体原创相关内容中中性内容被评论的数量总量。

3. 行为效果指标

B11 正面内容直接转发量

社交媒体原创相关正面内容直接转发数量。

B12 中性内容直接转发量

社交媒体原创相关中性内容直接转发数量。

三 指标权重配置

层次分析法相对于其他评价方法如模糊评价法、熵值法、综合指数法、秩和比法等，具有权重分布合理、计算简单、评价结果可信等优点。②

---

① The Cyber Emotions Project，"sentiment strength detection in short texts，"November 20，2022，http://sentistrength. wlv. ac. uk/.

② 刘媛、付功云：《构建建筑企业数字化转型评价体系的探索》，《科技管理研究》2022 年第 5 期。

因此基于提出的层次模型设计专家重要性评价表,邀请来自社交媒体、传播效果、国际传播、跨文化传播领域的 12 名专家和国际社交媒体平台的 10 名专业用户,对"一带一路"指标评价体系的同级指标间的重要程度两两对比进行打分,使用"1~9 标度法",打分区间是 1~9 及其倒数,来评价指标的相对重要性。评价问卷回收后,将每个指标的重要性评价表转化成判断矩阵,对矩阵进行一致性检验,之后通过归一化的特征向量求得各级指标的权数,归一化处理后得出权重分布,生成权重分配图。具体计算使用 yaahp 软件实现对评价数据的指标计算,得出所有指标的权重(见表 4-2、表 4-3 和表 4-4)。[①]

表 4-2　国际公共产品社交媒体传播效果一级指标权重分配情况

序号	一级指标	权重
1	认知效果指标	0.242982
2	情感效果指标	0.363624
3	行为效果指标	0.393394

表 4-3　国际公共产品社交媒体传播效果二级指标权重分配情况

序号	二级指标	权重
1	内容数量效果指标	0.048588
2	内容形式效果指标	0.086645
3	内容广度效果指标	0.107749
4	内容态度效果指标	0.168937
5	互动态度效果指标	0.194687
6	转发行为效果指标	0.393394

表 4-4　国际公共产品社交媒体传播效果三级指标权重分配情况

序号	三级指标	权重
1	信息转发条数	0.023538

[①] 王锡苓、谢诗琦:《新时代"人类命运共同体"理念传播评价体系的构建》,《现代传播(中国传媒大学学报)》2020 年第 7 期;黄晓曦、苏宏元:《中国文化走出去:评估指标构建与提升路径探析》,《学习论坛》2020 年第 1 期。

序号	三级指标	权重
2	信息原创条数	0.025051
3	文本内容的信息长度	0.006898
4	文本内容数量	0.014185
5	图片内容数量	0.024713
6	视频内容数量	0.040848
7	用户数量广度	0.012343
8	意见领袖用户广度	0.025233
9	用户活跃度	0.025658
10	用户资深度	0.012849
11	用户嵌入度	0.017594
12	用户地理广度	0.014071
13	正面内容数量	0.041081
14	中性内容数量	0.022925
15	正面内容情感强度	0.104931
16	正面内容点赞量	0.055808
17	正面内容评论量	0.077397
18	中性内容点赞量	0.022850
19	中性内容评论量	0.038632
20	正面内容直接转发量	0.275624
21	中性内容直接转发量	0.117770

四 数据获取与标准化

基于评价目标和评价指标,以"belt and road"为核心关键词,使用推特高级搜索功能,以天为单位围绕核心关键词进行推特平台检索,并使用高级检索选项对检索结果进行过滤,具体过滤标准为,回复限定为过滤回复(即排除对回复的检索),链接限定为包括带链接的推文。对2015年10月10日至2019年12月31日的检索结果使用广度优先搜索算法,提取所检索的推文,提取点赞、转发、回复等所有推文属性。剔除重复和错误数据后,共得到有效推文119618条。同时基于推文中的用户地址形成用户地址池,对用户粉丝、注册时间等属性进行提取,数据提取后对用户信息进行匿名性脱敏处理。剔除重复和错误数据后，共得到有效用户 34311 个。

为剔除不同指标统计单位的差异，在实施指标计算前，对数据进行归一化处理。常用的数据归一化方法有 max-min 标准化、z-score 标准化、decimal scaling 小数定标标准化、对数 logistic 模式、模糊量化模式。本书选择 max-min 标准化的方式实施标准化计算。

第五节　数据结果描述

一　推文时间序列

在评估期间内，"一带一路"相关推文从 2016 年开始快速增长，2018年是"一带一路"相关推文发布最多的一年，发布量为 42606 条（见图4-1）。

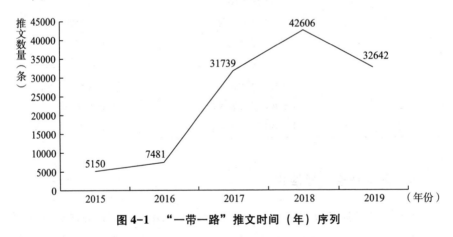

图 4-1　"一带一路"推文时间（年）序列

二　推文点赞数描述

推文点赞数平均值为 4.37 次，标准偏差为 25.241，标准偏差为平均值的近 6 倍，数据抖动剧烈，小部分推文收获大部分点赞（见表 4-5、表4-6）。

表4-5 推文点赞数个案处理摘要

单位：个，%

	个案					
	有效		缺失		总计	
	数字	百分比	数字	百分比	数字	百分比
点赞数	114036	100.0	0	0.0	114036	100.0

表4-6 推文点赞数分布描述

			统计	标准错误
点赞数	平均值		4.37	0.075
	平均值的95%置信区间	下限值	4.23	
		上限	4.52	
	5%截尾平均值		1.28	
	中位数		0.00	
	方差		637.094	
	标准偏差		25.241	
	最小值		0	
	最大值（X）		975	
	范围		975	
	四分位距		2	
	偏度		19.608	0.007
	峰度		546.795	0.015

三 推文评论数描述

推文评论数平均值为0.32，标准偏差为2.560，为平均值的8倍，相比点赞数，推文评论数分布更不均匀（见表4-7、表4-8）。

表4-7 推文评论数个案处理摘要

单位：条，%

	个案					
	有效		缺失		总计	
	数字	百分比	数字	百分比	数字	百分比
评论数	114036	100.0	0	0.0	114036	100.0

表4-8　推文评论数分布描述

			统计	标准错误
评论数	平均值		0.32	0.008
	平均值的95%置信区间	下限值	0.31	
		上限	0.34	
	5%截尾平均值		0.09	
	中位数		0.00	
	方差		6.552	
	标准偏差		2.560	
	最小值		0	
	最大值（X）		375	
	范围		375	
	四分位距		0	
	偏度		66.956	0.007
	峰度		7788.012	0.015

四　推文转发数描述

推文转发数平均值为2.16，标准偏差为11.103，标准偏差为平均值的5倍多，相比点赞数和评论数，推文转发数量分布相对均匀（见表4-9、表4-10）。

表4-9　推文转发数个案处理摘要

单位：条，%

	个案					
	有效		缺失		总计	
	数字	百分比	数字	百分比	数字	百分比
转发数	114036	100.0	0	0.0	114036	100.0

表4-10　推文转发数分布描述

			统计	标准错误
转发数	平均值		2.16	0.033
	平均值的95%置信区间	下限值	2.10	
		上限	2.22	
	5%截尾平均值		0.82	

续表

			统计	标准错误
转发数		中位数	0.00	
		方差	123.278	
		标准偏差	11.103	
		最小值	0	
		最大值（X）	846	
		范围	846	
		四分位距	1	
		偏度	26.849	0.007
		峰度	1287.855	0.015

五 推文图片数量描述

推文图片数量平均值为 0.32，推文标准偏差为 0.633，平均每 3 条推文含有 1 张图片，图片在"一带一路"相关推文中被大量使用（见表 4-11、表 4-12）。

表 4-11 推文图片数量个案处理摘要

单位：张，%

	个案					
	有效		缺失		总计	
	数字	百分比	数字	百分比	数字	百分比
图片数量	114036	100.0	0	0.0	114036	100.0

表 4-12 推文图片数量分布描述

			统计	标准错误
图片数量	平均值		0.32	0.002
	平均值的 95% 置信区间	下限值	0.31	
		上限	0.32	
	5% 截尾平均值		0.23	
	中位数		0.00	
	方差		0.401	
	标准偏差		0.633	
	最小值		0	

续表

		统计	标准错误
图片数量	最大值（X）	9	
	范围	9	
	四分位距	1	
	偏度	2.951	0.007
	峰度	13.093	0.015

六　推文视频数量描述

推文视频数量平均值为 0.01，标准偏差为 0.094，平均每 100 条推文含 1 个视频，相对偏少，"一带一路"推文内容仍以图片和文字为主（见表 4-13、表 4-14）。

表 4-13　推文视频数量个案处理摘要

单位：个，%

	个案					
	有效		缺失		总计	
	数字	百分比	数字	百分比	数字	百分比
视频数量	114036	100.0	0	0.0	114036	100.0

表 4-14　推文视频数量分布描述

			统计	标准错误
视频数量	平均值		0.01	0.000
	平均值的95%置信区间	下限值	0.01	
		上限	0.01	
	5%截尾平均值		0.00	
	中位数		0.00	
	方差		0.009	
	标准偏差		0.094	
	最小值		0	
	最大值（X）		2	
	范围		2	

		统计	标准错误
	四分位距	0	
视频数量	偏度	10.763	0.007
	峰度	116.529	0.015

七　推文话题链接数量分布

推文话题链接数量平均值为 2.07，标准偏差为 2.509，"一带一路"相关推文大量使用话题和超链接，信息具有较强的网络性，使用关键词组织内容比较普遍（见表4-15、表4-16）。

表4-15　推文话题链接数量个案处理摘要

单位：个，%

	个案					
	有效		缺失		总计	
	数字	百分比	数字	百分比	数字	百分比
链接数量	114036	100.0	0	0.0	114036	100.0

表4-16　推文话题链接数量分布描述

			统计	标准错误
	平均值		2.07	0.007
	平均值的95%置信区间	下限值	2.05	
		上限	2.08	
	5%截尾平均值		1.74	
	中位数		1.00	
	方差		6.293	
链接数量	标准偏差		2.509	
	最小值		0	
	最大值（X）		27	
	范围		27	
	四分位距		2	
	偏度		3.021	0.007
	峰度		14.424	0.015

八 推文情感分布描述

图4-2显示评估期间"一带一路"相关推文以中性情感为主，占比64%，正向情感（17%）和负向情感（19%）占比基本相当。图4-3显示"一带一路"相关推文中强情感性推文较少，以弱情感表达为主。

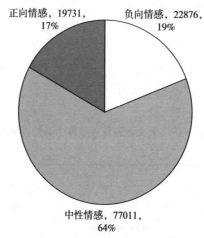

图4-2 推文情感极性分布

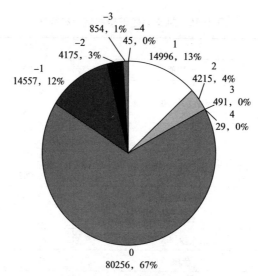

图4-3 推文情感强度占比

注：情感度量使用sentistrength进行情感测量，情感值从-4到+4变化，正数表示正向情感，负数表示负向情感，数值越大表示情感强烈程度越高。

九 推特用户粉丝数量分布描述

参与"一带一路"相关传播的推特用户，粉丝量较高，平均值为 28560.16（见表4-17、表4-18）。

表4-17 推特用户粉丝数量个案处理摘要

单位：个，%

	个案					
	有效		缺失		总计	
	数字	百分比	数字	百分比	数字	百分比
推特用户粉丝数量	34311	100.0	0	0.0	34311	100.0

表4-18 推特用户粉丝数量分布描述

			统计	标准错误
推特用户粉丝数量	平均值		28560.16	2334.302
	平均值的95%置信区间	下限值	23984.86	
		上限	33135.47	
	5%截尾平均值		2796.38	
	中位数		730.00	
	方差		186959389531.876	
	标准偏差		432388.008	
	最小值		0	
	最大值（X）		32507000	
	范围		32507000	
	四分位距		2866	
	偏度		40.150	0.013
	峰度		2115.440	0.026

十 推特用户关注用户数量描述

推特用户关注用户比较多，平均值超过1683个（见表4-19、表4-20）。

表4-19 推特用户关注用户数量个案处理摘要

单位: 个, %

	个案					
	有效		缺失		总计	
	数字	百分比	数字	百分比	数字	百分比
推特用户关注用户数量	34311	100.0	0	0.0	34311	100.0

表4-20 推特用户关注用户数量分布描述

		统计	标准错误
推特用户关注用户数量	平均值	1683.60	46.805
	平均值的95%置信区间 下限值	1591.86	
	上限	1775.34	
	5%截尾平均值	1030.01	
	中位数	570.00	
	方差	75164479.389	
	标准偏差	8669.745	
	最小值	0	
	最大值(X)	921000	
	范围	921000	
	四分位距	1435	
	偏度	55.281	0.013
	峰度	4690.234	0.026

十一 推特用户资深度描述

推特用户普遍比较资深,注册时间平均值超过80个月(见表4-21、表4-22)。

表4-21 推特用户注册时间个案处理摘要

	个案					
	有效		缺失		总计	
	数字	百分比	数字	百分比	数字	百分比
推特用户注册时间(月)	34311	100.0	0	0.0	34311	100.0

表 4-22 推特用户注册时间分布描述

			统计	标准错误
推特用户注册时间（月）	平均值		80.98	0.204
	平均值的95%置信区间	下限值	80.58	
		上限	81.37	
	5%截尾平均值		81.67	
	中位数		85.00	
	方差		1423.260	
	标准偏差		37.726	
	最小值		0	
	最大值（X）		161	
	范围		161	
	四分位距		65	
	偏度		-0.252	0.013
	峰度		-1.077	0.026

十二 推特用户发文数量描述

推特用户发文较多，平均值超过 43558.98 条（见表 4-23、表 4-24）。

表 4-23 推特用户发文数量个案处理摘要

单位：个，%

	个案					
	有效		缺失		总计	
	数字	百分比	数字	百分比	数字	百分比
推特用户发文数量	34311	100.0	0	0.0	34311	100.0

表 4-24 推特用户发文数量分布描述

			统计	标准错误
推特用户发文数量	平均值		43558.98	671.260
	平均值的95%置信区间	下限值	42243.29	
		上限	44874.67	
	5%截尾平均值		24113.92	

续表

		统计	标准错误
推特用户 发文数量	中位数	9136.00	
	方差	15460181232.747	
	标准偏差	124338.977	
	最小值	0	
	最大值（X）	3661000	
	范围	3661000	
	四分位距	31842	
	偏度	9.098	0.013
	峰度	130.726	0.026

十三 推特用户国家分布描述

将有地理信息账号标注的推特账号的地理信息标注清洗后，提取其中的国家信息绘制表4-25，美国、英国、印度、加拿大、中国是相关推文发布量排名前五的国家，美国用户占比最高，为14.72%。

表4-25 "一带一路"相关推文推特用户主要国家分布情况

序号	国家（英文）	国家（中文）	推特用户数量 （个）	推特用户占比 （%）
1	United States	美国	3483	14.72
2	United Kingdom	英国	2377	10.05
3	India	印度	2162	9.14
4	Canada	加拿大	2014	8.51
5	China	中国	1549	6.55
6	Australia	澳大利亚	1088	4.60
7	Pakistan	巴基斯坦	983	4.16
8	Philippines	菲律宾	541	2.29
9	Germany	德国	437	1.85
10	Singapore	新加坡	427	1.81
11	France	法国	373	1.58
12	Malaysia	马来西亚	315	1.33

续表

序号	国家（英文）	国家（中文）	推特用户数量 （个）	推特用户占比 （%）
13	Turkey	土耳其	313	1.32
14	Indonesia	印度尼西亚	308	1.30
15	Belgium	比利时	300	1.27
16	Japan	日本	274	1.16
17	Ghana	加纳	266	1.12
18	Italy	意大利	262	1.11
19	Kenya	肯尼亚	262	1.11
20	Nigeria	尼日利亚	254	1.07
21	South Africa	南非	252	1.07
22	Colombia	哥伦比亚	248	1.05
23	Brazil	巴西	231	0.98
24	Netherlands	荷兰	231	0.98
25	Nepal	尼泊尔	219	0.93

对"一带一路"相关推文推特账号的介绍进行汇总，绘制"一带一路"相关推文推特用户介绍词云图（见图4-4）。图4-4中cooperation、global、China、initiative等词突出，说明经济、国际化、全球化是相关用户的显著特征。

图4-4 "一带一路"相关推文推特用户介绍词

将舆论领袖分为媒体舆论领袖和非媒体舆论领袖。将公开个人资料带有 news、tv、radio、journal 等关键词，且粉丝量在 5000 以上的定义为媒体舆论领袖用户，用数字 1 标记。将非粉丝量在 95% 置信区间以外，粉丝量在 33135 以上的非媒体用户定义为非媒体舆论领袖用户，用数字 2 标记。非以上两类用户为普通用户，用数字 3 标记。将用户按分表标注统计数量及占比绘制图 4-5。图 4-5 显示"一带一路"相关推特用户舆论领袖占比为 8%，其中媒体舆论领袖占比为 5%，非媒体舆论领袖占比为 3%，媒体舆论领袖比非媒体舆论领袖有更高的参与度。

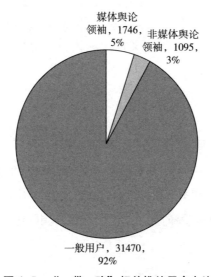

图 4-5　"一带一路"相关推特用户占比

第五章 社交媒体"一带一路"国际
传播效果综合评价

使用采集的"一带一路"推文数据，选择 2015 年 1 月 1 日至 2019 年 12 月 31 日为评估时间段，基于指标体系和权重依次从三级指标、二级指标和一级指标逐层实施指标计算，并将计算结果可视化，实施指标评价。选择这个时间段的原因是，2015 年 3 月 28 日国家发展改革委、外交部、商务部联合发布了《推动共建丝绸之路经济带和 21 世纪海上丝绸之路的愿景与行动》。[①] 这是中国政府首次以官方文件宣告"一带一路"倡议，也是推特等社交媒体平台相关推文出现的起点，因此选择 2015 年为研究的起点。新冠疫情发生后，抗疫信息大量增加，媒体的关注中心也高度聚焦新冠疫情，因此 2020 年以后社交媒体中的"一带一路"推文受新冠疫情影响，数据有较大的波动，疫情前后数据不具有连续性，因此选择 2019 年 12 月 31 日为评价时间段终点。

第一节 三级指标传播效果评价

2015 年至 2019 年，"一带一路"的推文转发条数与信息原创条数从 2016 年开始快速提升，转发推文数量的增长速度比原创推文数量的增长速度要快，两者在 2018 年达到最高点，信息原创条数为 42606 条，信息转发

[①] 《推动共建丝绸之路经济带和 21 世纪海上丝绸之路的愿景与行动》，2015 年 3 月 28 日，https://www.fmprc.gov.cn/web/ziliao_674904/zt_674979/dnzt_674981/qtzt/ydyl_675049/zyxw_675051/201503/t20150328_9279242.shtml，最后访问日期：2024 年 6 月 8 日。

条数为 94482 条，2019 年信息转发、信息原创条数减少，与 2017 年数量相当（见图 5-1）。2018 年是"一带一路"活动最为丰富的一年，推介活动不断、大项目持续签约、国家领导人会晤频繁，大量的活动和事件提升了"一带一路"相关信息的丰富程度，2015 年至 2017 年，"一带一路"相关推文的文本长度基本稳定在 80 字以下，2018 年至 2019 年推文文本长度增长到 120 字以上，最高达到 130 字（见图 5-2）。"一带一路"文字推文逐渐增长，信息量在增长，且信息内容也在增加，有更多的 html 嵌入和形式编辑。另外，从 2017 年开始，"一带一路"相关推文的形式日益丰富，图片和视频内容的数量稳步增加，特别是带图片的推文内容的数量增加特别明显，比如 2018 年图片达到 14860 张（见图 5-3），这一方面反映

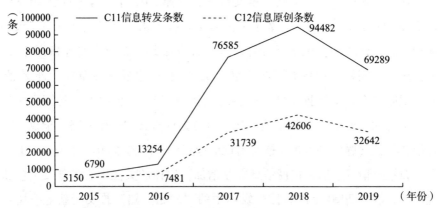

图 5-1　2015~2019 年"一带一路"推文信息转发、信息原创数量

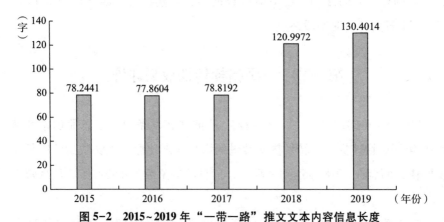

图 5-2　2015~2019 年"一带一路"推文文本内容信息长度

注：推文长度为代码视图下统计长度而非推文的发布文本长度，一般推文代码长度比推文文本长度略长。

了推特中有关"一带一路"的信息更加丰富；另一方面反映了"一带一路"影响力逐步提升，官方和民间活动增多，活动文本、图片和视频在网络平台大量传播，客观上为社交媒体用户二次传播"一带一路"相关信息提供了丰富的素材。

图5-3　2015~2019年"一带一路"推文文本、图片、视频数量

2015年至2019年推特平台参与"一带一路"讨论用户数量快速增长，从2015年的1553个增长到2018年最高的15247个，2019年略有回落（见图5-4）。影响力较大的意见领袖用户参与"一带一路"传播的社交媒体用户稳步增长，其中2017年、2018年、2019年媒体意见领袖用户是非媒体意见领袖用户的近2倍（见图5-5）。

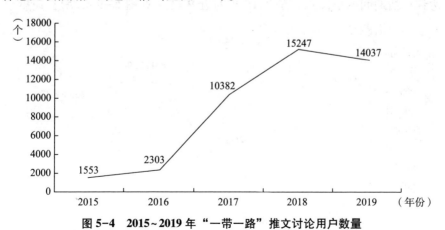

图5-4　2015~2019年"一带一路"推文讨论用户数量

图 5-5 2015~2019 年"一带一路"推文意见领袖用户数量

2015 年至 2019 年推特平台参与"一带一路"讨论用户的活跃程度快速提升,从 2015 年的 40029.83 到 2018 年的 801221.90,增长超过 19 倍,2019 年有一定的回落(见图 5-6),用户活跃度是评估期间增长速度最快的指标。资深用户参与"一带一路"传播的情况在 2016 年后以接近线性的方式稳步提升,参与"一带一路"讨论的推特用户中资深用户比例稳步提高(见图 5-7)。参与"一带一路"讨论的推特用户中,在推特拥有广泛关注信息源的用户稳步增长,用户嵌入度快速提升,在高位稳定(见图 5-8)。用户地理广度在 2016 年后显著增长,到 2018 年达到评估期间的最高点,是 2016 年的近 9 倍(见图 5-9),增长速度仅次于用户活跃度。

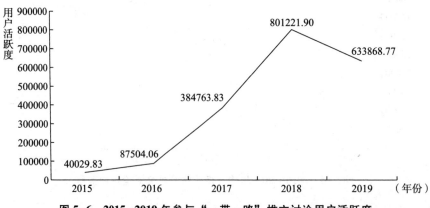

图 5-6 2015~2019 年参与"一带一路"推文讨论用户活跃度

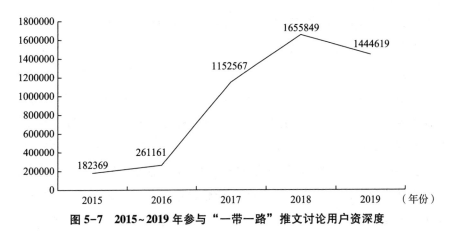

图 5-7 2015~2019 年参与"一带一路"推文讨论用户资深度

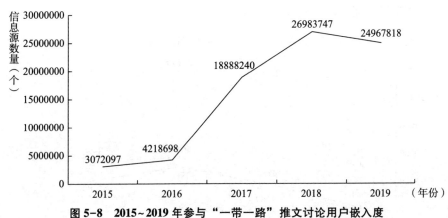

图 5-8 2015~2019 年参与"一带一路"推文讨论用户嵌入度

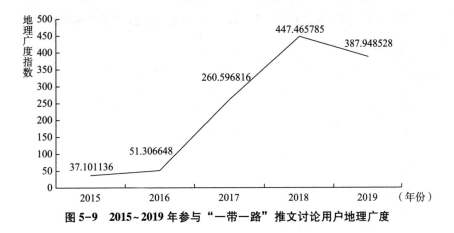

图 5-9 2015~2019 年参与"一带一路"推文讨论用户地理广度

分析"一带一路"内容的情感评价发现,推特涉"一带一路"讨论,中性内容远高于正面和负面内容,且讨论的中性内容的增长速度比正面和负面内容增长速度快。随着"一带一路"倡议的提出,关于"一带一路"的正面和负面的内容随之存在,即"一带一路"国际公共产品的评价存在多种声音。2015年至2016年,正面内容的数量超过负面内容,但在2017年被负面内容超过,且负面内容达到最高值,2018年微降(见图5-10),这说明随着"一带一路"的国际传播展开,社交媒体部分用户对"一带一路"有误解或偏见,且这种负面内容随着"一带一路"知名度的提升呈缓步增长的趋势。"一带一路"国际社交媒体的传播和负面内容的对冲和辩论尤为必要和紧迫。推文正面内容情感强度在2015年至2016年小有提升,2016年至2017年加速提升,2017年是2016年的5倍多,2018年达到最高点,2019年适度回落(见图5-11)。

图5-10 2015~2019年"一带一路"推文正面、中性、负面内容数量

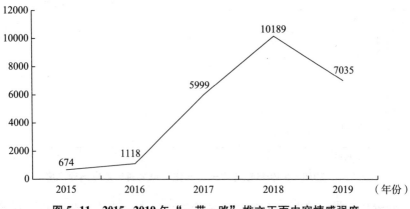

图5-11 2015~2019年"一带一路"推文正面内容情感强度

　　2015年至2019年推特平台"一带一路"推文正面内容和中性内容点赞量均有增长，中性内容点赞量的增长速度远超正面内容点赞量增速，但两指标在2019年均适度回调，回调速度接近（见图5-12）。推特平台"一带一路"推文正面内容和中性内容评论量在2016年至2017年有大幅增长，其中中性内容增长的幅度远超正面内容，中性内容评论指标在2017年开启轻度回调并随后平稳。正面内容评论量指标在2018年达到最高点后，在2019年有少量的回调（见图5-13）。以上说明随着2017年推特平台"一带一路"相关话题成为国际网友关注的热点，其讨论热度基本稳定，但随着讨论的深入，对"一带一路"相关推文的正面评价总体有稳定的增长。对比而言，2015年至2019年推特平台"一带一路"推文正面内

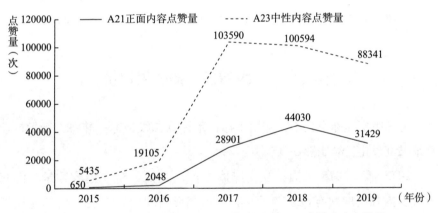

图5-12　2015~2019年"一带一路"推文正面、中性内容点赞量

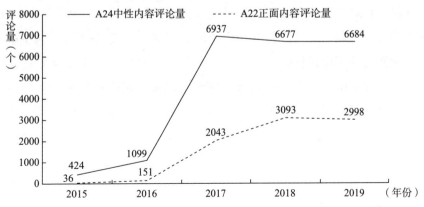

图5-13　2015~2019年"一带一路"推文正面、中性内容评论量

容和中性内容直接转发量的变化趋势与"一带一路"推文正面内容和中性内容点赞量的变化较为相似(见图5-14)。

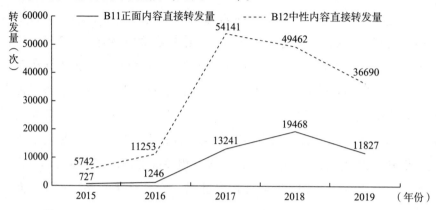

图 5-14　2015~2019 年"一带一路"推文正面、中性内容直接转发量

第二节　二级指标传播效果评价

将三级指标标准化后,使用指标权重计算二级指标,并将二级指标计算结果可视化,绘制图5-15。

2015 年至 2018 年推特社交媒体平台"一带一路"内容数量、内容形式、内容广度均有显著增长,其中内容形式和内容广度的增长速度超过内容数量的增长速度,"一带一路"社交媒体传播形式的丰富和地理广度的增长对"一带一路"国际社交媒体传播效果的贡献略高。2018 年是三个指标的最高点,其后有一定幅度的回落(见图 5-15),其中以内容广度回落的幅度最低,说明"一带一路"在很多国家和地区正处在一个初步认知的阶段,宣介活动多、新闻实践多,相应的讨论就多,一旦传播活动减少,内容数量和内容形式随之减少,但已经对"一带一路"形成一定认知的用户仍会继续关注"一带一路",形成一定累积传播效应。

2015 年至 2018 年推特社交媒体平台涉"一带一路"推文的内容态度指标和互动态度指标均有显著增长,其中互动态度指标对效果贡献略高于内容态度指标,且增长速度在 2016~2017 年略快,2018 年两个指标均达到

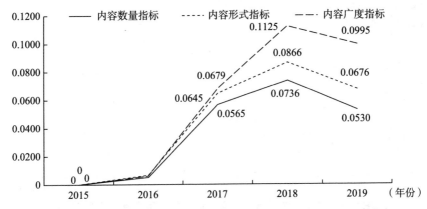

图 5-15　2015~2019 年"一带一路"推文内容数量、形式、广度指标

最高点，其后开始回调，互动态度指标的回调更慢（见图 5-16），说明"一带一路"在推特社交媒体平台的传播效果从内容态度效果向互动态度效果转化，但转化的幅度仍有待提高。

图 5-16　2015~2019 年"一带一路"推文内容态度、互动态度指标

2015 年至 2019 年"一带一路"推特社交媒体平台推文的转发行为在 2016 年至 2017 年增幅最大，在 2018 年达到最高点（见图 5-17）。对比同级其他指标，用户转发行为指标整体波动剧烈，说明"一带一路"国际社交媒体的传播行为效果不稳定，长期的行为认同效果仍需有效的国际传播活动催化。

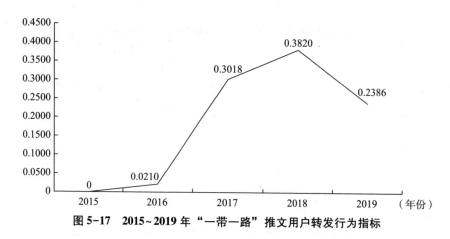

图 5-17　2015~2019 年 "一带一路" 推文用户转发行为指标

第三节　一级指标传播效果评价

　　2015 年至 2018 年 "一带一路" 推特社交媒体认知效果、情感效果、行为效果均有一定提升，其中情感效果和行为效果的提升大于认知效果。2018 年三个指标均达到最大值，其中认知效果指标 0.2728、情感效果指标 0.3614、行为效果指标 0.3820。从增长速度来看，2016~2017 年行为效果指标最快、情感效果指标其次、认知效果指标最慢。2019 年三个指标均有一定的回调，其中行为效果指标折线最为陡峭，情感效果指标折线其次，认知效果指标折线最为平缓。行为效果指标折线与情感效果指标折线有一次交叉，2019 年行为效果指标低于情感效果指标（见图 5-18）。

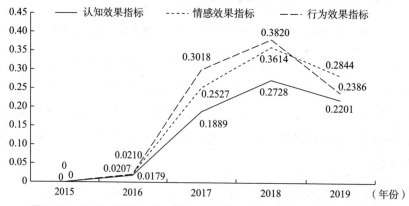

图 5-18　2015~2019 年 "一带一路" 推文用户认知、情感、行为效果

　　2015 年至 2019 年"一带一路"推特社交媒体传播效果在 2016 年小幅上涨后快速拉升至 0.7315，其后增速放缓，在 2018 年达到最高点，2019年回调，其中主要原因在于情感效果指标和认知效果指标的显著下降（见图 5-19）。

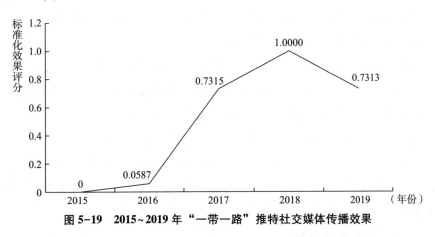

图 5-19　2015~2019 年"一带一路"推特社交媒体传播效果

第四节　社交媒体舆论领袖评价

　　社交媒体舆论领袖在社交媒体平台话题的讨论及意见的表达有重要的影响力。将发文量、点赞量、评论量和转发量汇总，对推特社交媒体平台有关"一带一路"的账号进行排序，分别取排名前十的账号绘制表 5-1、表 5-2、表 5-3 和表 5-4。

　　从表 5-1 发文量来看，排名前三的账号是 RMB_Investor、Belt Road Advisory、XHNews。其中 RMB_Investor 是一个关于人民币投资网站的推特账号，其发文量为 1666 条，Belt Road Advisory 是新华丝路咨询的推特账号，发文量为 1155 条，XHNews 是新华社推特的官方账号。此外，新华社、环球网和中国日报三家媒体推文发布量进入前十，其他为组织机构或个人账号。

　　从表 5-2 点赞量来看，点赞量排名前十的账号中，中国媒体有 7 家，外国媒体有 3 家，分别是巴基斯坦的中巴经济走廊的官方账号、经济学人的官方账号和 business。从点赞量看中国主流的外宣媒体新华社、中国国际电视台、《人民日报》、《中国日报》和《环球时报》位列前五，其中新华社的点赞量数据远超其他账号。经济学人推特账号的发文量虽然只有 31 条，远少于其他账号，但点赞量为 2730 次，足见其影响力之大。

从表 5-3 评论量来看，新华社推特账号发布的"一带一路"相关推文累计评论量最高，其后依次是中国国际电视台和《人民日报》推特账号。在评论量前十的推特账号中，中国媒体账号有 6 个，均是中国主流的外宣媒体，个人或机构有 4 个，其中 3 个来自中国，1 个为非洲联盟的高级代表。

从表 5-4 转发量来看，前三位依次是新华网推特账号、中国国际电视台推特账号和《人民日报》推特账号。新华网推特账号的"一带一路"推文累计转发量为 47588 次，是第 2 位中国国际电视台推特账号的 4 倍多。转发量排名前十的账号中，有 6 个账号为媒体账号，其中 5 个为中国媒体账号，国外账号有 2 个位于美国（其中 1 个同时位于德、美），1 个位于巴基斯坦。

（一）发文量前十账号

表 5-1 2015~2019 年推特平台"一带一路"相关推文发文量前十账号

序号	账号	推文总量（条）	账号简介	国家或地区	粉丝数量（个）	相关推文数量（条）
1	RMB_Investor	1349000	无信息	无信息	21000	1666
2	Belt Road Advisory	6710	Analysis of the BRI. Connecting International	北京	5749	1155
3	XHNews	206000	We are public media for the public good	北京	12383000	1085
4	ReconAsia	24000	Mapping new connections across the Eurasian supercontinent. Follows, RT≠Endorsement	华盛顿	11000	1046
5	beltandroad1	41000	Air Silkroad (HK) Ecommerce LTD edited by Simon Chen Er-Liang, Retweets, follows and shares≠endorsements	中国	9919	848
6	globaltimesnews	194000	China's national English language newspaper, under the People's Daily	北京	1871000	739

续表

序号	账号	推文总量（条）	账号简介	国家或地区	粉丝数量（个）	相关推文数量（条）
7	beltroadnews	2909	Dedicated News, Views；Analysis on Belt；Road Initiative	丝绸之路地区	3145	664
8	ZeppLaRouche	17000	Founder and President of The Schiller Institute	德国/美国	3490	639
9	raghavan1314	14000	Lived；Loving China, Beijinger by Heart！	班加罗尔/北京	1719	632
10	ChinaDaily	155000	Start a conversation as we share news and analysis from China and beyond	北京	4279000	543

注：表中的数据为 2020 年 1 月 1 日至 2021 年 12 月 30 日采集。

（二）点赞量前十账号

表 5-2　2015~2019 年推特平台"一带一路"相关推文点赞量前十账号

序号	账号	账号简介	国家或地区	相关推文数量（条）	点赞量（次）
1	XHNews	We are public media for the public good	北京	1085	109203
2	CGTNOfficial	CGTN is an international media organization	北京	458	52235
3	PDChina	The largest newspaper in China	北京	341	25281
4	ChinaDaily	Start a conversation as we share news and analysis from China and beyond	北京	543	20855
5	globaltimesnews	China's national English language newspaper，under the People's Daily	北京	739	10531
6	CPEC_Official	Official Website of China-Pakistan Economic Corridor	巴基斯坦	239	9952
7	China__Focus	Your trusted source for China's most important developments	北京	265	3092
8	ChinaPlusNews	Perspectives on China and the world. We share opinions from various sources. Views expressed are those of the authors. Retweets do not equal an endorsement	北京	194	3003

序号	账号	账号简介	国家或地区	相关推文数量（条）	点赞量（次）
9	TheEconomist	News and analysis with a global perspective	伦敦	31	2730
10	business	The first word in business news	纽约及世界其他地区	80	2248

注：表中的数据为 2020 年 1 月 1 日至 2021 年 12 月 30 日采集。

（三）评论量前十账号

表 5-3 2015~2019 年推特平台"一带一路"相关推文评论量前十账号

序号	账号	账号简介	国家或地区	相关推文数量（条）	评论量（个）
1	XHNews	We are public media for the public good	北京	1085	6208
2	CGTNOfficial	CGTN is an international media organization	北京	458	1971
3	PDChina	The largest newspaper in China	北京	341	1683
4	ChinaDaily	Start a conversation as we share news and analysis from China and beyond	北京	543	1080
5	GlobalTimes	China's national English language newspaper, under the People's Daily	北京	739	1003
6	RailaOdinga	Husband: Baba: Party Leader: Prime Minister: AU High Rep: Gor Mahia; Arsenal fan: African	肯尼亚	2	749
7	ChinaSCIO	Welcome to @ ChinaSCIO, the official Twitter page for the State Council Information Office of China（中华人民共和国国务院新闻办公室）	北京	290	575
8	Hu Xijin 胡锡进	Editor-in-chief of the Global Times ｜ 环球时报总编辑	中国	8	425
9	MoutaiGlobal	Moutai China, a toast to the world!	贵州	26	381
10	CCTV	We strive to provide global audiences with news, reports and feature programs with a distinctive Chinese flavor and an international perspective	北京	108	374

注：表中的数据为 2020 年 1 月 1 日至 2021 年 12 月 30 日采集。

（四）转发量前十账号

表 5-4　2015~2019 年推特平台"一带一路"相关推文转发量前十账号

序号	账号	账号简介	国家或地区	相关推文数量（条）	转发量（次）
1	XHNews	We are public media for the public good	北京	1085	47588
2	CGTNOfficial	CGTN is an international media organization	北京	458	10943
3	PDChina	The largest newspaper in China	北京	341	10396
4	ZeppLaRouche	Founder and President of The Schiller Institute	德国/美国	639	5549
5	ChinaDaily	Start a conversation as we share news and analysis from China and beyond	北京	543	4900
6	globaltimesnews	China's national English language newspaper, under the People's Daily	北京	739	4455
7	CPEC_Official	Official Website of China-Pakistan Economic Corridor	巴基斯坦	239	2947
8	CRI_Turkish	Çin Medya Grubu Türkçe Servisi Resmi Twitter Hesabıdır	北京	31	2438
9	yicaichina	Provides news coverage on China's economy, businesses, markets and TMT sector	上海	178	2355
10	ReconAsia	Mapping new connections across the Eurasian supercontinent. Follows, RT ≠ Endorsement	华盛顿	1046	1839

注：表中的数据为 2020 年 1 月 1 日至 2021 年 12 月 30 日采集。

整体而言，"一带一路"推特平台国际传播的舆论领袖以中国的外宣媒体为主，新华社、《人民日报》、中国国际电视台基本在点赞量、转发量和评论量中占据前三的位置，但外宣媒体的传播能力参差不齐，在具体指标表现上差异巨大。此外，"一带一路"社交媒体国际传播也有国外账号的参与，基本以媒体、智库、政要等组织机构或个人为主，这些账号关于"一带一路"的内容发布得不多，但会有较高的点赞量、评论量和转发量。

2015~2019 年"一带一路"在社交媒体平台的传播效果有较大提升，传播主体以中国主流外宣媒体为主，但主流媒体的社交媒体影响力参差不齐,整体实力不强,没有形成矩阵传播效果。较多中国地方主流及外宣媒体参与"一带一路"社交媒体传播,但传播内容与焦点比较散,没有形成较好的聚合效应。"一带一路"国际社交媒体平台的讨论有大量共建"一带一路"友好国家媒体参与,其中以巴基斯坦为代表,同时与"一带一路"相关的智库、企业高层、政治精英等均深度参与,但是国外社交媒体舆论领袖参与的强度和力度仍有待提升,特别是对国外社交媒体舆论领袖影响力的借助比较少。"一带一路"国际传播的效果仍较多地停留在认知层面,即相关信息的发布上,信息的形式虽然日益丰富,但信息产生的互动和讨论仍有待加强。"一带一路"国际传播在情感层面产生一定的效果,但仍有较大提升空间,行为层面的认同效果仍有待开拓。2017 年和 2018 年是"一带一路"国际传播效果快速提升的两年,两个重要驱动力在于中国主流外宣媒体的强势信息传播和中国政府对"一带一路"大型系列活动的策划和推动。

第六章 社交媒体"一带一路"
年度主题挖掘

　　社交媒体推特平台"一带一路"相关推文讨论分年度聚焦于哪些议程是一个值得研究的问题。聚类分析是从海量文本语料中获取热点话题的有效手段。基于主题的聚类挖掘与发现，能有效地反映"一带一路"国际传播情况，主题内容和"一带一路"传播意图的重合与差异，可以在一定程度上反映"一带一路"国际传播致效的情况。基于语料的文档主题建模有很多种选择，比如有基于词空间的建模方法和主题模型方法。对比两种方法，主题模型优势在于将庞大的词向量空间转化为主题空间，且根据词的共现反映语料中的语义信息。因此，主题模型具有更好的表示和组织文本信息的能力。[1] 文档主题模型的聚类方法根据技术手段实现的方式可以分为有监督式聚类和无监督式聚类。根据本研究语料量大、单篇语料文本相对较短的特点，比较各种文本聚类方法，选择 Latent Dirichlet Allocation（LDA）无监督式聚类模型用于推特文本语料的主体挖掘。LDA 是一个用于离散数据集合的生成性概率模型。[2] LDA 是一个三层的贝叶斯模型，在这个模型中，假设认为一篇文章归属于若干个主题，每个词来自不同的主题；不同主题的概率不同，在每个主题下生成每个词的概率也不同。对于语料库中的每篇文档，LDA 定义了如下生成过程：首先，对每一篇文档，

----

[1] 陈晓美、高铖、关心惠：《网络舆情观点提取的 LDA 主题模型方法》，《图书情报工作》2015 年第 21 期。

[2] Blei, D. M. et al., "Latent Dirichlet Allocation," *Journal of Machine Learning Research* 3(2003)：993-1022.

从主题分布中抽取一个主题；其次，从上述被抽到的主题所对应的单词分布中抽取一个单词；最后，重复上述过程直至遍历文档中的每一个单词。[①] LDA在文本语料的研究中较多地应用于文本主题的挖掘。并且，LDA主题模型在短文本的主题挖掘中表现较好。[②] 因此，最终选择LDA模型对推特平台收集的推文数据进行文档挖掘建模，分析研究"一带一路"推文的热点关注分布情况。使用python推文数据按年度切分，并调用gensim包的LdaModel，基于不同的主体数值反复计算，最终寻找一个最优的主题数作为分类数量，并输出30个代表性词语用于结果的进一步分析。

第一节　2015年文档主题模型聚类

2015年中国官方文件正式提出推动"一带一路"建设，推文主要内容围绕"一带一路"初衷、介绍、愿景等内容展开，同时结合部分国家和地区的"一带一路"倡议与协议签署和重大项目的启动有较多的推文。推特推文点赞、转发、评论较多的内容基本来自新华社主流媒体推特账号。使用LDA模型对2015年推文内容建模，对不同主题数量进行测试后，发现4个主题为最优。经过关键词概率分布和推文内容分析发现，四个主题分别为"一带一路"合作项目进展、"一带一路"高层合作推广、"一带一路"多元化合作、"一带一路"全面解读宣介（见表6-1）。

表6-1　"一带一路"2015年社交媒体内容主题关键词

主题	关键词
主题1	road, belt, China, initiative, plan, support, strategy, benefit, economy, boost, trade, country, news, Cambodia, regional, eye, BOD, cooperation, bank, invest, Myanmar, Chinese, diplomacy, layout, improves, launch, proposed, focus, expert, action
主题2	road, belt, China, initiative, boost, economic, business, ASEAN, tie, Chinese, Asia, cooperation, information, export, company, Hungary, investment, sign, top, mou, see, southeast, potential, contract, important, opportunity, forum, Nepal, city, chronology

① 邱均平、沈超：《基于LDA模型的国内大数据研究热点主题分析》，《现代情报》2021年第9期。

② 王晰巍、张柳、黄博：《基于LDA的微博用户主题图谱构建及实证研究——以"埃航空难"为例》，《数据分析与知识发现》2020年第10期。

续表

主题	关键词
主题3	road, belt, initiative, China, key, Hong, Kong, Europe, opportunity, role, investment, economic, diplomat, reach, net, trade, capital, world, help, report, HK, exporter, expert, impetus, Chinese, major, overseas, win, community
主题4	road, belt, initiative, China, Chinese, benefit, business, global, country, priority, president, development, boost, infrastructure, project, set, Asia, play, role, promote, industry, cooperation, connectivity, plan, HK, news, call, Asian, big, Africa

注：LDA 模型结果为单个单词集合，具体到主体识别时会多个单词组合使用，下同。

一　"一带一路"合作项目进展

该主题内容主要聚焦"一带一路"各类合作项目。除"一带一路"倡议的核心关键词外，涉及 BOC、Cambodia、cooperation、launch、eye、Myanmar、bank、focus、export、trade、layout 等关键词为核心关键词，推文涉及项目覆盖缅甸、土耳其、巴基斯坦、老挝等国家，主要内容为相关重要国家、重要合作项目以及区域合作项目签署、项目对地区经济与发展的推动（见表 6-2）。

表 6-2　2015 年"一带一路"推文 LDA 主题 1 代表性推文

序号	推特账号	推文时间	推文内容
1	XHNews	2015 年 3 月 14 日	专家："一带一路"聚焦更强大、更紧密的经济合作和联合项目（#BeltandRoad focuses on stronger, closer economic cooperation, joint projects：expert）
2	XHNews	2015 年 6 月 23 日	中国复星集团计划在"一带一路"地区增加投资（China's #Fosun plans for more investment in #BeltandRoad regions # PRME 2015GF）
3	XHNews	2015 年 6 月 23 日	副部长表示中国的"一带一路"将使老挝变成一个陆联国家（Vice minister says China's "Belt and Road" will turn Laos into land-linked country）
4	XHNews	2015 年 5 月 31 日	英国研究表明，自"一带一路"倡议启动以来，中国政策性银行表现更佳（Chinese policy banks perform better since #BeltandRoad initiative launch：UK research）
5	XHNews	2015 年 5 月 27 日	专家："一带一路"倡议将促进土耳其经济发展（China's "Belt and Road" initiative to boost Turkey's economy：expert）

序号	推特账号	推文时间	推文内容
6	XHNews	2015年5月20日	专家表示，中泰铁路项目将成为"一带一路"倡议的典范 (Sino-Thai-railway project set to exemplify "Belt and Road" initiative：experts)
7	XHNews	2015年4月21日	以项目为导向的"一带一路"倡议将促进中巴合作 (Project-oriented #BeltandRoad initiative to boost China-Pakistan cooperation #SilkRoad)
8	XHNews	2015年4月7日	缅甸支持并热切关注"一带一路"倡议 (Myanmar supports, has keen interest in China's "Belt and Road" initiative)
9	XHNews	2015年9月6日	迪拜政府经济决策咨询委员会表示，"一带一路"倡议将提升迪拜作为贸易枢纽的地位 (#China's "Belt and Road" to boost #Dubai's role as trade hub：@DubaiEconomicCo official)
10	XHNews	2015年8月22日	专家表示，欧洲需要制度化平台以更好地与"一带一路"倡议互动 (Institutionalized platforms needed for Europe to better interact with "Belt and Road"：expert)
11	XHNews	2015年8月7日	将新苏伊士运河与"一带一路"倡议相结合，将为世界带来益处 (Conjoining #NewSuezCanal with China's #BeltandRoad initiatives benefits world)
12	XHNews	2015年8月1日	"一带一路"促进中国西北部穆斯林食品出口 ("Belt and Road" boosts #Muslim food exports in NW China)
13	XHNews	2015年7月27日	在新加坡区域商业论坛上，官员和专家支持中国的"一带一路"倡议 (Officials, experts back China's #BeltandRoad initiative at Singapore Regional Business Forum)
14	XHNews	2015年7月20日	今年上半年，中国企业与共建"一带一路"国家签署1401份项目合同 (Chinese companies ink 1401 project contracts along #BeltandRoad in H1)
15	XHNews	2015年11月23日	波兰总统表示，波兰有望成为"一带一路"倡议的物流中心 (Polish President：Poland could become logistics center for China's "Belt and Road" initiative)

二 "一带一路"高层合作推广

该主题内容主要聚焦"一带一路"高层合作与推广活动，特别是在亚

洲的合作开展情况。除倡议的核心关键词外，涉及 boost、economic、busi-
ness、ASEAN、tie、cooperation 等关键词，特别是 information、export、Hun-
gary、investment、southeast、potential、opportunity、Nepal 等关键词显示信息
合作、出口、贫困问题、国际投资均是该主题的热点内容（见表6-3）。

表6-3 2015年"一带一路"LDA推文主题2代表性推文

序号	推特账号	推文时间	推文内容
1	XHNews	2015年3月23日	尼泊尔将"一带一路"视为亚洲的机遇 （Nepal sees China's Belt and Road as chance for Asia #SilkRoad）
2	XHNews	2015年6月29日	中国高级官员呼吁中国与西班牙在"一带一路"倡议下进一步合作 （Senior Chinese official urges China, Spain to further cooperate under #beltandroad initiative）
3	XHNews	2015年6月28日	中国特使表示，阿联酋寻求加入"一带一路"倡议，促进战略伙伴关系 （UAE seeks to join China's #BeltandRoad initiative to spur strategic partnership：China envoy）
4	XHNews	2015年6月26日	中国特使表示，土耳其准备积极参与北京的"一带一路"倡议 （#Turkey ready to be active part of Beijing's #BeltandRoad initiative：#China envoy）
5	XHNews	2015年4月13日	阿联酋寻求在"一带一路"倡议中发挥独特作用 （UAE seeks unique role in China's "Belt and Road" initiatives）
6	XHNews	2015年9月10日	英国海运业探索"一带一路"倡议中的商机 （British maritime industry explores biz opportunities in #China's "Belt and Road" initiative）
7	XHNews	2015年7月26日	意大利官员称，"一带一路"倡议为中意两国带来双赢机遇 （Beltand Road initiative brings win-win opportunities for China, Italy：officials）
8	XHNews	2015年7月24日	香港特别行政区官员表示，香港特别行政区和新加坡在"一带一路"建设中大有可为，也将获益匪浅 （Hong Kong, Singapore have much to contribute to #BeltandRoad and much to gain：HK official）
9	XHNews	2015年7月21日	中国将在"一带一路"沿线推进六大国际经济走廊建设，促进长期合作 （China to push forward 6 int'l economic corridors along #BeltandRoad, promote long-term co-op）
10	XHNews	2015年7月9日	聚焦：中国"一带一路"倡议促进上海合作组织经济合作 （Spotlight：China's "#BeltandRoad" initiative to promote #SCO economic cooperation）

序号	推特账号	推文时间	推文内容
11	XHNews	2015年10月22日	路透社报告称，"一带一路"倡议助力中国成为净资本输出国（#BeltandRoad initiative helps #China become net capital exporter：@ThomsonReuters report）
12	XHNews	2015年10月15日	想要更快发展？共建"一带一路"国家已初见成效（Want to grow faster? Countries along route of #BeltandRoad initiative reaping early results）
13	PDChina	2015年2月1日	中国规划了"一带一路"倡议的优先事项，重点包括基础设施、投资、贸易等领域（China sketched out priorities for "Belt and Road" initiatives, highlighting infrastructure, investment；trade, etc.）
14	chinaorgcn	2015年6月29日	评论："一带一路"倡议与欧盟的投资计划相辅相成（OPED：China's 'Belt and Road' initiatives complement EU investment plan #ChinaEU）
15	CCTV	2015年10月23日	英国希望"一带一路"带动北部城市发展（UK hopes 'Belt and Road' will boost northern city. #XiUKVisit：）

三 "一带一路"多元化合作

该主题内容主要聚焦"一带一路"多元化且丰富的合作活动，其中多数推文关注香港在"一带一路"中的节点作用，除倡议的核心关键词外，Hong Kong、HK 成为热点关键词。多元化主体在"一带一路"倡议中扮演的角色，以及潜在的机会和收益也是讨论的热点，其中专家、学者等舆论领袖的观点较多，研究报告较多。比如，role、investment、net、trade、capital、report、exporter、impetus、expert 等成为热点关键词（见表6-4）。

表6-4　2015年"一带一路"LDA推文主题3代表性推文

序号	推特账号	推文时间	推文内容
1	30	2015年8月11日	中国互联网企业和媒体推动建设"数字丝绸之路"，助力"一带一路"倡议（Chinese internet-based businesses and media urged to build "digital Silk Road" to aid Belt and Road Initiative）
2	XHNews	2015年3月12日	资深外交官表示，中国不谋求从"一带一路"倡议中单方面获益（China not seeking unilateral gains from Belt and Road Initiatives：veteran diplomat）

续表

序号	推特账号	推文时间	推文内容
3	XHNews	2015 年 6 月 27 日	资深外交官表示，埃及可在"一带一路"倡议中发挥关键作用 （#Egypt can play key role in #China's #BeltandRoad initiative：senior diplomat）
4	XHNews	2015 年 9 月 11 日	在"一带一路"倡议下与中国合作可重新启动阿拉伯世界的经济引擎 （Working with China under #beltandroad initiative may reignite economic engines of Arab world）
5	XHNews	2015 年 8 月 9 日	香港特别行政区行政长官表示，香港将成为"一带一路"倡议的超级连接点 （Hong Kong to be super-connecter for China's #BeltandRoad initiative：chief executive）
6	XHNews	2015 年 8 月 4 日	中国外交部部长表示，东盟共同体将为"一带一路"倡议注入新的动力 （ASEAN Community will give impetus to China's #BeltandRoad initiative：Chinese FM）
7	XHNews	2015 年 7 月 28 日	专家称，泰国将受益于"一带一路"倡议 （Thailand to benefit from China's #BeltandRoad initiative, say experts）
8	XHNews	2015 年 7 月 28 日	由于贸易的增长，越来越多中国制造的清真食品正进入国外餐桌 （More China-made halal food is finding its way onto foreign tables due to growing trade #halal #BeltAndRoad）
9	XHNews	2015 年 7 月 15 日	新加坡青年探讨新加坡在"一带一路"倡议中的作用 （Singaporean youths deliberate on Singapore's role in China's #BeltandRoad initiative）
10	PDChina	2015 年 6 月 17 日	据中国社科院报告，"一带一路"基础设施项目投资预计将达到 6 万亿美元 （Investment on infrastructure projects for "#BeltandRoad" likely to reach $6 tln：CASS report）
11	PDChina	2015 年 4 月 21 日	专家称，"一带一路"倡议在巴基斯坦的首个项目将极大推动"一带一路"建设 （The "Belt and Road Initiative" gets a major boost with first project in Pakistan, say experts）
12	PDChina	2015 年 8 月 5 日	中国与共建"一带一路"国家发展更紧密的贸易关系，上半年贸易总额达 4854 亿美元 （China, "#BeltandRoad" countries develop closer trade ties, total trade volume $485.4 bln in H1）
13	ChinaDaily	2015 年 4 月 10 日	"一带一路"倡议为缅甸提供了新机遇 （China's "Belt and Road" initiatives offers Myanmar new opportunity）

续表

序号	推特账号	推文时间	推文内容
14	IntermodalEU	2015年 7月13日	"一带一路"倡议通过贸易和投资促进中国和整个地区的发展 （Belt and Road Initiative a boost to China and whole region through trade and investment）
15	JT_China_ News	2015年 7月30日	中国茶叶希望借助"一带一路"倡议走向世界："一带一路"是将中国茶消费转变为全球现象的难得机遇 （Chinese tea aims to go global on Belt and Road Initiative："One Belt, One Road" is a rare opportunity to turn Chinese tea consumption into a global phenomenon.）

四　"一带一路"全面解读宣介

该主题内容聚焦"一带一路"倡议解读与宣传介绍。其中 benefit、business、priority、president、development、boost、infrastructure、project、Asia、role、industry、cooperation、connectivity、plan、HK、Asian、Africa 是代表性关键词。相关的推文内容涉及基建、产业合作、企业共赢、项目政策、政府角色以及"一带一路"倡议的初衷、落地方案和长远构想等，其中香港、非洲、东南亚等重点地区的关键词被多次提及（见表6-5）。

表6-5　2015年"一带一路"LDA推文主题4代表性推文

序号	推特账号	推文时间	推文内容
1	XHNews	2015年 3月28日	中国周六公布"一带一路"倡议行动计划。全文如下 （China unveiled action plan on Belt and Road Initiative on Sat. Here's full text）
2	XHNews	2015年 3月16日	中国将在博鳌论坛上发布"一带一路"倡议实施计划 （China to reveal implementation plan for #BeltAndRoad initiatives at Boao Forum）
3	XHNews	2015年 2月4日	迄今为止中国"一带一路"倡议发展中的重大事件 （Major events in development of China's "Belt and Road" initiatives so far）
4	XHNews	2015年 6月30日	黎巴嫩认为"一带一路"倡议是"丝绸之路"沿线国家的巨大机遇 （Lebanon believes #China's #BeltandRoad initiative huge chance for #SilkRoad nations）
5	XHNews	2015年 6月14日	法国外长呼吁通过"一带一路"倡议加强中法合作 （French FM calls for closer China-France cooperation via "#BeltandRoad" initiatives）

续表

序号	推特账号	推文时间	推文内容
6	XHNews	2015年5月27日	中国将优先推进共建"一带一路"国家港口项目并开放海关（China to give priority to port projects along "Belt and Road", opens up customs）
7	XHNews	2015年4月23日	中国和柬埔寨承诺在"一带一路"框架下加强合作（#China, #Cambodia pledge closer cooperation under Belt and Road framework）
8	XHNews	2015年8月28日	香港特别行政区行政长官表示，亚洲基础设施投资银行将进一步推动共建"一带一路"国家的基础设施建设（Hong Kong SAR chief says #AIIB will further promote infrastructure construction of countries along #BeltandRoad）
9	XHNews	2015年7月19日	香港特别行政区财政司司长称，香港可成为"一带一路"的融资平台（#HongKong could be financing platform for #BeltandRoad: financial chief）
10	XHNews	2015年12月14日	欧洲复兴开发银行批准中国入会申请，推动"一带一路"倡议（#EBRD approves China membership application, a boost to #beltandroad initiative）
11	XHNews	2015年10月14日	中国提出的"一带一路"倡议将如何造福世界？（#EBRD How will China's #BeltandRoad initiative benefit the world?）
12	PDChina	2015年3月28日	中国每年将向"一带一路"倡议成员国提供1万个政府奖学金名额，以促进教育合作（China will provide 10000 gov't scholarships to Belt and Road Initiative member countries each year to promote education cooperation）
13	PDChina	2015年3月28日	"一带一路"倡议行动计划：基础设施互联互通是落实"一带一路"倡议的优先事项（Belt and Road Initiative action plan: connectivity of infrastructure is priority for implementing the initiative）
14	ChinaDaily	2015年6月27日	比利时安特卫普港总裁："一带一路"倡议对安特卫普港"至关重要"（Belt and Road Initiative "crucial" for Belgian port of Antwerp: port president）
15	ChinaDaily	2015年9月10日	英国海运业在"一带一路"倡议中寻求机遇（British maritime industry seeks opportunities in China's "Belt and Road" initiative）

第二节　2016 年文档主题模型聚类

2016 年"一带一路"推文相关主题主要有六个，分别为"一带一路"惠及共建国家、"一带一路"质疑与回应、"一带一路"阶段性进展、"一带一路"中欧合作议程、"一带一路"意见领袖观点和"一带一路"微观故事讲述（见表6-6）。

表 6-6　"一带一路" 2016 年社交媒体内容主题关键词

主题	关键词
主题1	route, opportunity, country, city, conducive, economy, effort, port, world, ODI, discus, power, giant, reviving, group, interview, bring, HK, make, ambition, investment, sustainable, talk, infrastructure, contribute, build, global
主题2	belt, road, Hong, Kong, China, initiative, HK, summit, country, top, opportunity, legislator, study, international, give, medium, scholarship, link, agriculture, reach, business, market, service, policy, tour, case
主题3	road, belt, initiative, China, economic, Chinese, benefit, Africa, business, support, forum, opportunity, president, net, plan, Asia, world, enterprise, big, energy, role, news, data, trade, interview, spur, vow, mutual, promotes, speech
主题4	belt, road, initiative, China, Asia, cooperation, boost, project, economic, country, promote, official, tie, development, central, Chinese, Europe, expert, eye, financial, key, bank, south, world, eastern, benefit, support, interview, industry, agree
主题5	road, belt, China, initiative, country, cooperation, investment, silk, business, Europe, people, key, set, plan, prospect, strategy, dispute, Op（cooperate）, game, Malaysia, broad, Russia, daily, Poland, expert, Chinese, up, Japan, trade, project
主题6	road, belt, initiative, China, Chinese, trade, boost, global, cooperation, development, growth, interview, investor, Europe, challenge, great, opportunity, eat, gain, year, Kyrgy, trip, infrastructure, foreign, east, deal, news, Sri, Lanka, expect, focus

一　"一带一路"惠及共建国家

该主题内容聚焦"一带一路"倡议已经落地项目让共建"一带一路"国家感受到"一带一路"红利，即将落地项目给共建"一带一路"国家带来巨大机遇。其中 route、opportunity、country、city、conducive、economy、effort、port、world、power、giant、bring、ambition、investment、sustainable、 infrastructure、contribute、build、global 等与项目建设效果和愿景相关的词成为热点关键词。推文内容的叙事不但有官方媒体的整体叙事，也有对共建国家学者、政治家、政府官员等舆论领袖观点的引用（见表6-7）。

表6-7　2016年"一带一路"LDA推文主题1代表性推文

序号	推特账号	推文时间	推文内容
1	XHNews	2016年1月29日	福布斯称赞"一带一路"项目可振兴跨洲铁路运输（#Forbes praises China's #BeltandRoad for reviving trans-continental rail transport）
2	XHNews	2016年6月2日	中国提出的"一带一路"倡议有望促进东南亚基础设施发展（China-proposed #BeltandRoad has potential to boost infrastructure devpt in Southeast Asia）
3	XHNews	2016年9月9日	布鲁盖尔报告称，"一带一路"倡议促进了欧洲的贸易发展（China's #BeltandRoad Initiative contributes to Europe's trade, says Bruegel report）
4	XHNews	2016年9月26日	中国与共建"一带一路"国家之间的贸易持续增长，1~8月贸易额超过6000亿美元（Trade keeps growing between China, #BeltandRoad Initiative nations to exceed 600 bln USD in the Jan.-Aug.）
5	XHNews	2016年9月22日	2016年中国对共建"一带一路"国家投资同比增长38.6%（China's investment into #BeltandRoad initiative countries up 38.6 pct y-o-y in 2016）
6	XHNews	2016年9月21日	中国-欧亚博览会将进一步推动中俄"一带一路"合作（China-Eurasia Expo to further boost Russia-China cooperation with Belt and Road Initiative）
7	XHNews	2016年10月12日	柬埔寨孔子学院成为推动中国"一带一路"倡议的平台（Confucius Institute in Cambodia serves as platform for promoting China's Belt and Road Initiative）
8	XHNews	2016年10月3日	中国推动与共建"一带一路"国家的科技合作（China promotes sci-tech cooperation with countries along Belt and Road）
9	XHNews	2016年10月21日	尼泊尔总理重申愿意参与"一带一路"倡议（Nepali PM reiterates readiness to participate in China's Belt and Road Initiative）
10	XHNews	2016年11月19日	"一带一路"与欧亚经济联盟的对接使铁路成为欧亚大陆海上运输的高效替代方案（#BeltandRoad, EAEU alignment makes railway an efficient alternative to sea transport across Eurasia）

序号	推特账号	推文时间	推文内容
11	XHNews	2016 年 12 月 13 日	专家称，中国重视基础设施建设，重振古代丝绸之路，将促进非洲经济增长 （China's focus on infrastructure to revive ancient #SilkRoad will boost Africa's growth：experts #BeltandRoad）
12	XHNews	2016 年 12 月 8 日	香港特别行政区行政长官称，"一国两制"有助于香港在落实"一带一路"倡议中发挥关键作用 （HK chief executive says "one country, two systems" helps HK play a pivotal role in implementing the Belt and Road Initiative）
13	XHNews	2016 年 12 月 6 日	中国将在 2020 年前建成现代化的国际道路系统，以促进共建"一带一路"地区的交通运输 （China to build modern int'l road system by 2020 to facilitate transport along #BeltandRoad）
14	XHNews	2016 年 6 月 19 日	哈萨克斯坦教授称，"一带一路"倡议为共建国家带来繁荣 （Belt and Road Initiative brings prosperity to countries along routes：Kazakh professor）
15	XHNews	2016 年 6 月 17 日	尼泊尔重申积极参与中国提出的"一带一路"倡议的立场 （Nepal reaffirms position to actively participate in China-proposed Belt and Road Initiative）

注：个人用户账号为数据库中脱敏处理后编号。

二 "一带一路"质疑与回应

该主题内容集中于"一带一路"倡议遇到的质疑及倡议各方围绕质疑的回应与讨论，特别是与"一带一路"相关的政府奖学金项目在香港特别行政区有较多的讨论。其中 Hong Kong、HK、summit、country、top、opportunity、legislator、study、international、give、medium、scholarship、reach、business、market、service、policy 等是热点关键词。针对"一带一路"倡议不同声音的回应主要来自新华社的推特账号，此外部分媒体和个人推特用户也有参与（见表6-8）。

表6-8 2016 年"一带一路"LDA 推文主题 2 代表性推文

序号	推特账号	推文时间	推文内容
1	XHNews	2016 年 3 月 24 日	亚洲商界人士对中国提出的"一带一路"倡议寄予厚望 （Asian businesspeople place high hopes on China-proposed # BeltandRoad Initiative）

续表

序号	推特账号	推文时间	推文内容
2	XHNews	2016年 5月17日	全国人大常委会委员长呼吁香港抓住"一带一路"倡议带来的机遇 （China's top legislator calls on HK to seize opportunities created by #BeltandRoad Initiative）
3	XHNews	2016年 5月17日	全国人大常委会委员长抵达香港出席"一带一路"峰会并进行考察 （China's top legislator arrives in HK for Belt and Road summit, inspection tour）
4	XHNews	2016年 9月27日	"一带一路"倡议受到国际社会的热烈欢迎 （#BeltandRoad initiative receives hearty applause by international community）
5	XHNews	2016年 9月26日	研究报告显示，100多个国家和国际组织参与了"一带一路"倡议 （China's #BeltandRoad Initiative has the involvement of more than 100 countries, international organizations：report）
6	XHNews	2016年 12月21日	观点："一带一路"倡议聚焦的是地区公共服务，而非地缘政治工具 （Opinion：#BeltandRoad Initiative focuses on regional public service, not a geo-political tool）
7	XHNews	2016年 12月4日	吉尔吉斯斯坦愿意加强与中国在农业领域的合作 （Kyrgyzstan willing to enhance cooperation with #China in agriculture #BeltandRoad）
8	XHNews	2016年 8月26日	在G20峰会上，埃及表示希望在"一带一路"倡议中发挥更大作用 （Egypt eyes bigger role in Belt and Road initiative at G20 summit）
9	XHNews	2016年 8月15日	特写：中国电子商务服务为共建"一带一路"国家带来财富和机遇 （Feature：Chinese e-commerce services bring wealth, opportunities to #BeltandRoad countries）
10	globaltimesnews	2016年 11月3日	"一带一路"倡议吸引众多学生来华留学 （#BeltandRoad initiative attracts students to study in China.）
11	PDChina	2016年 11月19日	俄罗斯商界领袖："一带一路"与欧亚经济联盟的对接为欧亚贸易提供了另一条途径 （#BeltandRoad, EAEU alignment offers alternative route for Eurasian trade：Russian business leader）
12	chinaorgcn	2016年 12月7日	重庆在"一带一路"建设中举足轻重 （Chongqing pivotal to "Belt and Road" construction）

序号	推特账号	推文时间	推文内容
13	83352	2016年12月11日	中国计划在明年举行"一带一路"峰会,其规模将赶上甚至超过今年的 G20 峰会 (China planning Belt and Road summit next year that "would match, if not exceed, the scale of this year's G20")
14	83464	2016年3月6日	中央电视台美洲频道:"人大和政协:立法者讨论'一带一路'倡议" (CCTV_America:NPC and CPPCC:Lawmakers discuss Belt and Road Initiative)

注:个人用户账号为数据库中脱敏处理后编号。

三 "一带一路"阶段性进展

该主题内容集中于"一带一路"倡议的阶段性进展。主要内容为共建"一带一路"国家与地区签署"一带一路"倡议合作情况、"一带一路"重大项目落地情况。从推文的文本分析来看,"一带一路"倡议主要提到捷克、阿富汗、泰国、老挝、俄罗斯、白俄罗斯、乌克兰、立陶宛等国家的深度参与或积极态度。其中 benefit、Africa、business、support、forum、opportunity、president、net、plan、enterprise、energy、role、data、trade、interview、spur、vow、mutual、promotes、speech 等为代表性关键词(表6-9)。

表6-9 2016年"一带一路"LDA 推文主题3代表性推文

序号	推特账号	推文时间	推文内容
1	XHNews	2016年3月29日	北京与布拉格将加强"一带一路"倡议与捷克发展计划的协同作用 (Beijing, Prague to strengthen synergy of #BeltandRoad Initiative; Czech development plans)
2	XHNews	2016年5月13日	阿富汗政府首席执行官:阿富汗将受益于中国的"一带一路"倡议 (Afghanistan will benefit from China's Belt and Road Initiative:Afghan Chief Executive)
3	XHNews	2016年5月11日	泰国总理宣布加入"一带一路"倡议 (Thai PM vows to be part of Belt and Road Initiative)
4	XHNews	2016年9月8日	中国提出的"一带一路"倡议与老挝的国家发展战略高度契合 (China's #BeltandRoad initiative highly compatible with Laos' national development strategy)

续表

序号	推特账号	推文时间	推文内容
5	XHNews	2016 年 12 月 31 日	岁末：俄罗斯寻求在欧亚大陆建立全面经济伙伴关系 （Yearender：#Russia seeks to create comprehensive economic partnership across Eurasia #China #BeltandRoad）
6	XHNews	2016 年 12 月 13 日	乌克兰寻求深化与拉脱维亚在丝绸之路沿线的合作 （#Ukraine seeks to deepen cooperation with Latvia along Silk Road #BeltandRoad）
7	XHNews	2016 年 7 月 23 日	立陶宛大使称，"一带一路"倡议对立陶宛与中国的合作非常重要 （#beltandroad initiative important for cooperation between Lithuania, China：ambassador）
8	XHNews	2016 年 11 月 11 日	聚焦：中国总理的访问推动了与欧亚国家的务实合作 （Spotlight：Chinese premier's visits boost pragmatic cooperation with Eurasian countries #LiVisit #BeltandRoad）
9	PDChina	2016 年 8 月 29 日	专家："一带一路"倡议需要中国律师的更多支持 （#BeltandRoad Initiative needs more support from Chinese lawyers：experts）
10	PDChina	2016 年 10 月 4 日	中国推动"一带一路"科技合作 （China promotes sci-tech cooperation along #BeltandRoad）
11	PDChina	2016 年 10 月 22 日	比利时副首相克里斯·佩特斯在布鲁塞尔举行的"一带一路"论坛上表示，比利时希望明年加入"亚洲基础设施投资银行" （#Belgium hopes to join #AIIB next year, says deputy PM @peeters_kris1 during a #BeltandRoad forum in #Brussels）
12	chinaorgcn	2016 年 1 月 27 日	视频："一带一路"超越能源合作 （［Video］"Belt and Road" goes beyond energy cooperation）
13	HSBC	2016 年 10 月 12 日	"一带一路"项目每年将带动 2.5 万亿美元的贸易额，您的企业准备好了吗？ （#BeltandRoad projects will spur US＄2.5trn of trade each year, is your business ready?）
14	CGTNOfficial	2016 年 9 月 5 日	世界商界领袖齐聚西安，共建跨境金融平台，作为"一带一路"倡议的一部分 （World business leaders gather in Xi'an to build cross-border financial platforms as part of #BeltandRoad Initiative）
15	1481	2016 年 11 月 20 日	中国推动为共建"一带一路"国家建设互联网基础设施 （#China pushing to build internet infrastructure for #BeltAndRoad initiative countries）

注：个人用户账号为数据库中脱敏处理后编号。

四 "一带一路"中欧合作议程

该主题内容集中于"一带一路"倡议的中欧合作议程,其中 business、people、key、plan、prospect、strategy、dispute、game、broad、Russia、Poland、expert、trade、project 等为代表性关键词。"一带一路"倡议首先在亚洲被周边国家接受,2016 年欧洲国家对"一带一路"的积极参与逐渐增多,相应的信息日益丰富,其中以中欧和东欧地区最为集中,罗马尼亚、捷克等关键词高频出现(见表 6-10)。

表 6-10 2016 年"一带一路"LDA 推文主题 4 代表性推文

序号	推特账号	推文时间	推文内容
1	XHNews	2016 年 3 月 30 日	官员表示,罗马尼亚官员欢迎"一带一路"倡议 (Romania welcomes China's #BeltandRoad Initiative:officials)
2	XHNews	2016 年 3 月 29 日	"一带一路"倡议促进中国与中东欧国家的关系 (#BeltandRoad initiative boosts ties between China, Central, Eastern European countries)
3	XHNews	2016 年 3 月 27 日	观点:中捷合作为"一带一路"倡议树立榜样 (Opinion:China-Czech cooperation to set example for #beltandroad initiative)
4	XHNews	2016 年 5 月 25 日	研究报告称,"一带一路"倡议将中国的能力与英国的专业技术整合起来 (#BeltandRoad Initiative connects Chinese capabilities with U. K. expertise:Report)
5	XHNews	2016 年 11 月 25 日	专家称,亚太自由贸易区需要与"一带一路"相配合,才能更加有效、综合、包容 (Free trade area in Asia Pacific needs to go with #BeltandRoad to be more effective, integrated, inclusive:expert)
6	XHNews	2016 年 6 月 17 日	"一带一路"倡议契合俄罗斯的发展需求 (Belt and Road Initiative to meet Russia's development needs)
7	XHNews	2016 年 8 月 26 日	在 G20 峰会上,埃及表示希望在"一带一路"倡议中发挥更大作用 (Egypt eyes bigger role in Belt and Road initiative at G20 summit)
8	XHNews	2016 年 8 月 15 日	今日必读,中国相关世界新闻摘要:专家谈"一带一路"和人民币全球化 (Today's must-read #China-related world news summary:experts on #BeltandRoad, globalized RMB)

续表

序号	推特账号	推文时间	推文内容
9	PDChina	2016年5月11日	中国外长王毅称，中国将卡塔尔作为推进"一带一路"倡议的重要合作伙伴 (#China takes #Qatar as a key partner to promote the "Belt and Road" initiative：Chinese FM Wang Yi)
10	PDChina	2016年9月26日	官方观点：中国"一带一路"倡议收获超出预期 (#China's "#BeltandRoad" initiative yields more than expected harvest：official)
11	PDChina	2016年12月29日	"一带一路"倡议成果清单（2013～2016年） (List of achievements of #BeltandRoad Initiative (2013-2016))
12	hktdc	2016年11月6日	波兰的新仓储设施彰显了该国在中国主导的"一带一路"倡议中发挥的关键作用 (New warehouse facilities in #Poland underlines the country's pivotal role in the China-led #BeltandRoad Initiative)
13	CGTNOfficial	2016年6月9日	中东欧企业受益于"一带一路"倡议，在中国发展业务 (Companies from central and eastern Europe benefit from the #BeltandRoad Initiative to develop businesses in China)
14	CGTNOfficial	2016年11月5日	访谈：拉脱维亚总理马里斯·库钦斯基斯谈"一带一路"倡议与中拉经济合作 (Interview：Latvian PM @ MarisKucinskis on #BeltandRoad Initiative and China-Latvia economic cooperation)
15	1960	2016年5月19日	"一带一路"倡议如何促进东南欧发展 (How China's Belt and Road Initiative could boost south-eastern Europe)

注：个人用户账号为数据库中脱敏处理后编号。

五　"一带一路"意见领袖观点

该主题内容集中于"一带一路"倡议意见领袖从专业角度给出的分析、观点以及一些研究报告的发布。其中 cooperation、investment、business、Europe、people、key、set、plan、prospect、strategy、dispute、game、Malaysia、broad、Russia、expert、Chinese、Japan、trade、project 为代表性关键词。内容维度为"一带一路"点评、总结、分析、建议、前景预测等。该主题反映了"一带一路"不但成为共建国家关注的焦点，也成为专家学者研究区域发展或国际发展的热点话题（见表6-11）。

表 6-11　2016 年"一带一路"LDA 推文主题 5 代表性推文

序号	推特账号	推文时间	推文内容
1	XHNews	2016 年 3 月 25 日	聚焦:"一带一路"倡议推动中国与中东欧国家的合作驶入快车道 (Spotlight: #BeltandRoad Initiative takes China-CEE cooperation on fast track)
2	XHNews	2016 年 5 月 15 日	联合国称其下属机构(亚洲及太平洋经济社会委员会)在"一带一路"倡议中发挥作用 (UN says institution plays role in Belt and Road Initiative)
3	XHNews	2016 年 10 月 17 日	俄罗斯远东地区的海产品满足了注重质量的中国消费者的胃口 (Seafoods from Russia's Far East feeding the fine appetite of quality-conscious Chinese consumers #BeltandRoad)
4	XHNews	2016 年 11 月 23 日	澳大利亚学者表示,"一带一路"倡议是抵制保护主义和孤立主义的好方法 (Belt and Road initiative good way to counter protectionism, isolationism: Australian academics)
5	XHNews	2016 年 12 月 30 日	特别报道:中国考古学家沿着丝绸之路向西挺进 (Feature: Chinese archaeologists marching westward along Silk Road #BeltandRoad)
6	XHNews	2016 年 6 月 17 日	观点:中国的"一带一路"倡议——从愿景到现实 (Opinion: China's Belt and Road Initiative—from vision to reality)
7	XHNews	2016 年 7 月 11 日	智库在 2016 年生态论坛上建议"一带一路"倡议走绿色发展之路 (#BeltandRoad Initiative needs to be green, think tanks suggest at Eco Forum 2016)
8	globaltimesnews	2016 年 6 月 22 日	2015 年中国与共建"一带一路"国家贸易额突破 1 万亿美元 (China's trade with Belt and Road countries surpasses $ 1 trillion in 2015)
9	kathmandupost	2016 年 12 月 15 日	观点:中国推进的"一带一路"倡议为尼泊尔带来巨大发展前景 (#Opinion The Belt and Road Initiative advanced by China presents huge prospects for Nepal)
10	PDChina	2016 年 6 月 22 日	中国企业在共建"一带一路"国家投资超过 140 亿美元,为当地创造了 6 万个就业岗位 (Chinese firms have invested over $ 14 bln in countries along #BeltandRoad, created 60000 local jobs)
11	China Daily	2016 年 6 月 13 日	英国前首相戈登·布朗称中国的"一带一路"倡议能改变世界 (Gordon Brown says China's Belt and Road strategy can change the world)

续表

序号	推特账号	推文时间	推文内容
12	CGTN	2016 年 9 月 7 日	纪念"一带一路"倡议三周年峰会在中国西安举行（Summit held in China's Xi'an to commemorate the third anniversary of #BeltandRoad Initiative）
13	CGTN	2016 年 7 月 14 日	埃及投资部部长谈埃及的愿景是在"一带一路"倡议中发挥关键作用（Egyptian investment minister talks about Egypt's hope to play a key role in China's #BeltandRoad Initiative）
14	AngelaWangCo	2016 年 12 月 5 日	"一带一路"基础设施被视为新贸易增长的催化剂（"One Belt, One Road" infrastructure seen as catalyst for new trade growth）

注：个人用户账号为数据库中脱敏处理后编号。

六 "一带一路"微观故事讲述

该主题内容聚焦"一带一路"倡议大的项目背景下与"一带一路"倡议相关的民众故事。其中 trade、boost、global、cooperation、development、growth、interview、investor、Europe、challenge、opportunity、eat、gain、trip、infrastructure、foreign、east、deal、expect 是核心关键词。相关内容包括孟加拉国青年参与"一带一路"倡议讨论、吉尔吉斯斯坦中国劳动力参与项目的话题、诺顿罗氏富布赖特律师事务所对电力市场投资的分析、中央电视台拍摄的"一带一路"纪录片等。对应推文发布账号除主流媒体外，还有企业、公众人物、普通民众的账号（见表6-12）。

表 6-12 2016 年 "一带一路" LDA 推文主题 6 代表性推文

序号	推特账号	推文时间	推文内容
1	XHNews	2016 年 3 月 6 日	依托中国造的产品，"一带一路"倡议拉近孟加拉国青年与中国的距离（"Made in China" products, #BeltandRoad initiative link Bangladeshi youth closer to China）
2	globaltimesnews	2016 年 5 月 18 日	尽管面临挑战，民营企业仍在义新欧铁路上大显身手（Private companies take to Yixinou rail, despite challenges）
3	PDChina	2016 年 3 月 14 日	中国提出的"一带一路"倡议创造了属于世界的机遇（#China-initiated "#BeltandRoad" creates opportunities that belong to the world #NPC）

序号	推特账号	推文时间	推文内容
4	PDChina	2016年6月19日	塞尔维亚表示愿在"一带一路"倡议中发挥积极作用 (#Serbia says it's ready to play an active role in #China's Belt and Road Initiative #XiVisit)
5	hktdc	2016年3月14日	诺顿罗氏富布赖特律师事务所为新兴"一带一路"电力市场的投资者分享"十大须知" (Norton Rose Fulbright shares their "Ten Things to Know" for investors in emerging #BeltandRoad power markets)
6	hktdc	2016年6月19日	汇丰银行预计,"一带一路"项目将需要"4万亿至6万亿美元"的资金 (#HSBC expects #BeltandRoad projects to require "between US $ 4 trillion to US $ 6 trillion" in capital raised)
7	CGTNOfficial	2016年11月22日	作为"一带一路"倡议的一部分,大型的基础设施正在建设中:观看中央电视台新闻频道纪录片 (Huge infrastructural links under construction as part of #BeltandRoad Initiative: Watch the CCTVNEWS documentary)
8	mahwengkwai	2016年10月26日	东盟基础设施为投资者提供了大量机会 (#ASEAN #infrastructure holds much opportunity for investors)
9	4389	2016年11月11日	巴基斯坦已将瓜达尔港打造成地区商贸中心,而这正是"一带一路"倡议的主要目标 (Pakistan has turned Gwadar as the hub of regional trade and commerce, which is the main objective of China's Belt and Road Initiative.)
10	Saudi_ Aramco	2016年3月21日	阿明·纳赛尔在沙特阿美公司表示,我们相信"一带一路"具有连接东亚和西亚的巨大潜力 (Amin Nasser At #SaudiAramco, we believe the Belt and Road holds great potential to bridge East and West Asia-Amin Nasser)
11	BeijingReview	2016年6月2日	"一带一路"有可能促进东南亚地区大规模的基础设施建设 ("Belt and Road" has potential to facilitate massive infrastructure across Southeast #Asia)
12	35513	2016年7月23日	演播室访谈:"一带一路"倡议迎来新机遇——中央电视台新闻 (Studio interview: New opportunities for "Belt and Road" initiatives-CCTV News)
13	ChinaEurasia	2016年9月27日	"一带一路"倡议:欧洲能否期待贸易收益 (Belt and Road initiative: can Europe expect trade gains?)
14	HSBC_ HK	2016年4月6日	汇丰银行的斯宾塞·雷克表示,"一带一路"计划是世界上最大的基础设施投资倡议—— (China #beltandroad programme is world's biggest infrastructure investment initiative-HSBC's Spencer Lake)

序号	推特账号	推文时间	推文内容
15	83504	2016 年 5 月 18 日	吉尔吉斯斯坦官员表示，吉尔吉斯斯坦欢迎中国投资者参与"一带一路"倡议 （#Kyrgyzstan welcomes Chinese investors under Belt and Road Initiative—Kyrgyz official）

注：个人用户账号为数据库中脱敏处理后编号。

第三节　2017 年文档主题模型聚类

2017 年"一带一路"推文主题主要有六个，分别为"一带一路"取得丰硕成果、"一带一路"扩大投资规模、"一带一路"民心互通交流、"一带一路"重大项目进展、"一带一路"多角度阐释和"一带一路"公益性讨论（见表 6-13）。

表 6-13　"一带一路"2017 年社交媒体内容主题关键词

主题	关键词
主题 1	road, belt, China, Chinese, country, south, train, summit, trade, opportunity, speech, delegation, freight, high, business, post, finance, project, Europe, Britain, arrives, EU, minister, European, Yiwu, today, Asia, great, western
主题 2	road, belt, forum, China, Beijing, summit, president, international, Hong, Kong, cooperation, attend, bank, leader, deal, big, world, opening, billion, raise, send, country, meet, source, trillion, ceremony, held
主题 3	Chinese, opportunity, science, country, make, watch, building, news, silk, focus, infrastructure, people, story, face, young, development, modern, good, see, feature, industry, university, world, launched, investment, firm, main, heart
主题 4	road, belt, China, project, initiative, trade, global, country, India, investment, invests, 124bn, back, port, power, Asia, eye, launch, Russia, Malaysia, economic, Asian, boost, urge, rail, central, Pakistan, express, cooperation, Japan
主题 5	road, belt, initiative, China, latest, cooperation, plan, world, project, daily, India, economic, benefit, join, business, silk, opportunity, role, open, rt, infrastructure, nepal, win, development, Chinese, Africa, global, expert, Europe, president
主题 6	belt, road, China, initiative, Chinese, India, project, medium, company, boost, Sri, risk, fund, Lanka, financial, impact, green, talk, plan, helping, strategic, report, join, eye, global, target, citigroup

一 "一带一路"取得丰硕成果

该主题推文聚焦"一带一路"倡议取得的丰富成果和对共建"一带一路"国家的积极性影响。已经落地的"一带一路"项目让共建国家感受到"一带一路"红利，即将落地的项目给共建国家带来巨大机遇。其中 country、south、train、summit、trade、opportunity、speech、delegation、freight、high、business、post、finance、project、Europe、Britain、arrives、EU、minister、European、Yiwu、Asia、great、western 等是代表性关键词。推文主要包含部分国家和地区层面的领导人对"一带一路"搭便车的赞誉、"一带一路"新航线和新路线的开辟、"一带一路"高端论坛的频繁举办、工业园区建设成果、多国专家对"一带一路"成果的论证（见表6-14）。

表 6-14 2017 年"一带一路"LDA 推文主题 1 代表性推文

序号	推特账号	推文时间	推文内容
1	XHNews	2017 年 4 月 20 日	希腊总统称，"一带一路"论坛证明中国在新时代促进和谐共处中的重要作用（#BeltandRoad forum to prove China's important role in promoting harmonious coexistence in new era：Greek president）
2	XHNews	2017 年 4 月 17 日	波兰官员称，"一带一路"倡议为加强波中合作提供了机遇（#BeltandRoad initiative opportunity to enhance #Poland，China cooperation：Polish official）
3	XHNews	2017 年 4 月 17 日	无人机直播：从贫困到繁荣。中老边境口岸见证"一带一路"带来的变化（LIVE with drone：From poverty to prosperity. China-Laos border port witnesses changes thanks to #BeltandRoad）
4	XHNews	2017 年 4 月 28 日	现场直播：中国企业在俄罗斯开发的最大商业园区（#Live from Greenwood business park，the largest such park developed by Chinese firm in Russia #BeltandRoad）
5	XHNews	2017 年 12 月 1 日	俄罗斯专家称中国提出的"一带一路"倡议对促进欧亚大陆互联互通具有建设性意义（Russian expert says China-proposed Belt and Road Initiative is constructive to promote connectivity in Eurasia）
6	XHNews	2017 年 11 月 19 日	连接欧洲西部与中国黄海沿岸的高速公路中国段全线通车（The China section of an expressway linking western Europe with Yellow Sea coast of China fully opens to traffic #BeltandRoad）

续表

序号	推特账号	推文时间	推文内容
7	XHNews	2017年5月11日	菲律宾总统杜特尔特表示，菲律宾希望搭上中国"一带一路"的顺风车 （Philippine President Rodrigo Duterte says his country expects to hitchhike onto China's Belt and Road wagon）
8	XHNews	2017年5月11日	在马来西亚探索由中国顶级列车制造商中国中车生产的世界上最快的米轨列车 （Exploring world's fastest meter-gauge train in Malaysia, produced by China's top train maker CRRC. #BeltandRoad）
9	XHNews	2017年6月20日	突尼斯媒体关注深化与中国国家通讯社新华社的合作 （Tunisian media eyes deepening of cooperation with China's state news agency Xinhua, highlighting #BeltandRoad）
10	XHNews	2017年10月17日	一条新的中欧铁路-海上货物运输线路。来自中国的食品补充剂集装箱班列抵达拉脱维亚里加 （A new China-Europe rail-sea cargo transport route. Container train with food supplements from China arrives in Riga, Latvia #BeltandRoad）
11	XHNews	2017年5月17日	新华社全球直播：国际博物馆日活动在体现"一带一路"宗旨的上海世博会博物馆进行 （#XinhuaGlobalLive on #International Museum Day continues in Shanghai World Expo Museum that embodies #BeltandRoad spirit）
12	XHNews	2017年5月13日	音乐视频："一带一路：唱起来"。朗朗上口的说唱歌曲彰显中国与共建"一带一路"国家的合作关系 （Music Video：The Belt and Road：Sing Along. Catchy rap song highlights cooperation between China and countries along #BeltandRoad）
13	globaltimesnews	2017年11月20日	连接欧洲西部与中国黄海沿岸的高速公路中国段全线通车 （The China section of an expressway linking western Europe with Yellow Sea coast of China fully opens to traffic #BeltandRoad）
14	PDChina	2017年12月17日	中国将设立76亿美元的基金投资"一带一路"项目，以促进中国广西壮族自治区南部和东盟的基础设施和工业发展 （China will set up ＄7.6B funds to invest in #BeltandRoad projects to support infrastructure and industrial development in southern #China's Guangxi Zhuang Autonomous Region and #ASEAN）
15	ChinaDaily	2017年5月8日	不仅仅是一个大型基建项目——看这位父亲如何向他的小天使介绍"一带一路" （Not just a massive infrastruture project — Watch how this father explains to his #LittleAngel about #BeltandRoad）

注：个人用户账号为数据库中脱敏处理后编号。

二 "一带一路"扩大投资规模

该主题内容聚焦"一带一路"倡议扩大投资规模的系列信息。2017 年中国围绕"一带一路"大规模追加投资，仅 2017 年第一季度，中国在共建"一带一路"国家的投资上升至 29.5 亿美元，并在北京组织召开了"一带一路"合作高峰论坛，从政府顶层进行了一系列的推动工作，其中 road、belt、forum、China、Beijing、summit、president、international、Hong Kong、cooperation、attend、bank、leader、deal、big、world、opening、billion、raise、send、country、meet、source、trillion、ceremony、held 等为热点关键词（见表 6-15）。

表 6-15　2017 年"一带一路"LDA 推文主题 2 代表性推文

序号	推特账号	推文时间	推文内容
1	XHNews	2017 年 3 月 27 日	中新"一带一路"倡议合作协议提供双赢模式 （China, New Zealand cooperation deal on #BeltandRoad Initiative offers win-win model）
2	XHNews	2017 年 7 月 28 日	"一带一路"倡议对人民币国际化有何益处？ （How will #BeltandRoad Initiative benefit RMB internationalization?）
3	XHNews	2017 年 5 月 12 日	2013 年至 2016 年，中国企业在共建"一带一路"国家投资超过 600 亿美元 （From 2013 to 2016, Chinese companies invested more than 60 billion dollars in countries along the #BeltandRoad）
4	XHNews	2017 年 5 月 24 日	中资银行加入全球支付创新倡议，助力"一带一路"建设 （Chinese banks join global payments innovation initiative to facilitate #BeltandRoad construction）
5	PDChina	2017 年 4 月 18 日	2017 年第一季度中国对共建"一带一路"国家投资增至 29.5 亿美元 （China's investment in #BeltandRoad countries rises to $2.95 billion in Q1 2017）
6	PDChina	2017 年 7 月 13 日	中国将向"一带一路"项目投入数万亿美元 （China to pour trillions into Belt and Road projects）
7	CGTNOfficial	2017 年 5 月 4 日	中国外交部：应中国国家主席邀请，越南国家主席陈大光将出席"一带一路"论坛 （MOFA: Vietnamese President Tran Dai Quang to attend #BeltandRoad Forum at invitation from Chinese President）

序号	推特账号	推文时间	推文内容
8	CGTNOfficial	2017年 5月11日	中国在非洲东部投资项目，促进该地区的资源流动和经济联系 (#BeltandRoad China invests in projects in eastern Africa to boost resource flows and economic bonds in the region)
9	pmln_org	2017年 5月14日	穆罕默德·纳瓦兹·谢里夫与世界各国领导人共同出席"一带一路"峰会 (Prime Minister Muhammad Nawaz Sharif along with world leaders at #BeltandRoad Summit)
10	Reuters	2017年 8月22日	消息人士称，中国建设银行为"一带一路"融资150亿美元 (China Construction Bank raising $15 billion in funding for Belt and Road deals：sources)

注：个人用户账号为数据库中脱敏处理后编号。

三 "一带一路"民心互通交流

该主题内容聚焦围绕共建"一带一路"国家之间的交流，信息的着手点从微观的人物和事件切入。其中 opportunity、science、country、make、watch、building、silk、focus、infrastructure、people、story、face、young、development、modern、feature、industry、university、world、launch、investment、firm、main、heart 等为热点关键词。信息主要来自中国主流媒体的报道（见表6-16）。

表6-16 2017年"一带一路"LDA推文主题3代表性推文

序号	推特账号	推文时间	推文内容
1	XHNews	2017年 5月6日	特别报道：两位外国青年的成长之路因中国投资而改变 (Feature：Two young foreigners' growing paths changed with Chinese investment)
2	XHNews	2017年 5月6日	特别报道："一带一路"倡议复兴古丝绸之路，两个外国人的中国梦成真 (A feature of two foreigners, whose China dream comes true as #BeltandRoad Initiative revives ancient Silk Road)
3	XHNews	2017年 5月5日	特别报道：哈萨克斯坦青年在现代丝绸之路上开创事业 (Feature：Young Kazakh building a career on modern Silk Road #BeltandRoad)

续表

序号	推特账号	推文时间	推文内容
4	XHNews	2017年5月5日	直播：骑骆驼在中国敦煌沙漠中穿越时空，重走古丝绸之路 （LIVE: Time travel on camel to ancient Silk Road in desert of China's Dunhuang. #BeltandRoad）
5	XHNews	2017年5月4日	"一带一路"如何改变全球生活？这里有普通人的故事 （How the Belt and Road is changing lives worldwide? Here are stories of normal people：#BeltandRoadInitiative）
6	XHNews	2017年5月3日	直播：走进莫高窟——丝绸之路沿线世界上最杰出的佛教艺术收藏 （LIVE: Inside Mogao Grottoes, world's most remarkable collection of Buddhist artalong #SilkRoad. #BeltandRoad）
7	XHNews	2017年4月29日	直播：在中国新疆见到世界上最纯种的马——阿哈尔捷金马 （Live：Meet the Akhal-Teke, world's most purebred horse, in #Xinjiang, #China #BeltandRoad）
8	XHNews	2017年7月25日	最受关注的直播时刻：熊猫电站。一家中国公司计划在共建"一带一路"国家建造100个熊猫形状的太阳能发电厂 （#MostWatched live moments：#Panda Power Plant! A Chinese firm plans to build 100 solar farms shaped like a panda along #BeltandRoad @ UNDP）
9	XHNews	2017年9月7日	17名阿富汗心脏病儿童在新疆乌鲁木齐接受中国医生免费治疗 （17 Afghan children with heart diseases receive free treatment by Chinese doctors in Urumqi, Xinjiang #BeltandRoad）
10	XHNews	2017年11月29日	随着"一带一路"高铁的开通，中国彩绘瓷器的发源地邛窑或将在"一带一路"下重现生机 （Qiong kiln, origin of China's painted porcelain, may be revived under #BeltandRoad, with launch of new #HighSpeedRail）
11	XHNews	2017年5月12日	我们在共建"一带一路"国家的24小时之旅：不同的人对倡议有不同的答案，以下是他们的故事 （Our #24 Hour tour on #BeltandRoad around the world：Different people have different answers to the initiative. Here are their stories）
12	XHNews	2017年5月11日	现场：共建"一带一路"国家学生用中医药缓解癌症症状 （#Live：Students from countries along the #BeltandRoad use traditional Chinese medicine to soothe cancer symptons）
13	XHNews	2017年5月10日	格林尼治标准时间6时45分，进入新华直播间，观看来自共建"一带一路"国家的医学生学习实践中国传统医学 （Join #XinhuaLive at 06：45 GMT to watch medical students from countries along the #BeltandRoad learn practice traditional Chinese medicine）

序号	推特账号	推文时间	推文内容
14	globaltimesnews	2017 年 5 月 14 日	体验一下共建 "一带一路" 国家的风味小吃：土耳其山羊奶酪比萨和果仁蜜饼 (Experience a quick taste from countries along the #BeltandRoad: Turkey Goat Cheese Pizza Baklava #MasteringChinapic)
15	PDChina	2017 年 2 月 26 日	中国将在共建 "一带一路" 国家推动动漫游戏产业的国际合作 (China to push int'l cooperation in the cartoon and game industry in countries along the #BeltandRoad)

注：个人用户账号为数据库中脱敏处理后编号。

四 "一带一路" 重大项目进展

该主题内容聚焦 "一带一路" 重大项目进展，其中 road、belt、China、project、initiative、trade、global、country、India、investment、invests、124bn、back、port、power、Asia、eye、launch、Russia、Malaysia、economic、Asian、boost、urge、rail、central、Pakistan、express、cooperation、Japan 等重大项目相关词为热点关键词。推文内容重点覆盖中国-老挝铁路项目、马来西亚铁路项目、中亚天然气进口项目、蓝色经济通道建设、中欧班列、中国在 "一带一路" 上投资金额阶段性报告等（见表6-17）。

表6-17 2017 年 "一带一路" LDA 推文主题 4 代表性推文

序号	推特账号	推文时间	推文内容
1	XHNews	2017 年 4 月 22 日	"要想富，先修路" ——老挝官员称赞 "一带一路" 中老铁路项目 ("If you want to get rich, build railway first"-Lao official lauds #BeltandRoad, China-Laos railway project)
2	XHNews	2017 年 4 月 22 日	着眼于基础设施，"一带一路" 倡议正将中国建筑商的技术带向全球 (With eyes on infrastructure, #BeltandRoad initiative is taking China constructors technology around the world)
3	XHNews	2017 年 7 月 27 日	斯里兰卡外交部部长称赞 "一带一路" 倡议，欢迎中国投资 (Sri Lankan FM lauds Belt and Road Initiative, welcomes Chinese investment)

续表

序号	推特账号	推文时间	推文内容
4	XHNews	2017 年 8 月 9 日	"一带一路"倡议的旗舰项目！中国建造的 688 公里特大铁路在马来西亚开工建设 （Flagship project under the #BeltandRoad Initiative! China-built 688-km mega railway begins construction in Malaysia）
5	XHNews	2017 年 9 月 22 日	从上往下看：中国西北部的主要"一带一路"高速铁路 （Viewed from above：Major "Belt and Road" high-speed railway in northwest China）
6	XHNews	2017 年 11 月 19 日	中国从中亚进口更多天然气。今年前 10 个月，通过天然气管道进口的天然气超过 320 亿立方米 （China importing more natural gas from central Asia. Over 32 bln cubic meters of natural gas imported via gas pipelines in first 10 months of this year #BeltandRoad）
7	XHNews	2017 年 6 月 19 日	中国提出建设三条连接亚洲与非洲、大洋洲和欧洲的海洋蓝色经济通道 （China proposes to build 3 ocean-based blue economic passages linking Asia with Africa, Oceania, Europe #BeltandRoad）
8	XHNews	2017 年 5 月 13 日	参加北京论坛的韩国代表团团长表示，"一带一路"是促进欧亚大陆繁荣的伟大倡议 （#BeltandRoad is great initiative for prosperity in Eurasian continent, says S. Korean chief delegate to Beijing forum）
9	PDChina	2017 年 4 月 17 日	"一带一路"：出口货物列车从中国成都开往波兰罗兹。这是 2017 年成都开出的第 125 列中欧班列（环球时报） [# BeltandRoad：Export cargo train left China's Chengdu to Poland's Lodz. It's the 125th China-EU train leaving Chengdu in 2017（Global Times）]
10	PDChina	2017 年 11 月 27 日	尼泊尔在"一带一路"倡议下确定了 3 个潜力项目，即跨境铁路、输电线路和灌溉项目 （Nepal identifies 3 potential projects to be implemented under #BeltandRoad Initiative, including a cross-border railway, an electricity transmission line, and an irrigation project）
11	PDChina	2017 年 6 月 20 日	中国提出三条基于海洋的"蓝色经济通道"，连接亚洲与非洲、大洋洲和欧洲 （China proposes 3 ocean-based "blue economic passages" to connect Asia with Africa, Oceania, Europe）
12	CGTNOfficial	2017 年 12 月 21 日	"一带一路"：泰中铁路正在建设中 （#BeltandRoad：Thailand-China railway under construction）
13	ReutersChina	2017 年 5 月 17 日	商务部：1~4 月中国在共建"一带一路"国家投资 39.8 亿美元 （China invests $ 3.98 billion in Belt and Road countries over Jan-April：commerce ministry）

续表

序号	推特账号	推文时间	推文内容
14	BBCNewsAsia	2017 年 5 月 14 日	中国向"一带一路"全球贸易项目投资 1240 亿美元 （China invests ＄124bn in Belt and Road global trade project）
15	4317	2017 年 5 月 14 日	马来西亚总理："一带一路"成果丰硕，建立了合作共赢模式 （Malaysia Prime Minister：The Belt and Road fruitful establish a win-win cooperation model）

注：个人用户账号为数据库中脱敏处理后编号。

五 "一带一路"多角度阐释

该主题内容聚焦"一带一路"倡议的初衷、主旨、内涵等多种阐释和多视角解读。其 road、belt、initiative、China、latest、cooperation、plan、world、project、daily、India、economic、benefit、join、business、silk、opportunity、role、open、rt、infrastructure、Nepal、win、development、Chinese、Africa、global、expert、Europe、president 等与项目建设效果和愿景相关的词为热点关键词。"一带一路"阐释的视角有中国的视角、共建国家的视角、域外重要国家的视角、国际组织的视角以及专家学者的视角（见表6-18）。

表 6-18　2017 年"一带一路"LDA 推文主题 5 代表性推文

序号	推特账号	推文时间	推文内容
1	XHNews	2017 年 1 月 28 日	聚焦：专家称"一带一路"倡议将重塑世界经济 （Spotlight：#BeltandRoad Initiative to reshape world economy, expert says）
2	XHNews	2017 年 4 月 20 日	官员表示，埃及欢迎"一带一路"倡议，倡议将促进埃及 与中国之间的双赢伙伴关系 （Official：Egypt "welcomes the Belt and Road Initiative", which is set to boost win-win partnership between Egypt and China）
3	XHNews	2017 年 5 月 8 日	肯尼亚"一带一路"倡议下的一个铁路项目将使货运成本 降低 40% （A railway project in Kenya under #BeltandRoad Initiative will lower freight transportation costs by 40%）
4	XHNews	2017 年 5 月 6 日	法国前总理让-皮埃尔·拉法兰："一带一路"倡议是一项 "全球计划" （Belt and Road Initiative is "a global plan"：French ex-PM Jean-Pierre Raffarin）

续表

序号	推特账号	推文时间	推文内容
5	XHNews	2017年4月29日	土耳其亚太研究中心主任塞尔丘克·乔拉克奥卢："一带一路"倡议将促进全球化和地区一体化 (Belt and Road Initiative to promote globalization, regional integration: Turkish expert Selcuk Colakoglu)
6	XHNews	2017年7月4日	联合国副秘书长阿明娜·穆罕默德：联合国欢迎"一带一路"倡议在非洲一体化中发挥作用 (UN welcomes role of Belt and Road initiative in Africa's integration: UN Deputy SG @ AminaJMohammed)
7	XHNews	2017年6月30日	澳大利亚中国工商业委员会首席执行官：澳大利亚小企业应充分利用"一带一路"机遇 (Aussie small businesses should make most of #BeltandRoad opportunities: Australia-China Business Council CEO)
8	XHNews	2017年7月22日	专家：尼泊尔参与"一带一路"倡议迎来新机遇 (Nepal's participation in #BeltandRoad Initiative opens up new opportunities: experts)
9	XHNews	2017年6月23日	越南专家："一带一路"倡议将惠及越南 (Belt and Road Initiative will benefit Vietnam: Vietnamese expert)
10	XHNews	2017年10月30日	专家："一带一路"倡议将使东南亚国家受益匪浅，尤其是在基础设施建设方面 (China's #BeltandRoad to greatly benefit Southeast Asian nations especially in infrastructure development: experts)
11	XHNews	2017年5月16日	为什么"一带一路"倡议对世界至关重要？了解高级官员和专家的观点 (Why the Belt and Road Initiative matters to world? Get opinions from senior officials and experts)
12	XHNews	2017年5月13日	中国企业在20多个共建"一带一路"国家设立56个经济合作区，创造18万个就业岗位 (Chinese companies set up 56 economic cooperation zones in more than 20 #BeltandRoad countries, generating 180000 jobs for them)
13	XHNews	2017年5月13日	老挝国家主席："一带一路"倡议为参与者带来实实在在的利益 (Belt and Road Initiative "brings tangible benefits to participants": Lao president)
14	Forbes	2017年9月16日	小企业可能从中国发起的"一带一路"项目中获益最多 (Small businesses may stand to profit the most from China's Belt and Road projects)
15	CGTNOfficial	2017年12月15日	英国希望与中国加强"一带一路"倡议合作 (Britain eyes closer #BeltandRoad Initiative cooperation with China)

注：个人用户账号为数据库中脱敏处理后编号。

六 "一带一路"公益性讨论

该主题内容聚焦"一带一路"倡议的公益属性，其中 project、medium、company、boost、risk、fund、financial、impact、green、talk、plan、helping、strategic、report、join、eye、global、target、citigroup 是热点关键词。该主题对"一带一路"政治化、"一带一路"绿色经济、"一带一路"债务问题、"一带一路"金融风险等话题有较多讨论（见表6-19）。

表6-19　2017年"一带一路"LDA推文主题6代表性推文

序号	推特账号	推文时间	推文内容
1	XHNews	2017年5月8日	中国农民在"一带一路"上修建绿色通道 （Chinese farmers build green path on #BeltandRoad）
2	XHNews	2017年6月28日	直播：加入我们，与普华永道高级合伙人吴大伟就中国经济进行对话 （LIVE：Join us to talk to PwC senior partner David Wu on Chinese economy，#BeltandRoad）
3	XHNews	2017年8月31日	减少燃料消耗！中国计划在2017年建造6艘货轮，开辟北极至欧洲的海上航线 （Less fuel consumption！China plans 6 cargo ships to ply arctic sea route to Europe in 2017 #BeltandRoad）
4	XHNews	2017年11月19日	中国官方：澳大利亚的北部开发计划与中国的"一带一路"倡议具有很强的共通性和契合性，为中澳投资合作提供了良好机遇 （Australia's plan to develop its north and China's Belt and Road Initiative have strong commonality and alignment，thus providing good opportunities for Sino-Australian investment cooperation：Chinese official）
5	XHNews	2017年5月12日	共建国当地人眼中的"一带一路" （#BeltandRoad in eyes of locals in participating countries）
6	UNIDO	2017年10月2日	"一带一路"倡议：以全球合作促进本地影响。连接城市以实现包容性可持续发展 （Belt and Road Initiative：A global effort for local impact. Connecting cities for inclusive sustainable development）
7	PDChina	2017年5月29日	中国考虑设立"一带一路"绿色发展基金 （China mulls setting up #BeltandRoad green development fund）
8	PDChina	2017年9月15日	中国将与共建"一带一路"国家携手防治荒漠化 （China will join hands countries taking part in the #BeltandRoad Initiative to fight against desertification）

第四节　2018年文档主题模型聚类

2018年"一带一路"倡议推文主题主要为"一带一路"项目推动与进展、"一带一路"基建类项目互通、"一带一路"建设阶段性成果、"一带一路"顶层合作动态、"一带一路"良性发展意见和"一带一路"引发国际兴趣（见表6-20）。

表6-20　"一带一路"2018年社交媒体内容主题关键词

主题	关键词
主题1	opportunity, Chinese, Hong, Kong, future, minister, country, company, business, year, global, benefit, top, foreign, open, market, trade, shared, prime, people, today, construction, real, group, export, wang, community, city, link
主题2	road, belt, China, initiative, international, silk, news, push, university, today, issue, special, green, court, dispute, collapse, century, soviet, union, TDM, panel, Chinese, event, week, join, program, centre, report, digital, forward
主题3	world, great, Russia, economic, interest, Trump, law, stop, good, future, international, security, make, prosperity, huge, part, work, friend, global, article, chief, life, culture, power, integration, industry
主题4	road, belt, China, initiative, plan, country, infrastructure, project, trade, Pakistan, economic, Asia, development, investment, global, military, BRI, take, Europe, turn, Chinese, part, Africa, east, corridor, silk, world, route, growth, boost
主题5	road, belt, China, initiative, project, Chinese, country, debt, world, latest, risk, infrastructure, Malaysia, investment, read, impact, support, policy, bri, ahead, massive, post, daily, Asia, port, Indian, year, major, good, term
主题6	belt, road, China, initiative, cooperation, president, debt, country, Chinese, Africa, win, trap, world, Beijing, forum, development, visit, African, establish, sign, signed, state, opportunity, UK, nation, relation, imf, tie, American, support

一　"一带一路"项目推动与进展

该主题内容主要聚焦"一带一路"倡议重大项目取得的成果以及中国与共建各国政府推动"一带一路"建设的政策与措施。其中 opportunity、Chinese、Hong Kong、future、minister、country、company、business、global、benefit、top、foreign、open、market、trade、shared、prime、people、construction、real、group、export、community、city 等是热点关键词。推文中主要提及领导人的呼吁、谅解备忘录的商定、联合声明的发布、贸易协定的签署、政府官员的邀请、重大项目的落地等（见表 6-21）。

表 6-21 2018 年"一带一路"LDA 推文主题 1 代表性推文

序号	推特账号	推文时间	推文内容
1	XHNews	2018 年 11 月 20 日	最新消息：中菲关系提升至全面战略合作关系，并签署共同推进"一带一路"建设谅解备忘录（#BREAKING：China, Philippines lift ties to comprehensive strategic cooperation relations, sign MOU to jointly advance #BeltAndRoad construction）
2	XHNews	2018 年 11 月 19 日	亚太经合组织专家表示，"一带一路"倡议涉及巨大的市场和广阔的合作空间，所有成员都可以参与其中并从中受益（The #BeltandRoad "involves a huge market and vast space for cooperation that allow all members to participate in and benefit from the initiative," says an APEC expert）
3	XHNews	2018 年 12 月 3 日	葡萄牙专家表示，葡萄牙对中国提出的"一带一路"倡议有浓厚的兴趣（Portugal has well-grounded interests in the China-proposed #BeltandRoad Initiative, said Portuguese experts）
4	XHNews	2018 年 5 月 14 日	心连心，城共建——中国与斯里兰卡合作开发科伦坡港口城（Hearts bound together, city built together—China, Sri Lanka co-develop Colombo Port City #BeltandRoad）
5	globaltimesnews	2018 年 1 月 31 日	英国首相特雷莎·梅与中国签了 90 亿英镑的新贸易协议，并对"一带一路"倡议提供的机遇表示欢迎（British PM @Theresa_May signs ￡9 billion in new trade deals with China and welcomes the opportunities offered in Belt and Road Initiative）
6	PDChina	2018 年 8 月 28 日	中国外交部发言人周二表示，中国和希腊外长周一签署了谅解备忘录，以共同推进"一带一路"建设［Chinese and Greek foreign ministers on Monday signed a Memorandum of Understanding (MOU) to jointly advance the construction of the #BeltandRoad, Foreign Ministry spokesperson said on Tuesday, adding that the signing of the MOU is significant to bilateral relations］
7	ChinaDaily	2018 年 11 月 22 日	哈萨克斯坦总统呼吁通过加强政策协调和更深入的合作，加强丝绸之路经济带与哈萨克斯坦"光明之路"倡议之间的对接（President called for enhanced alignment between the Silk Road Economic Belt and Kazakhstan's Bright Road initiative through stronger policy coordination and more thorough cooperation）

序号	推特账号	推文时间	推文内容
8	ChinaDaily	2018年7月21日	过去五年,中国与非洲国家共同努力,共建"一带一路",构建更加紧密的中非命运共同体。让我们来看看中非合作项目(In the past five years, China and African nations have made concerted efforts in building the #BeltandRoad and a closer China-Africa community with a #sharedfuture. Let's look at the China-Africa cooperation projects)
9	CPEC_Official	2018年11月24日	中国代表团访问拉瓦尔品第工商会,探索中巴经济走廊下的新商机[A Chinese delegation visited the Rawalpindi Chamber of Commerce and Industry (#RCCI) in order to explore new business opportunities under the China-Pakistan Economic Corridor]
10	CPEC_Official	2018年9月28日	巴基斯坦财政部部长阿萨德·乌马尔邀请一批科威特商人前来考察投资机会,特别是在中巴经济走廊的石油和天然气领域(The Minister for #Finance, Asad Umar, invited a group of Kuwaiti businessmen to seek investment opportunities, especially in the oil and gas sector of #CPEC)
11	CGTNOfficial	2018年8月27日	新闻现场:南亚区域合作组织就"一带一路"倡议举行新闻发布会,主题为过去五年的进展和未来展望(Live:SCIO presser on Belt and Road Initiative, themed progress in the past five years and future outlook)
12	CaexpoOnline	2018年12月10日	今年是广西壮族自治区成立60周年。广西利用其陆海联运的诸多优势,启动了中国-东盟博览会等项目,推动了东盟贸易的发展(This year marks the 60th anniversary of the establishment of Guangxi Zhuang autonomous region. Guangxi has boosted its #ASEAN trade by making use of its many land and sea links and launching projects such as the #CAEXPO. #Guangxi60YearsOn #ChinaASEAN #BeltandRoad)
13	PlanCom Pakistan	2018年7月27日	中巴经济走廊是"一带一路"倡议的旗舰项目,为整个地区提供了新的机遇,而巴基斯坦是主要受益者之一[#CPEC is a flagship project of Belt and Road Initiative (#BRI) which opens up new vista of corresponding opportunities for the whole region, with #Pakistan being one of the prime beneficiaries]
14	Chinaembmanila	2018年11月21日	中菲两国发表联合声明,就"一带一路"建设开展合作,并同意在菲律宾总统对中国进行国事访问期间讨论海上合作问题(China and the Philippines issued a joint statement, stipulating cooperation on the Belt and Road construction and agreeing to discuss maritime cooperation during President's state visit to the country)

续表

序号	推特账号	推文时间	推文内容
15	6877	2018 年 1 月 17 日	720 兆瓦的卡洛特水电项目是"一带一路"倡议下实施的第一个水电项目。该项目是中石化参与"一带一路"倡议的重点项目之一，同时也是中国企业在海外最大的绿色实地投资项目 (The 720 MW Karot hydropower project is the first HP project implemented under the Belt and Road Initiative. It is also one of the priority projects of the CPEC and the largest green field investment project ever undertaken overseas by a Chinese company)

注：个人用户账号为数据库中脱敏处理后编号。

二　"一带一路"基建类项目互通

该主题内容聚焦"一带一路"倡议重大基建类项目的进展与成果。其中 road、belt、China、initiative、international、silk、news、push、university、today、issue、special、green、court、dispute、collapse、century、soviet、union、TDM、panel、Chinese、event、week、join、program、centre、report、digital、forward 等是代表性关键词。推文重点关注"一带一路"以铁路、高铁为代表的基建类项目的互通工程建设，并涵盖河道工程、公共服务、制造业和现代农业等项目（见表6-22）。

表6-22　2018 年"一带一路"LDA 推文主题 2 代表性推文

序号	推特账号	推文时间	推文内容
1	CSIS	2018 年 3 月 6 日	铁路是"一带一路"倡议的一大特色，该倡议旨在通过 1 万亿美元的新建基础设施和贸易协议，将世界与北京连接起来 (Railways are a major feature of China's Belt and Road Initiative, aiming to connect the world with Beijing through $1 trillion of new infrastructure and trade agreements)
2	XHNews	2018 年 4 月 28 日	又一条"一带一路"货运铁路开通！连接中国河北和比利时安特卫普 (Another #BeltandRoad freight rail service is launched! It links China's Hebei to Belgium's Antwerp)
3	XHNews	2018 年 3 月 9 日	中国提出的"一带一路"倡议在世界范围内获得越来越多的认可 (China-proposed #BeltandRoad Initiative gains more and more recognition worldwide. For more details)

续表

序号	推特账号	推文时间	推文内容
4	XHNews	2018年 11月18日	中国建造的石化综合体将于2019年上半年在文莱启用 （Chinese-built petrochemical complex to be launched in Brunei by first half of 2019 #BeltandRoad）
5	XHNews	2018年 12月26日	中国提出的"一带一路"倡议为亚太地区的经济发展和一体化提供了动力，同时也为共建各国人民带来了实实在在的利益 （China's Belt and Road Initiative offers impetus to economic development and integration in Asia Pacific，while bringing tangible benefits to peoples along the route）
6	XHNews	2018年 8月12日	哈萨克斯坦首个轻轨项目由中国公司承建 （Kazakhstan's first light rail project is being constructed by Chinese companies）
7	XHNews	2018年 8月27日	《每日中国》简报8月28日重点内容：中国目前是世界上25个国家的最大贸易伙伴 （#DailyChinaBriefing on Aug. 28 features：1. China now is the largest trade partner for 25）
8	XHNews	2018年 9月11日	有4层楼那么高，中国制造的超大型隧道掘进机正在孟加拉国组装，将用于河道隧道工程 （As high as a 4-story building. Chinese-made ultra-large tunnel boring machine being assembled in Bangladesh，to be used for river tunneling project）
9	XHNews	2018年 5月15日	从渔村小镇到主要贸易枢纽：巴基斯坦瓜达尔在"一带一路"倡议下志存高远 （From tiny fishing town to major trade hub：Pakistan's Gwadar aims high under #BeltandRoad）
10	CGTNOfficial	2018年 11月27日	从古代到现代：中国与西班牙期待在"一带一路"框架下建立更紧密的关系 （From the ancient to the modern：#China and Spain eye closer ties under the Belt and Road）
11	CGTNOfficial	2018年 8月31日	中国欢迎塞舌尔参与共建"一带一路" （China welcomes Seychelles to jointly build Belt and Road）
12	CGTNOfficial	2018年 9月4日	世界上最长的铁路连接 （The world's longest rail link #BeltandRoad）
13	CGTNOfficial	2018年 9月10日	直播：2018"一带一路"媒体共同体高峰论坛开幕式 （Live：Opening ceremony of 2018 Belt and Road Media Community Summit Forum #BeltandRoad）

序号	推特账号	推文时间	推文内容
14	8114	2018 年 9 月 1 日	索马里签署并坚定支持"一带一路"倡议，促进战略合作伙伴关系，推动包容性发展 (#Somalia signed and firmly supports the Belt and Road Initiative that foster strategic cooperative partnership for the advancement of inclusive development)
15	16621	2018 年 6 月 5 日	从 1899 年我国有了第一辆电动有轨电车，到 2018 年首届"一带一路"高峰论坛在北京举办，这是伟大合作和自由贸易的有力例证，真的为我们的悠久历史感到自豪 (From the first electric streetcar in 1899 to the first #BeltAndRoad Summit in 2018-all in #Beijing. A powerful example of great collaboration and free trade. Really proud of our long history in #China)

注：个人用户账号为数据库中脱敏处理后编号。

三 "一带一路"建设阶段性成果

该主题内容聚焦"一带一路"倡议重大项目取得的阶段性成果、项目建设亮点以及阶段性"一带一路"倡议总结。其中 world、great、Russia、economic、interest、Trump、law、stop、good、future、international、security、make、prosperity、huge、part、work、friend、global、article、chief、life、culture、power、integration、industry 等是代表性关键词。主要包括以中欧班列为代表的铁路项目、电厂建设、经贸合作、港口开发、中巴经济走廊、项目投资等相关话题（见表6-23）。

表6-23 2018 年 "一带一路" LDA 推文主题 3 代表性推文

序号	推特账号	推文时间	推文内容
1	XHNews	2018 年 11 月 1 日	中老铁路再获突破：第一条超过 1000 米长的隧道钻通 (Another breakthrough in China-Laos railway：First tunnel longer than 1000 meters drilled through)
2	XHNews	2018 年 2 月 25 日	"一带一路"倡议中国帮助约旦开发页岩油。一座大型电厂正在建设中，预计于 2020 年投入使用 (#BeltandRoad Initiative helps Jordan tap into shale oil. Huge power plant being built，to be operational in 2020)
3	XHNews	2018 年 11 月 26 日	世界上最长的铁路线开通四周年！中欧"丝绸之路"班列加强中欧合作 (World's longest rail link marks 4th anniversary！#BeltandRoad train enhances cooperation between China，Europe)

续表

序号	推特账号	推文时间	推文内容
4	XHNews	2018年 7月21日	中欧"丝绸之路"铁路网发展迅速!在过去5年中,已有1200多列货运列车往返于中国中部的郑州和欧洲之间。在"一带一路"倡议下,还将有更多的列车开行 (The China-Europe "Silk Road" rail network is growing fast! 1200+ freight trains have run between central China's Zhengzhou and Europe over the past 5 years. More to come under the #BeltandRoad Initiative)
5	PDChina	2018年 8月27日	官方数据显示,过去5年,中国在共建"一带一路"国家的82个经贸合作区投资近290亿美元,为当地创造了24.4万个就业岗位 (In the past 5 years, China has invested nearly $29 billion in 82 economic and trade cooperation zones in countries along the #BeltandRoad, creating 244000 jobs in local regions: official data)
6	PDChina	2018年 9月15日	中国"天恩"号货轮周六抵达瑞典海纳桑德港,完成了其首次北极之旅,为欧洲运送风电设备。中国愿意根据北极政策与其他国家合作建设极地丝绸之路,这是"一带一路"倡议的一部分 (Chinese cargo ship Tian En arrived Sat at Swedish port of Harnosand, concluding its maiden Arctic tour to deliver wind power equipment to Europe. China is willing to cooperate with others to build Polar Silk Road, part of Belt and Road Initiative, according to its Arctic policy)
7	ChinaDaily	2018年 4月28日	新的"一带一路"货运铁路服务启动!连接中国河北和比利时安特卫普 (New Belt and Road freight rail service launched! It links China's Hebei to Belgium's Antwerp)
8	CPEC_Official	2018年 11月21日	瓜达尔深海港即将升级,预计将新增五个泊位,确保水深16米,以容纳更大的船只 (The deep sea-port of #Gwadar is all set to be upgraded, as five new berths are expected to be added which will ensure a 16 m depth to accommodate bigger ships)
9	CGTNOfficial	2018年 1月22日	关于"一带一路":您对中国和塞浦路斯之间的贸易了解多少? ("On the #BeltandRoad": What do you know about trade between #China and #Cyprus?)
10	CGTNOfficial	2018年 4月3日	新闻现场:中国外交部举办丝绸之路主题艺术展 (Live: Silk Road-themed art exhibition at the Chinese Foreign Ministry #BeltandRoad)

四 "一带一路"顶层合作动态

该主题内容聚焦"一带一路"倡议国家层面的顶层合作动态,特别是中国与共建"一带一路"国家重要领导人的态度与政府政策。其中 road、belt、China、initiative、plan、country、infrastructure、project、trade、Pakistan、economic、Asia、development、investment、global、military、BRI、take、Europe、turn、Chinese、part、Africa、east、corridor、silk、world、route、growth、boost 等是代表性关键词。重点话题覆盖日本、希腊、奥地利、拉美、卢旺达、阿布扎比等国家和地区的涉及"一带一路"合作,以及联合国官员关于"一带一路"倡议的观点(见表6-24)。

表6-24 2018年"一带一路"LDA推文主题4代表性推文

序号	推特账号	推文时间	推文内容
1	BeltandRoad Desk	2018年12月30日	中日在"一带一路"倡议中的合作是真正的双赢,不仅对两国,对"一带一路"倡议伙伴国也是如此。在明年4月即将召开的北京"一带一路"论坛上,期待日本深度参与(China Japan cooperation in BRI is truly win-win, not only for both countries, but for BRI partner countries as well. Expect large turn out of Japanese cooperations in the forthcoming Beijing Belt and Road Forum next April)
2	XHNews	2018年5月6日	希腊经济与发展部副部长表示,希腊在"一带一路"倡议中看到了巨大的前景和希望,并声称希腊将在欧中合作中发挥关键作用(Greece sees great prospects and hope in the Belt and Road Initiative and claims a key role in cooperation between Europe and China, says Greek Economy and Development Deputy Minister)
3	XHNews	2018年4月27日	奥地利总统:首趟中欧货运班列抵达奥地利,我们真心希望这趟班列是中奥两国更紧密合作的第一步(First China-Europe freight train arrives in Austria; "We really hope this train is the first step of closer cooperation between China and Austria," says Austrian president #BeltandRoad)
4	XHNews	2018年6月13日	联合国大会主席表示,中国倡导的"一带一路"倡议是对可持续发展目标和多边主义的承诺(China's #BeltandRoad Initiative is a commitment to SDGs, multilateralism, UN General Assembly president says)
5	XHNews	2018年7月22日	卢旺达总统称卢旺达与中国关系更紧密,"一带一路"倡议促进世界发展(Rwandan president says Rwanda-China ties stronger, Belt and Road Initiative promotes world development)

序号	推特账号	推文时间	推文内容
6	XHNews	2018年8月30日	联合国官员称,"一带一路"倡议可大幅降低中非贸易成本(#BeltandRoad Initiative could significantly reduce costs of doing business for China, Africa, UN official says)
7	XHNews	2018年9月4日	乌干达总统称"一带一路"倡议对非洲快速发展至关重要(Ugandan president says Belt and Road Initiative critical to Africa's fast-track development)
8	CGTNOfficial	2018年5月8日	阿布扎比希望加入中国提出的"一带一路"倡议(Abu Dhabi wants join China's #BeltandRoad Initiative)
9	CGTNOfficial	2018年8月28日	中国-希腊谅解备忘录的签署对两国和"一带一路"倡议均有益处(China-Greece MOU benefits both countries and the #BeltandRoad Initiative)
10	CGTNOfficial	2018年8月27日	共建"一带一路"是中国和希腊的共同机遇(Joint building of #BeltandRoad the common opportunity for China, Greece)

五 "一带一路"良性发展意见

该主题内容聚焦"一带一路"倡议重大项目取得的成果以及中国与共建各国政府推动"一带一路"建设的政策与措施。其中 road、belt、China、initiative、project、Chinese、country、debt、world、latest、risk、infrastructure、Malaysia、investment、read、impact、support、policy、BRI、ahead、massive、post、daily、Asia、port、Indian、major、good、term 等是代表性关键词。推文主要覆盖中小企业在"一带一路"倡议下共同发展、"一带一路"倡议进一步促进合作措施、基于"一带一路"倡议创建全球基础设施网络、"一带一路"倡议金融方案、"一带一路"倡议研讨会等话题(见表6-25)。

表6-25 2018年"一带一路"LDA推文主题5代表性推文

序号	推特账号	推文时间	推文内容
1	XHNews	2018年4月28日	鼓励中国和南亚国家中小企业在"一带一路"倡议下共同发展(Small, medium-sized enterprises from China, South Asian countries encouraged to develop together under Belt and Road Initiative)

续表

序号	推特账号	推文时间	推文内容
2	XHNews	2018年 3月11日	中国商务部部长：中国将采取进一步措施促进"一带一路"倡议下的合作 （China will take further measures to boost cooperation under the #BeltandRoad Initiative：Commerce Minister）
3	XHNews	2018年 1月27日	聚焦：达沃斯与会者关注"一带一路"，追求共同未来 （Spotlight：Davos participants eye Belt and Road in pursuing a shared future）
4	PDChina	2018年 5月10日	专家们在周三于北京举行的研讨会上指出，"一带一路"倡议吸引了近70个国家和多边国际组织的参与，创造了巨大的机遇，中小企业应参与其中 （The #BeltandRoad Initiative has engaged almost 70 countries and multilateral international organizations，creating a huge opportunity that small and medium-sized enterprises should also participate in，experts noted at a seminar in #Beijing on Wed）
5	PDChina	2018年 2月6日	据新华社报道，12家中国公司将在阿布扎比投资8亿多美元开发工业园区，创造2000多个就业岗位 （12 Chinese companies will invest more than \$800 million in a #BeltandRoad project to develop an industrial park in Abu Dhabi，creating more than 2000 jobs，Xinhua reports）
6	merics_eu	2018年 6月18日	"一带一路"倡议的布局：中国通过使用、收购和建设铁路、港口和管道，打造全球基础设施网络 （Mapping the #BeltandRoad Initiative：How #China uses，acquires and builds railroads，ports and pipelines to create a global infrastructure network）
7	CPEC_ Official	2018年 11月5日	阿萨德·乌马尔正在与中国就一揽子金融方案和长期合作伙伴关系进行会谈 （Negotiations are underway with China for a financial package and a long-term partnership：#AsadUmar#CPEC #BeltAndRoad #BRI）
8	hktdc	2018年 6月27日	泰国副总理桑基德·贾图斯里皮塔克："一带一路"倡议将有助于泰国经济的发展 （Thailand's Deputy Prime Minister Somkid Jatusripitak：the #BeltandRoad Initiative will help the development of #Thailand's economy）
9	CGTNOfficial	2018年 1月26日	关于"一带一路"：中国直播应用程序促进了埃及的跨文化交流 （On the #BeltandRoad：Chinese live-streaming app boosts cross-cultural exchanges in Egypt）
10	CGTNOfficial	2018年 9月9日	专家："一带一路"合作降低货币风险，促进贸易发展 （Expert：#BeltandRoad cooperation lowers currency risks，boosts trade）

六 "一带一路" 引发国际兴趣

该主题内容聚焦 "一带一路" 倡议重大项目取得的成果以及中国与共建各国政府推动 "一带一路" 建设的政策与措施。其中 belt、road、China、initiative、cooperation、president、debt、country、Chinese、Africa、win、trap、world、Beijing、forum、development、visit、African、establish、sign、state、opportunity、UK、nation、relation、imf、tie、American、support 等是代表性关键词。推文内容主要覆盖 "一带一路" 倡议的积极影响、"一带一路" 倡议法律风险防范、"一带一路" 倡议投资计划评价、"一带一路" 倡议的贫困治理、"一带一路" 倡议与世界安全等话题 (见表6-26)。

表6-26 2018年 "一带一路" LDA 推文主题6代表性推文

序号	推特账号	推文时间	推文内容
1	XHNews	2018年11月25日	"一带一路" 倡议为何能产生积极影响? 牛津大学历史学教授、畅销书《丝绸之路》的作者彼得·弗兰科潘分享了他的观点 (Why can BR Initiative have positive impact? Peter Frankopan, Oxford history professor and author of bestseller The Silk Roads: A New History of the World, shares his view #BeltandRoad)
2	PDChina	2018年6月28日	从下周起,英国与中国第四大城市成都之间唯一的直飞航班将开通。中国提出的 "一带一路" 倡议推动了这一发展,该倡议旨在刺激亚洲及亚洲以外地区的贸易和经济增长 (From next week, the UK's only direct flight between the UK and China's 4th biggest city Chengdu will launch. This development is boosted by China's #BeltandRoad, an initiative to stimulate trade and economic growth across Asia and beyond)
3	PDChina	2018年8月28日	中国国家发展和改革委员会副主任宁吉喆在 "一带一路" 国际合作高峰论坛上表示,中国将加强法律风险防控,启动 "一带一路" 倡议争端解决机制和机构建设 [China shall strengthen legal risk prevention and control, and initiate the establishment of the Belt and Road Initiative (#BRI) dispute settlement mechanism and institutions, vice chairman of the National Development and Reform Commission Ning Jizhe said on]
4	ChinaDaily	2018年4月28日	"一带一路" 倡议鼓励中国和南亚国家的中小企业共同发展 (Small and medium-sized enterprises from China and South Asian countries have been encouraged to grow together under the #BeltandRoad Initiative)

续表

序号	推特账号	推文时间	推文内容
5	ChinaDaily	2018 年 11 月 3 日	"一带一路"绿色发展联盟引起国际关注（Belt and Road green development coalition draws intl interest）
6	ChinaDaily	2018 年 7 月 24 日	参加"丝绸之路经济带"沿线国家媒体专业人员研讨会的外国编辑和记者参观了去年九月在乌鲁木齐投入使用的新疆伊斯兰学院新校区（Foreign editors and reporters taking part in a seminar for media professionals from countries along the Silk Road Economic Belt visited the new campus of the Xinjiang Islamic Institute, which was put into use in Urumqi last September）
7	CPEC_Official	2018 年 12 月 4 日	经济学家和分析家对中国计划在巴基斯坦投资新项目表示赞赏（Economist and analysts have praised China's plan for phenomenal investments in fresh projects in Pakistan）
8	CPEC_Official	2018 年 11 月 30 日	中巴经济走廊将对伊朗、阿富汗、斯里兰卡、印度、中亚地区和本地区产生积极影响（#CPEC to have a positive impact on Iran, Afghanistan, Sri Lanka, India, CARs and the region）
9	CGTNOfficial	2018 年 4 月 13 日	未来愿景："一带一路"倡议是实现共同繁荣的答案吗？（Visions for the future: Is #BeltandRoad Initiative the answer to achieve common prosperity?）
10	13897	2018 年 3 月 19 日	在深圳度过了美好的一天，这是我 9 天中国之行的第一站。有很多事情要讨论，包括金融科技、绿色金融和"一带一路"方面的合作（Great day in #Shenzhen, the first stop on my 9 day visit to China. Plenty to discuss, including collaboration in fintech, green finance and #BeltandRoad）

注：个人用户账号为数据库中脱敏处理后编号。

第五节　2019 年文档主题模型聚类

2019 年"一带一路"倡议推文主题主要有四个，分别为"一带一路"对世界经济贡献、"一带一路"大项目建设情况、"一带一路"多渠道交流沟通和"一带一路"具体合作与示范（见表6-27）。

表 6-27　"一带一路"2019 年社交媒体内容主题关键词

主题	关键词
主题 1	road, belt, China, initiative, project, plan, world, country, Italy, join, Pakistan, e-conomic, BRI, global, India, infrastructure, Chinese, Asia, development, Europe, in-vestment, strategic, port, military, south, EU, European, sign, Japan, nation
主题 2	road, belt, initiative, China, cooperation, international, country, Chinese, forum, eco-nomic, opportunity, development, BRI, people, conference, Hong, Kong, research, trade, business, talk, Pacific, center, future, year, university, TDM, great
主题 3	road, belt, China, forum, initiative, Beijing, president, Italy, summit, minister, to-day, debt, India, deal, time, sign, April, attend, join, post, link, Chinese, top, project, prime, support, week, Trump
主题 4	road, belt, China, initiative, project, country, Chinese, trade, infrastructure, world, investment, global, debt, Asia, u, Africa, Europe, BRI, part, power, trap, energy, deal, silk, dollar, year, southeast, America, money, plan

一　"一带一路"对世界经济贡献

该主题推文聚焦"一带一路"倡议对世界经济的贡献以及对这些贡献的评价。其中 road、belt、China、initiative、project、plan、world、country、Italy、join、Pakistan、economic、BRI、global、India、infrastructure、Chinese、Asia、development、Europe、investment、strategic、port、military、south、EU、European、sign、Japan、nation 等是代表性关键词。主要包括领导人的呼吁、谅解备忘录的商定、联合声明的发布、贸易协定的签署、政府官员的邀请、重大项目的落地等话题（见表 6-28）。

表 6-28　2019 年"一带一路"LDA 推文主题 1 代表性推文

序号	推特账号	推文时间	推文内容
1	BeltandRoad Desk	2019 年 3 月 30 日	"一带一路"可能是世界上最接近能为全球经济重新注入活力的刺激计划了 （China's Belt and Road may be the closest the world has to a stimulus plan that can kick some vigour back into the global economy）
2	BeltandRoad Desk	2019 年 5 月 11 日	截至 2019 年 3 月底，中国政府已与 125 个国家和 29 个国际组织签署了 173 项合作协议。"一带一路"的参与者已从亚洲和欧洲扩展到非洲、拉丁美洲和南太平洋 （By the end of March 2019, the Chinese government had signed 173 co-operation agreements with 125 countries and 29 international organiza-tions. The Belt and Road has expanded from Asia and Europe to include more new participants in Africa, Latin America and the South Pacific）

序号	推特账号	推文时间	推文内容
3	XHNews	2019 年 3 月 3 日	发言人：152 个国家和国际组织与中国签署了关于"一带一路"倡议的合作文件 （152 countries and int'l organizations have signed cooperation documents with China on the #BeltandRoad Initiative：spokesperson）
4	XHNews	2019 年 4 月 11 日	孟加拉国最大的桥梁由一家中国公司建造。让我们一起看看这个"一带一路"下的重大项目 （Bangladesh's largest bridge is being built by a Chinese company. Take a look at the mega project #BeltandRoad）
5	XHNews	2019 年 4 月 8 日	斯里兰卡政府周一宣布将开通一条由中国投资、全长 26.75 公里的铁路线，这将促进该国南部的客运 （The Sri Lankan government declared on Monday to open a China-funded 26.75-km long railway line，which will boost passenger traffic in the country's south #BeltandRoad）
6	XHNews	2019 年 4 月 18 日	"一带一路"倡议下的中斯合作有利于斯里兰卡的地区发展。莫勒格哈堪达项目就是一个典型例子 （China-Sri Lanka cooperation under the Belt and Road Initiative has benefited Sri Lankan regional development. The mega Moragahakanda-Kalu Ganga Project is an example #BeltandRoad）
7	XHNews	2019 年 4 月 21 日	"一带一路"关乎爱与关怀。它为面临疾病、伤害和恐惧的儿童带来希望。如何帮助那些需要帮助的人？ （#BeltandRoad is about love and care. It creates hope for children who are exposed to disease，injuries and fear. How to help those in need?）
8	XHNews	2019 年 3 月 30 日	"一带一路"：中国建造的基础设施重塑肯尼亚的转型历程 （Chinese-built infrastructure reshapes Kenya's transformation agenda #BeltandRoad）
9	XHNews	2019 年 4 月 23 日	"一带一路"是关于自然资源的明智利用。根据世界卫生组织的数据，缺水问题影响着世界上十分之一的人口。为贫困家庭提供清洁、安全、方便的水至关重要。如何帮助解决这个问题？ （#BeltandRoad is about the wise use of natural resources. According to @WHO，water scarcity affects 4/10 of the world's population. It's essential to give clean，safe and easily accessible water to needy families. How to help?）
10	PDChina	2019 年 3 月 19 日	中国和越南于本周二正式开通了一座新的跨境大桥，连接中国东兴市和越南芒街市。这座桥有望促进边境物流和贸易，并推动"一带一路"倡议下的互联互通 （China and Vietnam officially opened a new cross-border bridge on Tuesday linking the city of Dongxing in China and the city of Mong Cai in Vietnam. The bridge is expected to boost border logistics and trade and promote connectivity under the #BeltandRoad Initiative.）

序号	推特账号	推文时间	推文内容
11	PDChina	2019 年 5 月 24 日	格鲁吉亚愿在"一带一路"倡议下加强与中国的全面合作，以加快格鲁吉亚的发展 (#Georgia is ready to strengthen comprehensive cooperation with #China under #BeltandRoad so as to speed up Georgia's development.)
12	chinaorgcn	2019 年 3 月 25 日	［视频］历史与未来相遇：意大利加入"一带一路"倡议 (［Video］History meets the future：Italy joins the Belt and Road Initiative)
13	XHscitech	2019 年 1 月 23 日	中国与斯里兰卡共同将科伦坡港口城建设成为印度洋上的一颗璀璨明珠 (China and Sri Lanka are jointly building Colombo Port City into a "shining pearl on the Indian Ocean" #BeltandRoad)
14	ChinaDaily	2019 年 4 月 3 日	一览"一带一路"倡议下正在如火如荼进行或已经取得丰硕成果的项目 (Take a look at the projects that are in full swing or already have yielded fruitful results under the Belt and Road Initiative! #BeltandRoad)

二 "一带一路"大项目建设情况

该主题内容聚焦"一带一路"倡议重大项目取得的成果以及中国与共建各国政府推动"一带一路"建设的政策与措施。其中 road、belt、initiative、China、cooperation、international、country、Chinese、forum、economic、opportunity、development、BRI、people、conference、Hong Kong、research、trade、business、talk、Pacific、center、future、year、university、TDM、great等是代表性关键词。推文主要覆盖莫斯科地铁项目、吉尔吉斯斯坦比什凯克公路重建项目、文莱石化合资项目、重庆"一带一路"体验中心项目、瓜达尔机场项目和中巴经济走廊等项目（见表6-29）。

表6-29 2019 年"一带一路"LDA 推文主题 2 代表性推文

序号	推特账号	推文时间	推文内容
1	XHNews	2019 年 4 月 10 日	为一家中国公司工作的俄罗斯机械师称，"一带一路"倡议非常好，该公司正在莫斯科修建一条长达 4.6 公里的地铁线路 ("The Belt and Road Initiative is great," says a Russian mechanic working for a Chinese company, which is building a 4.6-kilometer-long subway line in Moscow #BeltandRoad)

续表

序号	推特账号	推文时间	推文内容
2	XHNews	2019年4月9日	中国援建吉尔吉斯斯坦比什凯克公路重建项目 (China-aided road reconstruction project in Bishkek, Kyrgyzstan. #BeltandRoad)
3	XHNews	2019年4月15日	欧盟领先的铁路运营商之一 DBO 班列运行公司称:"一带一路"倡议为我们提供了在行业内发展的绝佳机会 (The #BeltandRoad Initiative offers us a perfect opportunity to grow in the industry, says DBO Bahnoperator, one of the leading rail operators in the EU)
4	XHNews	2019年3月18日	阿根廷专家称"一带一路"倡议为拉美国家提供了巨大机遇 (Belt and Road Initiative offers great opportunity for LatAm countries: Argentine expert)
5	XHNews	2019年10月10日	在塞尔维亚贝尔格莱德举行的一次会议上,来自中国和东欧国家的企业寻求加强创新合作 [Companies from China and Eastern European Countries (CEECs) seek to strengthen cooperation on innovation as a conference is held in Belgrade, Serbia]
6	XHNews	2019年11月8日	中国—文莱石化合资企业在文莱全面投产,这是中国在文莱最大的单一投资项目 (A China-Brunei petrochemical joint venture has fully started operation in Brunei, which is the largest single Chinese-invested project in the country. #BeltandRoad)
7	XHNews	2019年7月12日	今年上半年,中国与共建"一带一路"国家的贸易增长强劲 (China's trade with countries participating in the #BeltandRoad Initiative posted robust growth in the first half of this year)
8	iChongqing_CIMC	2019年4月3日	重庆"一带一路"体验中心开始试运营。"一带一路"体验中心展示共建"一带一路"国家的特色产品,由中国馆、欧洲馆、美洲馆、上合组织馆、东盟馆、亚太馆、捷克馆等组成 (The Belt and Road Experience Center starts trial operation in Chongqing. The Center showcases the featured products of the countries along the Belt and Road, composed of Pavilions of China, Europe, America, SCO, ASEAN, Asia-Pacific, Czech Republic, etc.)
9	CPEC_Official	2019年4月1日	"一带一路"倡议正在帮助非洲强化基础设施,最新的职业培训计划也使当地社区掌握了适当的技能,能够参与发展项目并充分受益 (The #BeltandRoad Initiative is helping to reduce infrastructure deficits in Africa, with latest vocational training programs also equipping local communities with appropriate skills to fully benefit from and participate in the development projects)

序号	推特账号	推文时间	推文内容
10	CPEC_Official	2019年5月6日	中国大使馆称：中国将在巴阿边境入境点建立现代化的接待中心、饮用水和冷藏设施 （#China to establish modern reception centers, drinking water and cold storage facilities at the entry points of Pak-Afghan border: DCM Chinese Embassy）

注：个人用户账号为数据库中脱敏处理后编号。

三 "一带一路"多渠道交流沟通

该主题内容聚焦"一带一路"倡议重大项目取得的成果以及中国与共建各国政府推动"一带一路"建设的政策与措施。其中 road、belt、China、forum、initiative、Beijing、president、Italy、summit、minister、today、debt、India、deal、time、sign、April、attend、join、post、link、Chinese、top、project、prime、support、week、Trump 等是代表性关键词。主要包括与"一带一路"相关电影的合作、青年人的梦想、地区的经济发展、企业的变化、地标性项目的立体化展现、农业技术的交流、医疗技术特别是中医的交流等话题（见表6-30）。

表6-30　2019年"一带一路"LDA推文主题3代表性推文

序号	推特账号	推文时间	推文内容
1	XHNews	2019年2月23日	南亚电影人在"一带一路"倡议下寻求合作 （South Asian filmmakers seek cooperation under Belt and Road Initiative）
2	XHNews	2019年4月13日	凤愿成真：中泰铁路合作让这位泰国青年离梦想更近了一步 （A long-cherished dream come true. Railway cooperation between China and Thailand brings this Thai young man closer to his dream.）
3	XHNews	2019年4月12日	点击观看印尼爪哇七号电站项目的建设情况，这是印尼建成后独立发电能力最大的电站 （Click to watch construction of Indonesia's Java-7 power plant project, the one with the largest standalone power generation capacity in Indonesia after completion）
4	XHNews	2019年4月11日	从落后小镇到区域枢纽！一位巴基斯坦青年讲述中巴经济走廊如何改变了他的生活和家乡瓜达尔 （From a backwater to a regional hub! A young Pakistani tells you how the China-Pakistan Economic Corridor has changed his life and his hometown Gwadar #BeltandRoad）

续表

序号	推特账号	推文时间	推文内容
5	XHNews	2019年4月10日	鸟瞰图：中国建造的中国—马尔代夫友谊大桥 （Aerial view: Chinese-built China-Maldives Friendship Bridge #BeltandRoad）
6	XHNews	2019年4月10日	中国援建的职业学校项目在阿富汗喀布尔完工 （A China-aided vocational school project has been completed in Kabul, Afghanistan. #BeltandRoad recorded）
7	XHNews	2019年4月1日	中国老挝太阳纸业公司是老挝第一家现代化纸浆厂，在这里工作的当地人讲述了他们的生活在过去10年中发生的变化 （Locals working with Chinese company Sun Paper Laos, the first modern pulp mill in Laos, tell how their lives have changed in the past 10 years）
8	XHNews	2019年3月30日	中国公司正在为黑山修建第一条高速公路，有望促进这个巴尔干国家的经济增长 （Chinese firm is building the first freeway for Montenegro, which is expected to boost growth for the Balkan state）
9	chinatradeweek	2019年3月14日	2019年第五届中国贸易周：肯尼亚展将拓展您的业务。借此良机结识专业人士。建立合作伙伴关系，了解企业对企业战略，让您的业务和行业更上一层楼 ［Expand your business at #ChinaTradeWeek #Kenya 5th（!）Edition 2019. Take a great opportunity to meet professionals. Create partnerships, learn about #B2B strategies that lift your business; your industry to the next level］
10	ChinaDaily	2019年4月15日	斯里兰卡首都科伦坡的新地标——莲花塔预计将于今年7月竣工。莲花塔将成为南亚最高的电视塔 （A new landmark in Sri Lanka's capital Colombo, the Lotus Tower, is expected to be completed this July. Built under the #BeltandRoad Initiative, it will become the highest TV tower in South Asia）
11	ChinaDaily	2019年4月22日	肯尼亚在华留学生尼永阿说："我选择来中国留学的原因是我想学习先进的农业技术，然后回到肯尼亚，为自己国家的农业发展作出贡献。" （"This is the reason I chose to study in China," said Nyong'A, a Kenyan student in China. "I want to learn advanced agricultural technology and then return to Kenya to make contributions to our country's agricultural development."）
12	CPEC_Official	2019年7月12日	中巴经济走廊委员会建议将现代技术作为巴基斯坦农业问题的解决方案 （Parliamentary Committee on #CPEC recommends modern technology as a solution to Pakistan's agricultural problems. #BeltAndRoad #Agriculture）

序号	推特账号	推文时间	推文内容
13	CGTNOfficial	2019 年 4 月 15 日	回溯 1000 多年前的丝绸之路文化交流 （Retracing silk road cultural exchanges back to over 1000 years ago #BeltandRoad）
14	CGTNOfficial	2019 年 4 月 21 日	直播：来自世界各地的四位普通人分享他们与"一带一路"的非凡故事 （Live：Four ordinary people from around the world share their extraordinary stories about BRI #BeltandRoad #BRF2019）
15	CGTNOfficial	2019 年 6 月 19 日	第二届"一带一路"电影之夜加强了多元文化交流 （The 2nd Belt and Road Film Night strengthens diverse cultural exchange #SIFF2019）

四 "一带一路"具体合作与示范

该主题内容聚焦"一带一路"倡议重大项目取得的成果以及中国与共建各国政府推动"一带一路"建设的政策与措施。其中 road、belt、China、initiative、project、country、Chinese、trade、infrastructure、world、investment、global、debt、Asia、Africa、Europe、BRI、part、power、trap、energy、deal、silk、dollar、year、southeast、America、money、plan 等是代表性关键词。推文主要覆盖"一带一路"项目执行进展、"一带一路"创意与创新的合作、共建"一带一路"国家专业人士的感受、"一带一路"创造的就业机会、"一带一路"细分行业的开展以及与"一带一路"相关的数据分析等话题（见表6-31）。

表6-31 2019年"一带一路"LDA推文主题4代表性推文

序号	推特账号	推文时间	推文内容
1	XHNews	2019 年 4 月 11 日	巴基斯坦瓜达尔港港务局主席称："一带一路"倡议下的瓜达尔港将成为本地和外国投资者的天堂，因为它为投资者提供了许多优惠条件 （Pakistan's Gwadar Port under #BeltandRoad to prove to be heaven for local and foreign investors as it offers a lot of favors to investors：port authority chairman）
2	XHNews	2019 年 3 月 30 日	中国投资的巴基斯坦瓜达尔新国际机场破土动工 （#BeltandRoad Pakistan breaks ground for China-funded New Gwadar Int'l Airport #BeltandRoad）

续表

序号	推特账号	推文时间	推文内容
3	XHNews	2019 年 4 月 5 日	卢森堡与中国成都之间开通新的中欧直达铁路货运服务（New China-Europe direct rail freight service launched between Luxembourg and China's city Chengdu #BeltandRoad）
4	XHNews	2019 年 4 月 4 日	特别直播！一家中国医院的外科医生向共建"一带一路"国家的医生直播了 10 台手术，直播时间长达 6.5 小时（A special live stream! Surgeons from a Chinese hospital made a 6.5-hour live stream on 10 operations to doctors in other #BeltandRoad countries）
5	XHNews	2019 年 4 月 30 日	一位巴基斯坦外科医生说，中国提出的"一带一路"倡议为能源匮乏的巴基斯坦带来了光明和温暖（The projects under the China-proposed #BeltandRoad Initiative have brought light and warmth to energy-thirsty Pakistan, says a Pakistani surgeon）
6	XHNews	2019 年 11 月 9 日	郁金香见证"中国速度"：货运航线促进了荷兰与中国郑州之间的花卉贸易（Tulips witness "China speed"：Cargo air route boosts flower trade between the Netherlands and China's Zhengzhou.）
7	XHNews	2019 年 7 月 12 日	从埃及到摩洛哥，再到叙利亚，随着"一带一路"建设的推进，阿拉伯国家与中国的合作日益密切（From Egypt to Morocco and to Syria, cooperation between Arab countries and China has become ever closer with the #BeltandRoad Initiative）
8	PDChina	2019 年 4 月 7 日	中国最高经济规划师表示，中国已在 24 个共建"一带一路"国家建立了 82 个经贸合作区，为当地创造了约 30 万个就业岗位 [China has set up 82 economic and trade cooperation zones in 24 countries participating in the #BeltandRoad Initiative（#BRI），creating about 300000 local jobs, according to the country's economic planner]
9	ChinaDaily	2019 年 4 月 11 日	中国公司帮助建设东帝汶第一条高速公路（Chinese firm helps build Timor-Leste's first expressway. #BeltandRoad）
10	investing_china	2019 年 8 月 13 日	借助"一带一路"倡议，香港企业正密切关注肯尼亚和吉布提的投资机会 [Riding on the #BeltandRoad Initiative（#BRI），Hong Kong-based enterprises are keenly eyeing #investment opportunities in both Kenya and Djibouti]
11	CPEC_Official	2019 年 2 月 28 日	中国三峡总公司将在科哈拉建造一个 1124 兆瓦的水电项目，价值 27 亿美元 [China Three Gorges Corporation（#CTGC）to construct a 1124 MW hydro-power project in #Kohala, worth $2.7 billion]

续表

序号	推特账号	推文时间	推文内容
12	CPEC_Official	2019 年 3 月 28 日	巴基斯坦最大的物流园区即将建成集装箱码头，并计划将这个价值 8500 万美元的项目在证券交易所上市，以充分开发瓜达尔港及周边地区的经济资源 （#Pakistan's upcoming biggest logistics park with a container terminal has planned to list the ＄85 million project on the stocks exchange to capitalize on economic activities in and around the #Gwadar Port）
13	CGTNOfficial	2019 年 4 月 13 日	首座中俄铁路大桥促进互联互通和贸易发展 （First Sino-Russian rail bridge to boost connectivity and trade #BeltandRoad #BRF2019）
14	CGTNOfficial	2019 年 4 月 15 日	数据说：自 2011 年以来，乘坐中铁快运的旅客激增 （#DataTells：Trips on China Railway Express surge since 2011 #BeltandRoad #BRF2019）
15	CGTNOfficial	2019 年 4 月 14 日	数据说：港口点亮 21 世纪海上丝绸之路 （#DataTells：Ports light up the 21st Century Maritime Silk Road #BeltandRoad #BRF2019）

注：个人用户账号为数据库中脱敏处理后编号。

第七章 社交媒体"一带一路"国际传播效果提升路径

"一带一路"倡议为中国周边国家乃至全世界提供了一个"让世界走入中国、让中国走向世界"的机会和平台。[①] 做好"一带一路"倡议的外宣，清晰而准确地解读"一带一路"倡议的区域共赢价值，吸引更多的国家和民众参与"一带一路"倡议，对推动全球化、提升共建"一带一路"国家的发展水平、推动中国与共建国家的合作有重要的现实意义。但长期以来中国媒体国际传播渠道的薄弱和议程设置能力的劣势，导致信息传播过程中存在声音弱势和解码错位的问题。加之国外媒体对中国议题报道的框架让国外受众形成刻板印象，以及中国的国际传播活动自身存在的许多缺陷，主流媒体的国际新闻报道存在"宣传味过重""传者本位""原创力不足""缺乏针对性"等尚待改进的问题。[②] 社交媒体的全面互联建构信息的多维沟通渠道，进而建构了中国议程国际传播的信息生态和话语场景。社交媒体碎片化、多模态的叙事方式和传受之间即时的互动，既为基于社交媒体的中国声音的传播提供了独辟蹊径的可能，也给中国故事的创造性宣讲带来了巨大的挑战。"一带一路"倡议的国际传播要善于利用社交媒体平台，阐释"一带一路"倡议的合作共赢理念。主流媒体在社交媒体平台上的传播活动要符合个性化、情感化、碎片化的信息特征。[③] 精选

---

① 孙颖：《国内"一带一路"相关文化研究综述——基于中国知网的分析》，《兰州大学学报》（社会科学版）2017 年第 6 期。

② 周翔、韩为政：《利用图像社交媒体提升中国国际传播力研究》，《中州学刊》2017 年第 3 期。

③ 仇筠茜、韩森：《独白、对话与推送——新华社海外社交媒体天津爆炸案报道分析》，《对外传播》2015 年第 9 期。

叙事手法科学、话语亲和力强、形式精美的传播内容，嵌入社交媒体平台，向目标用户投递，进而通过用户的分享，提升传播广度和深度。

第一节　聚集效果的社交思维与理念

一　传播理念创新

"一带一路"倡议最显著的特色是坚持共商共建共享原则，强调共同发展、共同安全和共同治理。[①]"一带一路"倡议的国际传播，特别是社交媒体的国际传播更要凸显这一理念，体现"一带一路"倡议这一中国智慧蕴含的文化精髓。研究数据发现现有的社交媒体国际传播重内容发布，轻互动。传播策略的选择要平衡宣传与传播的关系，既坚持正面宣传，又不回避问题；既围绕既定主题与议程，又兼顾国外受众的兴趣与习惯。树立分众传播、精准传播的社交媒体传播理念，基于区域国别研判，借助技术平台的分析，实施差异化的传播行为。探究受众的认知规律，把握国际受众的认知话语体系，基于认知规律实施精准有效的传播。重视社交媒体信息的传播规律，特别是社交媒体平台信息的碎片化、非线性信息组织、立体化的信息呈现方式，将"说明"性的话语替换为"故事"性的话语，用最简洁的表达把传播内容送达目标对象，构建良性的双向性的沟通话语机制。"一带一路"倡议在共建国家及相关域外重要国家的传播，应从信息传递对象的文化背景和解码框架入手，选择双方感兴趣的议程切入，铺设对话和互动良性渠道，提升"一带一路"倡议社交媒体国际传播的有效性。重视"一带一路"倡议民心相通工程，体现将民心相通扩展为民心相容的传播理念。在社交媒体积极引导"一带一路"倡议政策议题沟通，吸纳对议题感兴趣的多元化群体加入讨论，宽容对待不同的声音和观点。政策的传播和解读凸显"一带一路"倡议构建的普惠的共享平台。

---

① 赵可金：《"一带一路"民心相通的理论基础、实践框架和评估体系》，《当代世界》2019年第 5 期。

二　传播思维转换

借鉴互联网思维，转变传统的传播和宣传思维。首先要重视传播过程的受众体验思维，基于受众精准画像，通过趣味的信息、活动等形式吸纳、培养相关兴趣人群为流量群体，持续将流量群体转化为稳定的粉丝群体。然后梳理平台思维，有意识地搭建平台，并将流量群体吸纳进平台并进行维护。其次要树立内容思维，基于粉丝群体的信息消费行为持续优化内容信息，深耕内容，将"一带一路"倡议植入传播内容，浸润传播提升传播效果。强化重点事件、重大活动的传播，更重视日常的持续性传播。再次要树立互动思维，基于社交媒体的信息流动规律，创立基于传播内容的对话机制，既将对话的过程转化为社交媒体的碎片化内容，又通过对话机制推动用户对相关内容的二次传播。培养和吸纳"一带一路"倡议相关议题的意见领袖，并主动与之进行良性联动，实现长期、持续的"一带一路"倡议良性传播效果的提升。对网络中出现的负面观点，要区分并包容对待，对善意的批评要接受，对一时的误解要耐心解释，同时强化负面观点监测，对于恶意或蓄意的抹黑，及时发声予以澄清和抨击。最后要梳理融合传播思维，即整合社交媒体与互联网媒体和传统媒体，整合政府机构、社会组织、舆论领袖和网友个人，整合硬新闻、软新闻以及给予其支撑的叙事和形式。

三　传播思路升级

社交媒体平台的"一带一路"国际传播，既要继承传统模式，又要在传统模式的基础上迭代升级。核心是要转变传播思路，从传统的自我传播向本国传播与共建国家协同传播的方式转化，避免自说自话，加强针对"一带一路"倡议疑问和误解的阐释。首先要有策划的思路，为重大事件、重要活动提供常态传播保障，更要主动地设置议程，策划选题，营造热点主动传播。主流外宣媒体应积极基于社交媒体平台策划内容，不仅要有热点的选题、宏大的叙事，更要有微观叙事，特别是"一带一路"倡议下的人文叙事，转化为契合社交媒体平台的内容加以传播。主流媒体在采访、报道的同时，亦应积极共享素材，打破媒体之间壁垒，实现"一带一路"

倡议国际传播的协同发力,还可邀请社交媒体舆论领袖参与采访和报道。地方外宣媒体应积极融入和参与"一带一路"倡议相关信息的传递,成为"一带一路"国际传播的支点和中间节点。政府和主流媒体应积极吸纳民间舆论领袖和国际友人对"一带一路"倡议信息的传播或转发。传播内容思路应在新闻真实的基础上,融入人类共通情感,借助美食、可爱、美景等触发人类共通情感的符号,跨文化共情引发国际传播对象情感共鸣,提升传播效果。在传播主题的设置上应将"一带一路"倡议的阐释与传播同"全球共性话题"结合起来,这样更容易构建互动的桥梁。

第二节 传播主体的拓展与整合

一 构建主流媒体社交联盟

主流媒体具备全面的资源优势,是"一带一路"国际传播的主要力量,其所属社交媒体的运营情况对社交媒体信息生态有重要影响,是"一带一路"倡议社交媒体传播效果的重要影响变量。首先,主流媒体应积极在国际社交媒体平台开设账号,使用各种新媒体手段,比如话题标签、嵌入多媒体、短视频直播,大量投入资源运营。这既是主流媒体提升自己影响力的渠道,又是通过社交媒体运营提升媒体用户黏性的策略。其次,主流媒体要强化信息传播的跨平台生产,借助融媒体系统等技术手段提升效率,实现内容的多样化、差异化跨平台输出,并借助技术手段实现信息的有效送达和触及。主流媒体应强化媒体之间的良性合作,通过活动和事件彼此联动形成社交联盟运营,通过"一带一路"倡议相关话题的互相转发、交叉评论,既提升"一带一路"倡议的影响力,又实现媒体自身的引流。引入主流媒体定期合作机制,策划议程和选题在社交媒体平台以话题的形式固定下来,主动将内容嵌入话题,并定期开展联盟沟通,评估效果并进行动态优化。

二 构建国际传播矩阵

社交媒体平台结合人际传播、群体传播和大众传播,单个节点影响力不再仅仅依赖于节点的媒体身份、人力数量等传统影响力要素，即使是草根创作的内容，只要契合社交媒体平台特定环境下的传播规律，就有可能广泛传递，这为"一带一路"倡议外宣多元主体的构建提供了新的可能。当下，"一带一路"国际传播主要的传播主体是外宣媒体、地方政府、国外媒体等，普通民众少有机会参与，传播主体缺乏多样性。从现有"一带一路"社交媒体国际传播发布数量构成来看，基本以新华社、人民网、中国国际电视台、《中国日报》等外宣媒体为主。促进社交媒体上和社交媒体平台间"一带一路"倡议内容的渠道互通，沿着社交媒体相关互动的链接关系，推动"一带一路"倡议内容进圈入群。官方机构和媒体传播的"一带一路"倡议信息具备权威性和资源集合性，但缺乏有效的渠道进行国际传递。当下，中国的地方外宣媒体国际影响力不强，中国外宣媒体与西方发达国家的国际媒体相比仍有差距，"一带一路"倡议外宣的主体单一、渠道缺乏成为其效果提升的瓶颈。而且，一些海外媒体受政治、经济等因素影响，有意无意忽视"一带一路"倡议传播内容的再传播，甚至部分媒体故意抹黑"一带一路"倡议形象。社交媒体平台上任何一个节点都应成为"一带一路"倡议国际传播的支点和信息中继站。运用社交媒体进行"一带一路"倡议传播需要构建丰富多元的全媒体传播矩阵。"一带一路"国际传播聚焦的对象主要是国际公众，社交媒体平台的选择应是国际社交媒体平台或目标国家的主流社交媒体平台。同时，在条件成熟的情况下也可以搭建自己的国际社交媒体平台。基于多种平台，跨平台开设主流平台账号，通过内容呈现、用户交互、用户再生产等形式推广"一带一路"倡议。在整合自建和自开平台的同时，"一带一路"的国际外宣还应整合外交使领馆的传播资源，通过联动活动，主动与旅居友好人士的社交媒体账号进行互动，丰富"一带一路"倡议的浸润生态。加强与海外意见领袖的互动，邀请自媒体上的意见领袖参与"一带一路"倡议活动，借意见领袖所见、所感、所闻，以对方国家的话语体系勾勒"一带一路"倡议国际风貌，深度植入并广泛传递"一带一路"倡议。基于全媒体传播矩阵，充分借助民间和社会力量，带动国际友人参与"一带一路"倡议的国际传播，整合资源形成合力，构建社交媒体国际传播矩阵。

三 借助意见领袖传播

意见领袖对国际舆论的走向有重要的引导作用，特别是在社交媒体平台，意见领袖影响力更大，引导效果更明显，因此"一带一路"倡议的国际传播应重视意见领袖的作用。跨文化接触中直接交往能提升交往双方的好感度，① 社交媒体为这种直接交往提供了通道和可能性。多维立体化的互动，要求互动主体不但在媒体和公众之间展开，更要在媒体和媒体之间、公众与公众之间、公众和政府之间展开。多维立体化互动媒体可以发挥引领和桥梁作用。当下中国国际电视台、《中国日报》、《人民日报》、新华社等中国的主要外宣媒体纷纷在海外社交媒体平台开设账号，直接向全世界的社交媒体用户传递中国声音。主流媒体的社交媒体发声与呈现仅仅是基础，重要的是互动内容要深度化和常态化。互动内容不能仅仅是对"一带一路"倡议的宣传，对所谓"马歇尔计划""特洛伊木马""中式全球化"等质疑要积极回应，通过解释、辩论，消除"一带一路"倡议的负面舆论。同时，越来越多的国内外社交媒体用户使用社交媒体关注和二次传播中国信息，部分用户拥有大量的粉丝，成为具备一定影响力的意见领袖。这些用户发布的部分信息，甚至被美联社、法新社等国际主流媒体引用或转载。当下已经有部分推特舆论领袖参与到"一带一路"社交媒体国际传播中，但这种参与仍偏零散，不成规模。主流媒体要跟这些舆论领袖保持良性沟通，通过评论、点赞、转载、活动邀约等形式，借助意见领袖信息传递桥梁作用提升传播效果。这些意见领袖要么是在中国长期旅居或短期生活过的国际友人，要么是出国旅居或生活的中国移民，其对目标国家人文有全面的把握，讲故事的方式深谙目标国家的视听习惯，内容选择和形式表达都值得中国主流媒体借鉴和学习。在"一带一路"国际传播中，挖掘并借助有较大影响力的国际舆论领袖，既可以有效提升"一带一路"倡议知名度，又可以强化"一带一路"倡议理念的人格化表达。

---

① Hofman, J. E. et al., "Interpersonal Contact and Attitude Change in a Cross-cultural Situation," *The Journal of Social Psychology* 78 (1969)：165-171.

四　整合各类传播主体，实现浸润传播

"一带一路"国际传播效果的提升不是仅靠一个活动、一个事件、一部宣传片、一段文案就能实现的。"一带一路"倡议宣介需要持续的、长时间的浸润与涵化，才能带动受众从认知到理解再到认同的转变。"一带一路"社交媒体内容在 2018 年达到最高点，信息原创条数为 42606 条，信息转发条数为 94482 条，为"一带一路"国际传播信息生态的培养打下很好的基础。"一带一路"国际传播需要进行系列议程的策划，基于国际传播矩阵的主流媒体、地方媒体、舆论领袖、智库主体等共同参与设置系列议程，聚焦议程分解成系列话题，进而将话题具体为系列故事，通过格式的信息形式和载体呈现出来，并持续依托热点事件加以关联，将"一带一路"倡议长效聚焦并有效传播。议程设置理论认为，媒体不仅能够设置议程，还能够提供语境，影响公众如何思考某个议题，[1]"一带一路"倡议在设置公众议程时需基于传播诉求，从受众乐于接受的角度出发对故事进行阐释，从而深化"一带一路"倡议的感知形象，提升受众对"一带一路"倡议的好感度。同时，基于议程的"一带一路"倡议宣介，要巧用社交媒体的内容智能推送，将议程、话题和信息主动添加关键词标签，提高内容更新的频率，依托社交媒体平台智能推送，实现精准的信息投递。在搜索引擎检索入口和自媒体检索入口，通过广告的方式对精准人群投放信息，持续、长期地宣介"一带一路"倡议。

第三节　社交媒体平台国际传播内容的策划与创新

一　合理筛选传播内容

社交媒体平台的国际传播，内容的打造特别重要。恰当的传播内容是"一带一路"倡议传播的起点。社交媒体上的内容不宜过于宏观，宏观内

---

[1]　McCombs, Maxwell et al., "Candidate Images in Spanish Elections: Second-Level Agenda-Setting Effects," *Journalism & Mass Communication Quarterly* 74 (1997).

容距离受众遥远，再加上文化差异、地域差异等因素，往往仅仅能够实现传播内容的入眼，很难实现传播效果的走心。结合传播立意，选择小的切口去反映传播内容，将传播立意植入具体且贴近生活的人、事、情中，追求心灵沟通，实现以小见大、润物细无声的效果。内容应客观、辩证地传播"一带一路"倡议，摒弃只报道正面积极内容的误区，客观全面地传播"一带一路"倡议，才能真正提升"一带一路"倡议的感召力。内容的策划应注重情感的融入，情感的传播和情绪的感染更容易让再传者和受传者之间产生共振，有效提升传播效果。内容的选择要有针对性，一般而言历史文化、旅游风光、美食、民风民俗等元素会特别容易引起国外受众的注意。信息讲述应鲜活突出故事性和生活化，减少主观观点的嵌入，阐释的方式应从受众的角度出发。在信息形式的选择上，采取由短视频、图片、文字等组成的多媒体信息单元融合呈现的方式。基于社交媒体内容碎片化的特征，传播内容应简洁、简短，语言表述应易懂、地道。一方面，将"一带一路"倡议的传播议题化整为零，通过社交媒体平台碎片化传播；另一方面，要注意对碎片化内容的归聚，用户将碎片化内容进行拼接，又使碎片化内容归聚到传播主题。把握受众的需求和对内容的兴奋点，社交媒体平台提供了技术和数据的可行性。依托人工智能和大数据综合分析，基于社交媒体大数据挖掘社交媒体用户的兴趣爱好与习惯。基于标签画像和信息的智能推送，可以实现信息对目标用户的"主动寻找"，充分借助技术的手段，精确识别目标国家受众兴趣点，借助智能推荐，实现目标受众的精准传播。

二 合理组织传播内容

基于社交媒体平台的阅读和转发特点，合理地组织传播内容是"一带一路"国际传播的第一步。首先，针对不同内容主体，确定要传播的核心内容，并借助搜索引擎工具将其转换为若干个核心热点词，围绕核心热点词，组织文字、图片、视频等内容。其次，根据用户的兴趣和阅读习惯组织内容，选择巧妙的方式将传播内容与用户兴趣点关联，既可以通过关键词关联，也可以通过内容本身关联。在内容素材的选择上，注意多媒体元素的搭配，通过文字、图片、视频、动画、直播的组合明确传播意图，提升信息的阅读率与转发率。传播内容顺序的组织应采用倒金字塔形的结构，将最吸引用户的内容前置，吸引用户关注。内容的组织注意趣味性和诙谐性元素的引入，激起用户再传播兴趣。针对引起较大反馈的热点内容，应组织系列内容，并根据用户反馈，调整、更新内容，以提升内容的关注度和影响力。最后，在内容的组织上可以考虑将专业生产内容与用户生产内容进行整合，一方面提升"一带一路"倡议相关内容的丰富性，另一方面提升与用户的互动度。

三　巧用短视频传播内容

短视频利用碎片化的时间和直观的视听符号捕获用户的内容消费需求，符合社交媒体时代受众的碎片化信息获取习惯，正成为社交媒体平台一种非常重要的信息传播载体。诙谐、幽默、趣味的短视频既容易引发用户的关注，又较容易通过用户的"转发分享"桥接不同的网络节点，引发"滚雪球"的传播效果，部分短视频甚至短时间爆红，获得出其不意的传播效果。因此，国际社交媒体传播内容整合短视频元素可以有效地促进传播效果的提升。"一带一路"国际传播应时刻融入短视频思维，短视频可以有效地将枯燥、呆板的内容生动化，再借助戏谑的网络语言提供趣味化和人性化的表达。通过幽默手段的包装推动用户同向解码，实现说服目的。短视频的制作应考虑从小的视角切入，通过小事件、小人物、小故事，以巧妙的手法将"一带一路"倡议内容微缩至传播内容，实现润物细无声的效果。

第四节　"一带一路"国际传播的传播
话语和叙事拓展

一　使用网络话语，推动用户同向解码

传统上中国议题的外宣，官方媒体传播话语偏说教，部分文本使用中国本土化的话语，对外直接讲述存在较大困难，且海外受众难以接受。基于此，"一带一路"国际传播的痛点是视角"以我为主"，主题过于宏大，

传播内容缺乏针对性，不重视受众感受，缺少对海外受众习惯、文化背景等因素的考虑，缺少效果评估。长此以往，"一带一路"国际传播仅仅是在媒介上生产了大量的"一带一路"倡议相关内容，很难有效提升国外受众对"一带一路"倡议的认知。"一带一路"国际传播常常由于缺乏与海外受众的共通性和连接点，产生文化折扣，导致海外受众无法同向解码，传播效果不佳。"一带一路"国际传播话语要调整，强调传播话题、内容、形式等贴近受众，既在传播主题下归聚，又以碎片化的形式呈现"一带一路"倡议形象，从而实现对"一带一路"国际传播的立体式浸润，将直白、生硬的显性话语转换为平和、宽容且植入评论和观点的隐性话语。

二　选择故事化表达手法，丰富内容表达

传统国际传播要经过外宣媒体、国际媒体等中间环节，最终传达给目标受众，对国际媒体的依赖性较强。互联网具有先天的无国界性，自媒体赋予任何一个节点生产和再传播信息的能力。国际社交媒体平台提供一种信息直接向目标用户传递的信息传播机制，传播者与受传者之间不经过信息的筛选和截取，更容易实现信息的准确传达。"一带一路"国际社交媒体的表达应采用故事化的手法，通过人物、情节和讲述节奏控制，让"一带一路"国际传播深刻、动人、鲜活。关于"一带一路"倡议社交媒体的故事讲述，首先，在"一带一路"倡议相关故事的选择上要突出故事性和看点。其次，在故事的讲述和组织上要有情节，情节要有一定的起伏，引发受众的关注。再次，在故事细节的符号和文本的选择上要体现贴切性，且在故事的呈现方式上要"有包袱"，要系列化。最后，借助社交媒体的智能信息推送机制，将"一带一路"倡议主题内容具体化为特定标签的内容，通过与目标受众的兴趣匹配实现故事的精准投递。

三　采用微叙事，实现浸润传播

传播是以事实的提供，或者以事实的合法提供者的身份来敲击我们当下对主体的认识，使之超越主体的认知处理能力投身于更多"事实"的海洋和追逐行为；而信息通过看似偶然性的并置行为将价值和观点藏在信息

的夹层，让信息的消费者自觉自愿地服用并传播致效。① 社交媒体平台的浸润传播可以有效地淡化"一带一路"传播的痕迹，成为"一带一路"传播的又一新渠道。利用社交媒体平台，引导社交用户，对"一带一路"倡议相关文化、经济、法律、发展、合作等信息进行碎片化分享，既淡化了传播痕迹，又实现了对"一带一路"倡议国际形象的无痕构建。社交媒体提供了一种更好的传播致效信息生态，传播意图蕴含在不同话语、不同形式的信息之中，更容易让信息消费者自觉自愿地服从传播浸润致效。微叙事的信息消费模式是信息消费者对信息的自发消费，因此"一带一路"倡议实现浸润传播的关键是对"一带一路"倡议进行微叙事。"一带一路"倡议是一个全球性的公共产品，阐释和解读固然需要宏大的叙事去勾勒全貌，但社交媒体"一带一路"传播更需要微叙事，让"一带一路"倡议的阐释走向深入，趋向立体化，把"一带一路"国际传播社交化。微叙事有两层含义：一是微事，即讲述细微日常生活之事；二是微叙，即从微观的视角去讲述。微叙事不但强调对内容文本的针对性编码，更强调对文化语境、受众洞察等的深度把握。"一带一路"国际传播应采用以小见大、藏大于小的叙述方式，对叙事的展开采用内容展示的方式，而非内容讲述的方式，推动受众对"一带一路"倡议加以认同。基于社交媒体平台的信息关注机制，用户可以对自己感兴趣的信息发布主体加以关注，构建信息传递的链路。"一带一路"国际传播在宣传"一带一路"倡议的同时，亦构建了中国议题粉丝生态系统。粉丝生态系统更有利于"一带一路"倡议长期、浸润地渗透传播。要维系这种粉丝生态，要求"一带一路"倡议的宣传对倡议的话题内容进行系列化的规划、故事化的包装，布置热点的链接，并根据用户反馈动态调整。

四 重视多模态话语运用

多模态是指传播行为和事件中不同符号模态的组合。② 多模态话语是

---

① 姜飞：《政治的传播与传播的政治辨析》，《现代传播（中国传媒大学学报）》2015 年第 9 期。

② Van Leeuwen, T., *Introducing Social Semiotics* (London: Psychology Press, 2005), p. 281.

融合了语言和非语言符号，由文字、图像、声音、色彩等各种模态综合而成的话语表达形式。[①] 社交媒体是多模态话语比较典型的一个应用场景和平台。伴随新媒体大量的跨文化传播行为，复杂多元的传播渠道和模式正不断重塑已有的话语体系，而话语又反过来对传播内容和方式产生广泛而深刻的影响。[②] 聚焦受众信息消费体验，整合不同模态意义载体，恰当控制不同模态符号的配比，寻找最佳匹配。"一带一路"国际传播的话语文本，应该充分借助电子媒介的优势，合理调用多种符号资源所承载的意义。在措辞上使用网络用户和民间用户；在节奏上清新明快、朗朗上口；在修辞上活泼朴实；在符号上，图表、图像、表情符号、声音合理使用，通过符号的隐喻巧妙地表达传播意图。

五　借助共通情感，实现话语穿透

话语提供了人们谈论特定话题、社会活动及制度层面的方式、知识形式，并关联特定话题、社会活动及制度层面来引导人们。[③] 历史与文化衍化路径的不同造就了东西方不同的话语体系。社交媒体的话语是一种互动的话语，互动话语体系的差异要么会给传播、沟通带来障碍，要么会导致冲突。因此，"一带一路"倡议对外传播的话语要借鉴西方的话语体系，核心在于对"一带一路"倡议及诉求进行特定区域与国别的话语重构，挖掘中外能够共同认同的内涵。传播者与受传者之间话语的一致能减少信息的误读，推动受传者对信息的同向性解码。重视受众在编解码中的地位，对网络信息立体化的整合是网络传播致效的关键。人类情感在调节个体内在认知过程、搭建个体间互动之心理勾连，以及整合复杂共同体结构并维系其凝聚性等过程中皆可发挥显著效用。[④] 受众的情感是影响传播致效的

① 杨颖：《短视频表达：中国概念对外传播的多模态话语创新实践》，《现代传播（中国传媒大学学报）》2017 年第 11 期。
② 肖珺：《多模态话语分析：理论模型及其对新媒体跨文化传播研究的方法论意义》，《武汉大学学报》（人文科学版）2017 年第 6 期。
③ 周宪：《福柯话语理论批判》，《文艺理论研究》2013 年第 1 期。
④ 徐明华、李丹妮：《情感畛域的消解与融通："中国故事"跨文化传播的沟通介质和认同路径》，《现代传播（中国传媒大学学报）》2019 年第 3 期。

一个重要影响因素。情感能通过大脑的作用机制强化人类对信息的注意。[1]情感能促进信息的有效沟通,对人类行为层面的影响巨大。情感塑造了人类的认知逻辑和社会行为,驱动人类的集体行动。[2]因此,话语的表达应该注重情感注入,实现真正的意义共享。研究发现,夸张、戏谑、诋毁的情感策略在美国总统选举中被一直使用。[3]情感卷入能引发用户强烈的心理共鸣,具备较大视觉冲击力的视听语言的应用,更容易完成情感卷入。情感是传播致效的催化剂,是一种实现网络动员的重要社会资源,情感动员往往基于共情传播实现。共情传播更有助于打破各国、各民族之间文化的隔阂,通过共享情感建立起天然的联结,由情感的共鸣自然触发认知的共鸣,形成内化的认同,从而达到更好的传播效果。[4]因而,美好、可爱、智慧、和平等人类共通喜好情感的植入,更容易实现"一带一路"倡议向目标人群的渗透。基于共通情感的传播活动,更容易跨越不同文化的壁垒,实现互动双方的情感共鸣。因此改善话语,重构"一带一路"倡议故事,提升对话的情感耦合度,达成"一带一路"倡议共识是国际传播的重要创新路径。

六　依托大数据,实现精准传播

基于社交媒体平台的"一带一路"国际传播,需要对国际受众有深刻的洞察,对网络的热点和用户的兴奋点有即时的掌握。"一带一路"国际传播应基于社交媒体数据分析精准传播,通过社交媒体平台的用户行为数据,实现对用户群体的数字画像,提升"一带一路"倡议构建内容的精确性、针对性和适用性。利用社交媒体进行"一带一路"倡议的宣介是一个

---

① Compton, R. J., "Interface Between Emotion and Attention: A Review of Evidence from Psychology and Neuroscience," *Behavioral and Cognitive Neuroscience Reviews* 2 (2003): 115-129.

② Jasper, J. M., "The Emotions of Protest: Affective and Reactive Emotions in and Around Social Movements," *Sociological Forum* 13 (1998): 397-424.

③ 郭小安:《公共舆论中的情绪、偏见及"聚合的奇迹"——从"后真相"概念说起》,《国际新闻界》2019 年第 1 期;林宏宇:《白宫的诱惑:美国总统选举政治研究(1952~2004)》,天津人民出版社,2006,第 137 页。

④ 马龙、李虹:《论共情在"转文化传播"中的作用机制》,《现代传播(中国传媒大学学报)》2022 年第 2 期。

累积的、缓慢的过程，效果也体现为短期效果和长期效果相结合。社交媒体平台内容海量，参与主体多元，话题衍化路径丰富且具有高度的不可控性，基于此对"一带一路"倡议传播效果监测并根据效果即时修正"一带一路"国际传播策略特别重要。基于效果评估的情况，实现对社交媒体用户兴趣和热点的即时洞察，并结合用户特点进行精准的内容投放，实现有效传播效果的提升。同时根据即时传播效果评估，及时进行"一带一路"倡议社交媒体传播策略调整。此外，社交媒体平台中的国际舆论场复杂，"一带一路"倡议的国际传播稍有不慎，就会导致对"一带一路"倡议有意或无意的负面解读，要借助大数据技术对负面信息即时监测与预警，并对"一带一路"倡议的负面议题进行澄清或对冲，实现对"一带一路"国际社交媒体传播效果的有效管理。最后，基于社交媒体平台的"一带一路"倡议宣介具备精确效果监测的可能性和必要性，"一带一路"国际传播主体应定期通过效果评估优化"一带一路"倡议社交媒体国际传播策略。

基于效果评估的数据显示，2015年至2019年"一带一路"国际传播经历了从无到有的过程，整体效果有较大提升。从认知、情感和行为三个维度去评价"一带一路"国际传播效果，认知效果提升最为明显，情感和行为效果次之。"一带一路"国际传播效果的提升应聚焦效果的社交思维和理念，做好传播内容的策划与创新，在提升认知效果的同时，重点关注情感效果和行为效果。整合与拓展多元传播主题是提升"一带一路"国际传播效果深度的关键。传播话语与叙事方式的重构是推动"一带一路"国际传播从认知效果向情感、行为效果提升的重要渠道。

附　录

"一带一路"社交媒体平台传播效果
评价指标体系指标权重调查问卷

一　问题描述

尊敬的评测专家，十分感谢您抽出宝贵的时间参加以"'一带一路'社交媒体平台传播效果评价指标各个层次指标重要程度的评价"为调查目标的问卷打分。

请先阅读说明，再开始打分，打分会占用您20~30分钟的宝贵时间。

1. 核心名词说明

意见领袖是指社交媒体平台影响力巨大的用户。用户是指社交媒体平台的使用者，包括意见领袖用户和普通用户。

情感的正面、负面和中性是指社交媒体内容反映出来的积极性情感态度、消极性情感和中性情感态度。举例，如果一篇关于"一带一路"的社交媒体消息，情感判断结果为积极性情感，则该消息为"一带一路"的正面消息；且如果该消息呈现的正面情感越强，则该消息是个关于"一带一路"更加正面的消息。如果一篇关于"一带一路"的社交媒体消息，情感判断结果为0，则该消息为"一带一路"的一个中性的消息。

2. 转发行为区分

社交媒体转发是指社交媒体用户转发特定社交媒体消息的行为，转发后的消息会出现在参与转发用户的首页上，成为转发用户自己发布消息列表部分，并被转发用户的粉丝看到。

转发分为两种类型：一种是直接转发，即点下转发按钮直接转发，实现上述转发效果；另外一种是配文转发，即点击转发按钮后，在配上对转发内容的观点或评论后转发。与直接转发相比，配文转发要付出更多的时间写文本，配文转发后，配文会和转发内容一起出现在转发用户的首页上，配文在上，被转发内容在下。与直接转发相比，配文转发是一种更加深度参与的二次传播行为。

特别提醒，两两比较所有指标重要性的依据为指标对传播效果的重要程度。以认知和情感对比为例，如果选择情感更为重要，则评估专家认为情感对传播效果更为重要；如果选择认知，则评估专家认为认知更为重要。请专家围绕传播效果评分，给出客观准确的评价，避免不相关因素干扰。

本指标体系基于传播效果阶梯模型，认知（第一阶段）≥情感（第二阶段）≥行为（第三阶段），从低到高三个阶段，并结合社交媒体平台信息传播特点而编制。对指标体系多种影响因素使用网络分析法进行分析。

3. 层次模型

二 问卷说明

此调查问卷的目的在于确定"'一带一路'社交媒体平台传播效果评价指标体系"各影响因素的相对权重。调查问卷根据网络分析法（ANP）的形式设计。这种方法对影响因素重要性进行两两比较。衡量尺度划分为9个等级，其中9、7、5、3、1的数值分别对应绝对重要、十分重要、比较重要、稍微重要、同样重要，8、6、4、2表示重要程度介于相邻的两个等级之间。选择靠左边的等级单元格表示左列因素比右列因素重要，选择靠右边的等级单元格表示右列因素比左列因素重要。根据您的看法，点击相应的单元格即可评分。单元格点击后会改变颜色，标识您对这项两两比较的判断数据。

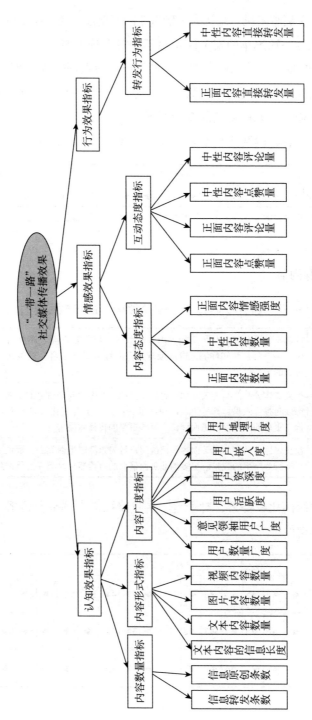

"一带一路"社交媒体传播效果评价三层指标体系图

示例：对于买车来说，您认为一辆汽车的安全性重要，还是价格重要？

如果您认为一辆汽车的安全性相对于价格十分重要（7），那么请在左侧（7，十分重要）的单元格中点击。如果想取消数据输入（即不能/不想给出这个两两比较的问题的判断数据），双击"同样重要"（1）单元格即可，此行数据输入单元格将全部变为淡绿色。

样表：下列各组两两比较要素，对于"买车"的相对重要性如何？

A	重要性比较																	B
安全性	◀9	◀8	◀7	◀6	◀5	◀4	◀3	◀2	1	2▶	3▶	4▶	5▶	6▶	7▶	8▶	9▶	价格

注意：Excel2003 格式的调查表需要启用宏才能正常工作，否则无法通过点击单元格输入两两比较数据！

三　问卷内容

1. 评估"一带一路社交媒体平台传播效果"的相对重要性

认知效果指标	社交媒体平台与公共产品相关内容的数量、形式和广度。评价用户关于"一带一路"信息认知环境，信息量越大，内容形式越丰富，覆盖面越广，反映更强的传播效果
情感效果指标	社交媒体公共产品相关原创内容以及由此而产生的互动内容的正面、中性情感态度与强度效果。评价用户认知信息后产生的态度变化效果。更多的正面评价，更多的高强度的正面评价，反映更强的传播效果
行为效果指标	社交媒体公共产品相关内容，评价用户行为角度产生的效果，聚焦于用户的再传播行为产生的效果。更多的非负面信息的再传播反映更强的传播效果

下列各组两两比较要素，对于"一带一路社交媒体平台传播效果"的相对重要性如何？

A	重要性比较																	B
认知效果指标	◀9	◀8	◀7	◀6	◀5	◀4	◀3	◀2	1	2▶	3▶	4▶	5▶	6▶	7▶	8▶	9▶	情感效果指标
认知效果指标	◀9	◀8	◀7	◀6	◀5	◀4	◀3	◀2	1	2▶	3▶	4▶	5▶	6▶	7▶	8▶	9▶	行为效果指标
情感效果指标	◀9	◀8	◀7	◀6	◀5	◀4	◀3	◀2	1	2▶	3▶	4▶	5▶	6▶	7▶	8▶	9▶	行为效果指标

2. 评估"情感效果指标"的相对重要性

内容态度指标	社交媒体公共产品相关原创内容呈现的对该公共产品的非负面评价效果
互动态度指标	社交媒体公共产品相关原创内容中非负面内容引发的互动效果

下列各组两两比较要素，对于"情感效果指标"的相对重要性如何？

A	重要性比较																	B
内容态度指标	◀9	◀8	◀7	◀6	◀5	◀4	◀3	◀2	1	2▶	3▶	4▶	5▶	6▶	7▶	8▶	9▶	互动态度指标

3. 评估"认知效果指标"的相对重要性

内容数量指标	社交媒体公共产品相关内容的数量效果
内容形式指标	社交媒体公共产品相关内容信息形式的丰富程度效果
内容广度指标	社交媒体公共产品相关内容用户覆盖广度效果

下列各组两两比较要素，对于"认知效果指标"的相对重要性如何？

A	重要性比较																	B
内容数量指标	◀9	◀8	◀7	◀6	◀5	◀4	◀3	◀2	1	2▶	3▶	4▶	5▶	6▶	7▶	8▶	9▶	内容形式指标
内容数量指标	◀9	◀8	◀7	◀6	◀5	◀4	◀3	◀2	1	2▶	3▶	4▶	5▶	6▶	7▶	8▶	9▶	内容广度指标
内容形式指标	◀9	◀8	◀7	◀6	◀5	◀4	◀3	◀2	1	2▶	3▶	4▶	5▶	6▶	7▶	8▶	9▶	内容广度指标

4. 评估"用户转发行为效果指标"的相对重要性

正面内容直接转发量	社交媒体用户转发与公共产品相关正面内容的直接转发数量
正面内容转发配文量	社交媒体用户转发与公共产品相关正面内容的配文转发数量
中性内容直接转发量	社交媒体用户转发与公共产品相关中性内容的直接转发数量
中性内容转发配文量	社交媒体用户转发与公共产品相关中性内容的配文转发数量

下列各组两两比较要素，对于"用户转发行为效果指标"的相对重要性如何？

A	重要性比较																		B
正面内容直接转发量	◀9	◀8	◀7	◀6	◀5	◀4	◀3	◀2	1	2▶	3▶	4▶	5▶	6▶	7▶	8▶	9▶		正面内容转发配文量
正面内容直接转发量	◀9	◀8	◀7	◀6	◀5	◀4	◀3	◀2	1	2▶	3▶	4▶	5▶	6▶	7▶	8▶	9▶		中性内容直接转发量
正面内容直接转发量	◀9	◀8	◀7	◀6	◀5	◀4	◀3	◀2	1	2▶	3▶	4▶	5▶	6▶	7▶	8▶	9▶		中性内容转发配文量
正面内容转发配文量	◀9	◀8	◀7	◀6	◀5	◀4	◀3	◀2	1	2▶	3▶	4▶	5▶	6▶	7▶	8▶	9▶		中性内容直接转发量
正面内容转发配文量	◀9	◀8	◀7	◀6	◀5	◀4	◀3	◀2	1	2▶	3▶	4▶	5▶	6▶	7▶	8▶	9▶		中性内容转发配文量
中性内容直接转发量	◀9	◀8	◀7	◀6	◀5	◀4	◀3	◀2	1	2▶	3▶	4▶	5▶	6▶	7▶	8▶	9▶		中性内容转发配文量

5. 评估"内容态度指标"的相对重要性

正面内容数量	社交媒体与公共产品相关原创内容中正面情感内容数量
中性内容数量	社交媒体与公共产品相关原创内容中中性情感内容数量
正面内容情感强度	社交媒体与公共产品相关原创内容中正面内容正向情感强烈程度。该指标越高,反映该原创内容对于公共产品的正面态度越强烈

下列各组两两比较要素,对于"内容态度指标"的相对重要性如何?

A	重要性比较																		B
正面内容数量	◀9	◀8	◀7	◀6	◀5	◀4	◀3	◀2	1	2▶	3▶	4▶	5▶	6▶	7▶	8▶	9▶		中性内容数量
正面内容数量	◀9	◀8	◀7	◀6	◀5	◀4	◀3	◀2	1	2▶	3▶	4▶	5▶	6▶	7▶	8▶	9▶		正面内容情感强度
中性内容数量	◀9	◀8	◀7	◀6	◀5	◀4	◀3	◀2	1	2▶	3▶	4▶	5▶	6▶	7▶	8▶	9▶		正面内容情感强度

6. 评估"互动态度指标"的相对重要性

正面内容点赞量	社交媒体与公共产品相关原创内容中正面内容被点赞的数量总量

续表

正面内容评论量	社交媒体与公共产品相关原创内容中正面内容被评论的数量总量
中性内容点赞量	社交媒体与公共产品相关原创内容中中性内容被点赞的数量总量
中性内容评论量	社交媒体与公共产品相关原创内容中中性内容被评论的数量总量
正面内容正面评论情感强度	社交媒体与公共产品相关原创内容中正面内容获正面评论的情感强度
中性内容正面评论情感强度	社交媒体与公共产品相关原创内容中中性内容获正面评论的情感强度

下列各组两两比较要素，对于"互动态度指标"的相对重要性如何？

A	重要性比较																	B
正面内容点赞量	◀9	◀8	◀7	◀6	◀5	◀4	◀3	◀2	1	2▶	3▶	4▶	5▶	6▶	7▶	8▶	9▶	正面内容评论量
正面内容点赞量	◀9	◀8	◀7	◀6	◀5	◀4	◀3	◀2	1	2▶	3▶	4▶	5▶	6▶	7▶	8▶	9▶	中性内容点赞量
正面内容点赞量	◀9	◀8	◀7	◀6	◀5	◀4	◀3	◀2	1	2▶	3▶	4▶	5▶	6▶	7▶	8▶	9▶	中性内容评论量
正面内容点赞量	◀9	◀8	◀7	◀6	◀5	◀4	◀3	◀2	1	2▶	3▶	4▶	5▶	6▶	7▶	8▶	9▶	正面内容正面评论情感强度
正面内容点赞量	◀9	◀8	◀7	◀6	◀5	◀4	◀3	◀2	1	2▶	3▶	4▶	5▶	6▶	7▶	8▶	9▶	中性内容正面评论情感强度
正面内容评论量	◀9	◀8	◀7	◀6	◀5	◀4	◀3	◀2	1	2▶	3▶	4▶	5▶	6▶	7▶	8▶	9▶	中性内容点赞量
正面内容评论量	◀9	◀8	◀7	◀6	◀5	◀4	◀3	◀2	1	2▶	3▶	4▶	5▶	6▶	7▶	8▶	9▶	中性内容评论量
正面内容评论量	◀9	◀8	◀7	◀6	◀5	◀4	◀3	◀2	1	2▶	3▶	4▶	5▶	6▶	7▶	8▶	9▶	正面内容正面评论情感强度
正面内容评论量	◀9	◀8	◀7	◀6	◀5	◀4	◀3	◀2	1	2▶	3▶	4▶	5▶	6▶	7▶	8▶	9▶	中性内容正面评论情感强度
中性内容点赞量	◀9	◀8	◀7	◀6	◀5	◀4	◀3	◀2	1	2▶	3▶	4▶	5▶	6▶	7▶	8▶	9▶	中性内容评论量
中性内容点赞量	◀9	◀8	◀7	◀6	◀5	◀4	◀3	◀2	1	2▶	3▶	4▶	5▶	6▶	7▶	8▶	9▶	正面内容正面评论情感强度

续表

A	重要性比较																	B
中性内容 点赞量	◄9	◄8	◄7	◄6	◄5	◄4	◄3	◄2	1	2►	3►	4►	5►	6►	7►	8►	9►	中性内容 正面评论 情感强度
中性内容 评论量	◄9	◄8	◄7	◄6	◄5	◄4	◄3	◄2	1	2►	3►	4►	5►	6►	7►	8►	9►	正面内容 正面评论 情感强度
中性内容 评论量	◄9	◄8	◄7	◄6	◄5	◄4	◄3	◄2	1	2►	3►	4►	5►	6►	7►	8►	9►	中性内容 正面评论 情感强度
正面内容 正面评论 情感强度	◄9	◄8	◄7	◄6	◄5	◄4	◄3	◄2	1	2►	3►	4►	5►	6►	7►	8►	9►	中性内容 正面评论 情感强度

7. 评估"内容数量指标"的相对重要性

信息转发条数	社交媒体与公共产品相关原创内容被转发的条数
信息原创条数	社交媒体与公共产品相关原创内容条数

下列各组两两比较要素，对于"内容数量指标"的相对重要性如何？

A	重要性比较																	B
信息转发 条数	◄9	◄8	◄7	◄6	◄5	◄4	◄3	◄2	1	2►	3►	4►	5►	6►	7►	8►	9►	信息原创 条数

8. 评估"内容形式指标"的相对重要性

文本内容的信息长度	社交媒体与公共产品相关原创内容中文本的平均长度
文本内容数量	社交媒体与公共产品相关原创内容中文本信息的数量
图片内容数量	社交媒体与公共产品相关原创内容中含有图片信息的数量
视频内容数量	社交媒体与公共产品相关原创内容中含有视频信息的数量

下列各组两两比较要素，对于"内容形式指标"的相对重要性如何？

A	重要性比较																	B
文本 内容的 信息长度	◄9	◄8	◄7	◄6	◄5	◄4	◄3	◄2	1	2►	3►	4►	5►	6►	7►	8►	9►	文本内容 数量

A	重要性比较																	B
文本内容的信息长度	◄9	◄8	◄7	◄6	◄5	◄4	◄3	◄2	1	2►	3►	4►	5►	6►	7►	8►	9►	图片内容数量
文本内容的信息长度	◄9	◄8	◄7	◄6	◄5	◄4	◄3	◄2	1	2►	3►	4►	5►	6►	7►	8►	9►	视频内容数量
文本内容数量	◄9	◄8	◄7	◄6	◄5	◄4	◄3	◄2	1	2►	3►	4►	5►	6►	7►	8►	9►	图片内容数量
文本内容数量	◄9	◄8	◄7	◄6	◄5	◄4	◄3	◄2	1	2►	3►	4►	5►	6►	7►	8►	9►	视频内容数量
图片内容数量	◄9	◄8	◄7	◄6	◄5	◄4	◄3	◄2	1	2►	3►	4►	5►	6►	7►	8►	9►	视频内容数量

9. 评估"内容广度指标"的相对重要性

用户数量广度	参与社交媒体与公共产品相关原创内容发布用户数量
意见领袖用户广度	参与社交媒体与公共产品相关原创内容粉丝量巨大用户和媒体用户数量
用户活跃度	参与社交媒体与公共产品相关原创内容用户单位时间内社交媒体发布内容的数量
用户资深度	参与社交媒体与公共产品相关原创内容用户在社交媒体注册时间长度平均值
用户嵌入度	参与社交媒体与公共产品相关原创内容用户所关注信息源数量的平均值
用户地理广度	参与社交媒体与公共产品相关原创内容用户所覆盖的地理国土面积

下列各组两两比较要素，对于"内容广度指标"的相对重要性如何？

A	重要性比较																	B
用户数量广度	◄9	◄8	◄7	◄6	◄5	◄4	◄3	◄2	1	2►	3►	4►	5►	6►	7►	8►	9►	意见领袖用户广度
用户数量广度	◄9	◄8	◄7	◄6	◄5	◄4	◄3	◄2	1	2►	3►	4►	5►	6►	7►	8►	9►	用户活跃度
用户数量广度	◄9	◄8	◄7	◄6	◄5	◄4	◄3	◄2	1	2►	3►	4►	5►	6►	7►	8►	9►	用户资深度

A	重要性比较																	B
用户数量广度	◀9	◀8	◀7	◀6	◀5	◀4	◀3	◀2	1	2▶	3▶	4▶	5▶	6▶	7▶	8▶	9▶	用户嵌入度
用户数量广度	◀9	◀8	◀7	◀6	◀5	◀4	◀3	◀2	1	2▶	3▶	4▶	5▶	6▶	7▶	8▶	9▶	用户地理广度
意见领袖用户广度	◀9	◀8	◀7	◀6	◀5	◀4	◀3	◀2	1	2▶	3▶	4▶	5▶	6▶	7▶	8▶	9▶	用户活跃度
意见领袖用户广度	◀9	◀8	◀7	◀6	◀5	◀4	◀3	◀2	1	2▶	3▶	4▶	5▶	6▶	7▶	8▶	9▶	用户资深度
意见领袖用户广度	◀9	◀8	◀7	◀6	◀5	◀4	◀3	◀2	1	2▶	3▶	4▶	5▶	6▶	7▶	8▶	9▶	用户嵌入度
意见领袖用户广度	◀9	◀8	◀7	◀6	◀5	◀4	◀3	◀2	1	2▶	3▶	4▶	5▶	6▶	7▶	8▶	9▶	用户地理广度
用户活跃度	◀9	◀8	◀7	◀6	◀5	◀4	◀3	◀2	1	2▶	3▶	4▶	5▶	6▶	7▶	8▶	9▶	用户资深度
用户活跃度	◀9	◀8	◀7	◀6	◀5	◀4	◀3	◀2	1	2▶	3▶	4▶	5▶	6▶	7▶	8▶	9▶	用户嵌入度
用户活跃度	◀9	◀8	◀7	◀6	◀5	◀4	◀3	◀2	1	2▶	3▶	4▶	5▶	6▶	7▶	8▶	9▶	用户地理广度
用户资深度	◀9	◀8	◀7	◀6	◀5	◀4	◀3	◀2	1	2▶	3▶	4▶	5▶	6▶	7▶	8▶	9▶	用户嵌入度
用户资深度	◀9	◀8	◀7	◀6	◀5	◀4	◀3	◀2	1	2▶	3▶	4▶	5▶	6▶	7▶	8▶	9▶	用户地理广度
用户嵌入度	◀9	◀8	◀7	◀6	◀5	◀4	◀3	◀2	1	2▶	3▶	4▶	5▶	6▶	7▶	8▶	9▶	用户地理广度

问卷结束，谢谢合作！

参考文献

一　中文著作

柴瑜、王晓泉主编《"一带一路"建设发展报告（2020）》，社会科学文献出版社，2020。

陈洁、康力、赵昕：《"一带一路"建设中的实践成就与风险防范研究》，上海交通大学出版社，2019。

陈力丹：《舆论学——舆论导向研究》，中国广播电视出版社，1999。

陈卫星主编《国际关系与全球传播》，北京广播学院出版社，2003。

程诚：《"一带一路"中非发展合作新模式："造血金融"如何改变非洲》，中国人民大学出版社，2018。

程曼丽、王维佳：《对外传播效果及其效果研究》，北京大学出版社，2011。

初冬梅：《"一带一路"与中国农业"走出去"——以黑龙江农垦在俄罗斯东部地区的农业开发为例》，社会科学文献出版社，2017。

戴永红、秦永红主编《中国与南亚·东南亚区域合作：互联互通的视角》，四川大学出版社，2016。

郭庆光：《传播学教程》，中国人民大学出版社，2011。

胡正荣、关娟娟主编《世界主要媒体的国际传播战略》，中国传媒大学出版社，2011。

胡正荣、李继东、姬德强主编《中国国际传播发展研究》，社会科学文献出版社，2021。

胡正荣：《传播学总论》，北京广播学院出版社，1997。

计金标、梁昊光主编《中国"一带一路"投资安全研究报告（2021）》，社会科学文献出版社，2021。

姜加林、于运全主编《世界新格局与中国国际传播——"第二届全国对外传播理论研讨会"论文集》，外文出版社，2012。

柯惠新、王兰柱等：《媒介与奥运：一个传播效果的实证研究（北京奥运篇）》，中国传媒大学出版社，2010。

李启明、贾若愚、邓小鹏：《国际工程政治风险的智能预测与对策选择》，东南大学出版社，2017。

李水凤：《"一带一路"倡议下"孟中印缅"经济走廊建设》，云南人民出版社，2018。

李希光、孙静惟主编《全球新传播：来自清华园的思想交锋》，南方报业出版社，2002。

李希光、周庆安主编《软力量与全球传播》，清华大学出版社，2005。

李智：《国际政治传播：控制与效果》，北京大学出版社，2007。

林宏宇：《白宫的诱惑：美国总统选举政治研究（1952~2004）》，天津人民出版社，2006。

刘海龙：《宣传：观念、话语及其正当化》，中国大百科全书出版社，2013。

刘继南、周积华、段鹏等：《国际传播与国家形象——国际关系的新视角》，北京广播学院出版社，2002。

刘建明、纪忠慧、王莉丽：《舆论学概论》，中国传媒大学出版社，2009。

刘思峰等：《灰色系统理论及其应用》，科学出版社，2010。

刘滢：《国际传播：全媒体生产链重构》，新华出版社，2016。

刘志明：《舆情大数据指数》，社会科学文献出版社，2016。

上海国际经济交流中心组编《迈向高质量的"一带一路"：海外学者的视角》，上海社会科学院出版社，2021。

谭秀杰主编《"一带一路"建设：中国与周边地区的经贸合作研究（2018~2019)》，社会科学文献出版社，2021。

唐润华等：《中国媒体国际传播能力建设战略》，新华出版社，2015。

田智辉：《新媒体环境下的国际传播》，中国传媒大学出版社，2010。

佟景洋：《源缘圆元："一带一路"视域下中蒙俄经贸发展》，社会科学文献出版社，2019。

汪伟民等：《"一带一路"沿线海外港口建设调研报告》，上海社会科学院
　　出版社，2019。

汪小帆、李翔、陈关荣编著《复杂网络理论及其应用》，清华大学出版社，
　　2006。

王德宏：《"一带一路"商业模式与风险管理》，中国人民大学出版社，
　　2020。

王微微：《"一带一路"倡议背景下中国对外贸易发展研究》，中国经济出
　　版社，2021。

王战、张瑾、刘天乔主编《非洲经济和社会文化制度研究》，武汉大学出
　　版社，2018。

吴瑛：《中国声音的国际传播力研究》，上海交通大学出版社，2016。

徐照林、朴钟恩、王竞楠编著《"一带一路"建设与全球贸易及文化交
　　流》，东南大学出版社，2016。

许培源：《"一带一路"经贸合作及其经济效应》，社会科学文献出版社，
　　2021。

许树柏编著《实用决策方法：层次分析法原理》，天津大学出版社，1988。

杨洁勉主编《"一带一路"与中东欧》，上海外语教育出版社，2019。

于施洋、杨道玲、王璟璇：《基于大数据的"一带一路"国际合作风险评
　　估与应对》，社会科学文献出版社，2019。

喻国明等：《中国大众媒介的传播效果与公信力研究——基础理论、测评
　　方法与实证研究》，经济科学出版社，2009。

张洁主编《中国周边安全形势评估（2016）——"一带一路"：战略对接
　　与安全风险》，社会科学文献出版社，2016。

张昆：《国家形象传播》，复旦大学出版社，2005。

张明：《中国海外投资国家风险评级报告》，中国社会科学出版社，2014。

中债资信评估有限责任公司、中国社会科学院世界经济与政治研究所主编
　　《中国对外直接投资与国家风险报告（2017）——"一带一路"：海外
　　建设新版图》，社会科学文献出版社，2017。

邹磊：《中国"一带一路"战略的政治经济学》，上海人民出版社，2015。

周宁:《跨文化研究:以中国形象为方法》,商务印书馆,2011。

二 中文译著

布莱恩特主编《媒介效果:理论与研究前沿》,石义彬译,华夏出版社,
2009。

丹尼尔·麦奎尔:《受众分析》,刘燕南等译,中国人民大学出版社,2006。

丹尼斯·麦奎尔:《麦奎尔大众传播理论》,崔保国、李琨译,清华大学出版
社,2010。

弗兰克·H. 奈特:《风险不确定性与利润》,安佳译,商务印书馆,2006。

古狄昆斯特、莫迪主编《国际传播与文化间传播研究手册》(第二版),陈
纳等译,复旦大学出版社,2016。

考林·霍斯金斯、斯图亚特·迈克法蒂耶、亚当·费恩:《全球电视和电
影:产业经济学导论》,刘丰海、张慧宇译,新华出版社,2004。

罗伯特·福特纳:《国际传播:"地球都市"的历史、冲突与控制》,刘利
群译,华夏出版社,2000。

罗莎琳德·皮卡德:《情感计算》,罗森林译,北京理工大学出版社,1997。

马克斯韦尔·麦库姆斯:《议程设置:大众媒体与舆论》,郭镇之等译,北
京大学出版社,2008。

诺曼·费尔克拉夫:《话语与社会变迁》,殷晓蓉译,华夏出版社,2003。

乔舒亚·库珀·雷默等:《中国形象:外国学者眼里的中国》,沈晓雷等
译,社会科学文献出版社,2006。

亚历山大·温特:《国际政治的社会理论》(新一版),秦亚青译,上海人
民出版社,2008。

伊丽莎白·诺尔-诺依曼:《沉默的螺旋:舆论——我们的社会皮肤》,董
璐译,北京大学出版社,2013。

三 中文期刊论文

安刚:《对中国区域国别研究的几点思考——访北京大学副教授牛可、云
南大学教授卢光盛》,《世界知识》2018 年第 12 期。

安珊珊、梁馨月:《美国新闻报道框架建构下的"中国形象"——美国主

流媒体"一带一路"峰会新闻报道框架解析》,《哈尔滨工业大学学报》(社会科学版) 2018 年第 2 期。

曹博林:《社交媒体:概念、发展历程、特征与未来——兼谈当下对社交媒体认识的模糊之处》,《湖南广播电视大学学报》2011 年第 3 期。

曾润喜、魏冯:《"一带一路"国家战略的舆论引导评价研究》,《情报杂志》2017 年第 5 期。

曾馨毅:《"一带一路"背景下中国形象建设与传播》,《新闻爱好者》2018 年第 9 期。

陈昌凤、师文:《智能化新闻核查技术:算法、逻辑与局限》,《新闻大学》2018 年第 6 期。

陈东军、谢红彬、王彬:《我国"一带一路"战略研究现状梳理基于 CiteSpace 分析》,《海南师范大学学报》(自然科学版) 2017 年第 1 期。

陈海贝、季叶玲、卓翔芝:《国内智库研究综述》,《常州工学院学报》2019 年第 4 期。

陈慧群、张振杰:《"一带一路"背景下财经智能数据库构建方法》,《环渤海经济瞭望》2019 年第 1 期。

陈力简:《正确引导中国"一带一路"建设的全球舆情》,《中国信息安全》2016 年第 2 期。

陈明亮、邱婷婷、谢莹:《微博主影响力评价指标体系的科学构建》,《浙江大学学报》(人文社会科学版) 2014 年第 2 期。

陈然:《政务社交媒体危机传播效果评价指标体系的构建》,《统计与决策》2019 年第 18 期。

陈世伦、王一苇:《媒体报道框架与中国海外形象建构——以柬埔寨主流媒体对"一带一路"倡议报道为例》,《广西民族大学学报》(哲学社会科学版) 2019 年第 1 期。

陈思宇、李永先:《国内外智库评价研究综述》,《改革与开放》2018 年第 17 期。

陈祥雨、陈美华:《建设"一带一路"沿线国家语言文化禁忌多媒体数据库》,《外语研究》2017 年第 5 期。

陈晓美、高铖、关心惠:《网络舆情观点提取的 LDA 主题模型方法》,《图书情报工作》2015年第21期。

陈煦：《"丝路"开拓，情报先行——"一带一路"相关数据库介绍及试用报告》，《竞争情报》2016年第2期。

陈雅莉：《东盟英文媒体涉"一带一路"报道之舆情与中国国家身份建构》，《广西社会科学》2019年第2期。

陈扬：《法德两国智库对"一带一路"倡议的评析》，《法国研究》2018年第4期。

陈瑶雯、何欢、范祚军：《东盟涉华舆情新特征及应对策略——基于命运共同体视角》，《世界经济与政治论坛》2018年第4期。

陈艺元：《2017年东南亚国家"一带一路"五通指数解读》，《东南亚研究》2019年第1期。

程多闻：《国际学界对区域研究的反思与再定位》，《国际论坛》2019年第2期。

程多闻：《区域研究与学科之间的争论与融合》，《国际观察》2018年第6期。

程明、奚路阳：《关于大数据技术与国际传播力建构的思考》，《新闻知识》2017年第6期。

程晓波：《"一带一路"大数据探索与实践》，《中国投资》2017年第21期。

仇华飞：《美国学者视角下的中国"一带一路"构想》，《国外社会科学》2015年第6期。

仇筠茜、韩淼：《独白、对话与推送——新华社海外社交媒体天津爆炸案报道分析》，《对外传播》2015年第9期。

储殷：《美国对"一带一路"的态度转变》，《世界知识》2017年第11期。

崔日明、陈晨：《美国"新丝绸之路"战略研究——基于中国"一带一路"战略比较》，《世界经济与政治论坛》2016年第3期。

戴元初：《大数据时代对外传播效果的评估与提升》，《对外传播》2014年第10期。

单理扬：《媒体话语的隐喻叙事研究——以美国主流报刊对"一带一路"倡议的隐喻塑造为例》，《山东外语教学》2017年第4期。

邓海龙：《美国 CNN 英语报道中的"一带一路"倡议》，《科技传播》2017年第 20 期。

邓香莲、闫玲玲：《全媒体时代出版企业的新媒体传播测评指标体系构建研究——以华东师范大学出版社为例》，《中国编辑》2019 年第 12 期。

杜治娟、王硕、王秋月等：《社会媒体大数据分析研究综述》，《计算机科学与探索》2017 年第 1 期。

冯超：《越南媒体对"一带一路"倡议的认知与舆情分析》，《新丝路学刊》2018 年第 1 期。

冯锐、李闻：《社交媒体影响力评价指标体系的构建》，《现代传播（中国传媒大学学报）》2017 年第 3 期。

付永嘉：《意大利加入一带一路后的中意经贸合作》，《开放导报》2019 年第 4 期。

高策、祁峰：《"一带一路"建设视域下提升中国国际话语权研究》，《理论导刊》2019 年第 10 期。

高小升：《欧盟高端智库对"一带一路"倡议的评析》，《社会科学文摘》2018 年第 2 期。

龚婷：《"一带一路"：国际舆论反应初探及应对建议》，《对外传播》2015 年第 3 期。

龚婷：《美国对"一带一路"倡议的认知和行动：演进及现状》，《和平与发展》2019 年第 5 期。

龚婷：《美国智库建言：美慎重应对"一带一路"和亚投行》，《社会科学文摘》2017 年第 2 期。

顾鸿雁：《日本智库对"一带一路"倡议的认知及其影响研究》，《国外社会科学》2018 年第 4 期。

顾晶姝：《外媒舆情中的中国形象构建研究——以〈产经新闻〉"一带一路"涉华报道为例》，《哈尔滨学院学报》2019 年第 7 期。

郭光华：《我国新闻媒体国际传播能力评估体系研究》，《湖南师范大学社会科学学报》2017 年第 4 期。

郭小安：《公共舆论中的情绪、偏见及"聚合的奇迹"——从"后真相"概念说起》，《国际新闻界》2019 年第 1 期。

韩冰：《中国日报新媒体实验室的国际传播效果评估实验》，《中国传媒科技》2015 年第 Z1 期。

韩增林、王雪、彭飞等：《基于恐袭数据的"一带一路"沿线国家安全态势及时空演变分析》，《地理科学》2019 年第 7 期。

何兰、马秀秀：《德国主流网站 WEB. DE 呈现的"一带一路"舆情研究》，《国际论坛》2018 年第 2 期。

何伟、高然：《新西兰媒体之中国"一带一路"倡议表征研究以新西兰先驱报为例》，《中国外语》2018 年第 3 期。

何音、夏志杰、翟玥、罗梦莹：《突发事件情境下影响媒体官方微博传播的因素研究——基于多分 logistic 回归》，《情报科学》2017 年第 4 期。

何钰婧：《高校智库服务"一带一路"建设存在的问题与对策研究》，《经济研究导刊》2019 年第 28 期。

侯迎忠、付阳、张天艺：《全球治理语境下的中国形象研究——以"一带一路"国际舆情为例》，《对外传播》2019 年第 9 期。

胡岸、陈斌：《国家议题的对外传播效果分析——以"一带一路"在海外社交媒体上的框架分析为例》，《编辑之友》2018 年第 12 期。

胡昌秀、林晶蕾、崔志圆等：《基于大数据的"一带一路"对区域经济发展态势研究》，《中国市场》2019 年第 11 期。

胡正荣：《共建人类命运共同体：从"一带一路"海外舆情看国际关系的中国方案》，《国际传播》2017 年第 2 期。

黄俊、董小玉：《"一带一路"国家战略的传播困境及突围策略》，《马克思主义研究》2015 年第 12 期。

黄琪轩、李晨阳：《美国海外市场开拓对中国"一带一路"战略的启示》，《探索与争鸣》2016 年第 5 期。

黄仕靖、吴川徽、陈国华等：《基于信息构建的科研项目数据库评价体系研究》，《现代情报》2019 年第 9 期。

黄晓曦、苏宏元：《中国文化走出去：评估指标构建与提升路径探析》，《学习论坛》2020 年第 1 期。

吉强：《基于社交媒体的中华文化国际传播的统战工作新路径探析》，《江苏省社会主义学院学报》2019 年第 2 期。

贾丽萍：《大数据视角下"一带一路"研究计量分析》，《江苏科技信息》
　　2018 年第 26 期。

贾娜：《美国智库对"一带一路"实施五年来的评议及应对》，《齐齐哈尔大
　　学学报》（哲学社会科学版）2019 年第 10 期。

贾诗慧、张凡：《阿根廷媒体看"一带一路"：焦点、舆情及报道框架》，
　　《国际传播》2018 年第 2 期。

江东、郝蒙蒙、庄大方等：《我国周边国家资源环境数据库建设的机遇、
　　挑战与方略》，《地球信息科学学报》2014 年第 1 期。

姜飞、张楠：《中国对外传播的三次浪潮（1978～2019）》，《全球传媒学
　　刊》2019 年第 2 期。

姜飞：《政治的传播与传播的政治辨析》，《现代传播（中国传媒大学学报)》
　　2015 年第 9 期。

姜宇飞、刘一伟、刘畅等：《"双一流"背景下高校特色学科资源数据库建
　　设实践与思考——以东北大学图书馆"冶金科学与技术文献数据库建
　　设"为例》，《图书馆学刊》2019 年第 3 期。

蒋忠波：《受众的感知、识记和态度改变：数据新闻的传播效果研究——
　　基于一项针对大学生的控制实验分析》，《新闻与传播研究》2018 年
　　第 9 期。

杰夫·史密斯、陈新星、赖海榕：《美国学者提出应对"一带一路"倡议
　　的 11 项措施》，《国外社会科学》2019 年第 1 期。

金兼斌、陈安繁：《网络事件和话题的热度：基于传播效果的操作化测量
　　设计》，《现代传播（中国传媒大学学报)》2017 年第 5 期。

金鑫、林永亮：《"一带一路"建设中的智库交流——"一带一路"智库
　　合作联盟建设实践及发展前景》，《当代世界》2019 年第 5 期。

鞠晶：《网络空间中国家形象的塑造与传播——以〈中国日报〉英文官方
　　网站为个案》，《东北师大学报》（哲学社会科学版）2022 年第 3 期。

柯惠新、陈旭辉、李海春、田卉：《我国对外传播效果评估的指标体系及
　　实施方法》，《对外传播》2009 年第 12 期。

柯惠新、刘绩宏：《重大事件舆情监测指标体系与预警分析模型的再探
　　讨》，《现代传播（中国传媒大学学报)》2011 年第 12 期。

匡文波、武晓立：《基于微信公众号的健康传播效果评价指标体系研究》，《国际新闻界》2019 年第 1 期。

李锋：《"一带一路"促进全球经济强劲、平衡、包容、可持续发展——"一带一路"国际合作高峰论坛"智库交流"平行主题会议综述》，《经济研究参考》2017 年第 31 期。

李鸿阶：《"一带一路"倡议研究评析》，《学术评论》2017 年第 5 期。

李凌凌、张远：《英国媒体对"一带一路"的报道倾向分析》，《新闻爱好者》2020 年第 7 期。

李妙妙、李昀：《基于数据包络分析法的北京市共建重点实验室效率评价》，《科技管理研究》2014 年第 4 期。

李明德、李巨星：《国家主流意识形态网络传播的效果评估体系研究》，《当代传播》2019 年第 2 期。

李倩倩、李瑛、刘怡君：《"一带一路"倡议海外传播分析——基于对主要国际媒体的文本挖掘方法》，《情报杂志》2019 年第 3 期。

李莎莎：《德国主流媒体对中国"一带一路"倡议认知——一项语料库批评话语分析》，《德国研究》2019 年第 2 期。

李晓、李俊久：《"一带一路"与中国地缘政治经济战略的重构》，《世界经济与政治》2015 年第 10 期。

李秀蛟：《俄罗斯智库专家对"一带一路"的评析》，《西伯利亚研究》2015 年第 3 期。

李学龙、龚海刚：《大数据系统综述》，《中国科学：信息科学》2015 年第 1 期。

李艳双、烟小静：《"一带一路"优秀智库研究现状与对策建议》，《智库理论与实践》2018 年第 6 期。

梁海峰：《日本社会对"一带一路"倡议认知的评析——基于互联网视角》，《经济研究参考》2018 年第 13 期。

梁昊光、靳怡璇：《"一带一路"全球治理与智库话语权》，《社会科学文摘》2018 年第 4 期。

林鸿、林宛霖、李艺丹、李美钘、徐桂权：《中外媒体"一带一路"议题呈现的比较分析》，《对外传播》2018 年第 5 期。

林民旺：《印度对"一带一路"的认知及中国的政策选择》，《世界经济与政治》2015 年第 5 期。

林欣：《高校智库服务"一带一路"战略存在的问题与对策》，《黑龙江高教研究》2016 年第 9 期。

刘光阳、邓大松、梁小江：《国内"一带一路"研究综述——基于定量和图谱分析》，《云南社会科学》2017 年第 1 期。

刘国斌：《"一带一路"建设的推进思路与政策创新研究》，《东北亚论坛》2019 年第 4 期。

刘家瑶：《"中国版马歇尔计划"舆论下推进"一带一路"的对策》，《现代商贸工业》2017 年第 14 期。

刘剑宇：《Web 挖掘技术在网络舆情预警中的研究与应用》，《四川警察学院学报》2009 年第 3 期。

刘军、马晴：《美国主流智库对"一带一路"倡议的认知探析》，《国外社会科学》2017 年第 3 期。

刘军、马晴：《美国主流智库对"一带一路"倡议的认知探析——基于布鲁金斯学会、卡内基基金会及美国进步中心的研究》，《国外社会科学》2017 年第 3 期。

刘思捷：《"一带一路"倡议背景下中意关系的现状及前景》，《智库时代》2018 年第 51 期。

刘伟：《"一带一路"倡议下国内外新闻舆情及其演化分析》，《统计与信息论坛》2018 年第 6 期。

刘亚飞：《企业公众微信营销效果评估研究》，《中国电子商务》2013 年第 8 期。

刘言君、黄婷、林建君：《基于层次分析法的体育场馆类 APP 传播效果的评价研究》，《浙江体育科学》2018 年第 6 期。

刘燕南、刘双：《国际传播效果评估指标体系建构：框架、方法与问题》，《现代传播（中国传媒大学学报)》2018 年第 8 期。

刘滢、应宵：《媒体国际微传播影响力的内涵与评估》，《国际传播》2018 年第 4 期。

刘滢：《从七家中国媒体实践看海外社交平台媒体传播效果评估》，《中国记者》2015年第7期。

刘颖:《2017年美国智库对"一带一路"倡议的认知》,《云南行政学院学报》2018年第5期。

刘雨农、吴柯烨、权昭瑄:《人文社科专题数据库建设的主题选择研究》,《现代情报》2019年第12期。

柳玲:《日本智库对"一带一路"倡议的认知与影响研究——以外交安保类智库为例》,《对外传播》2019年第3期。

柳玲:《日本智库对"一带一路"倡议的认知及其影响研究》,《对外传播》2019年第3期。

卢山冰、刘晓蕾、余淑秀:《"一带一路"与马歇尔计划的比较研究》,《人文杂志》2015年第10期。

鲁诤:《日韩政府和主流报纸关于亚洲基础设施投资银行的话语视角分析》,《新闻记者》2019年第6期。

陆钢:《"一带一路"地理空间认知与地理信息系统的大数据支持》,《当代世界》2018年第2期。

陆钢:《大数据时代下"一带一路"决策系统的构建》,《当代世界》2015年第7期。

陆洋、史志钦:《"一带一路"高校智库:发展策略研究》,《智库理论与实践》2019年第2期。

罗林、邵玉琢:《"一带一路"视域下国别和区域研究的大国学科体系建构》,《新疆师范大学学报》(哲学社会科学版)2018年第6期。

罗万丽、王蕊、孙东云:《大数据视阈下数据新闻在"一带一路"对外传播中的应用探析》,《西部广播电视》2017年第23期。

罗雪:《浅论我国媒体的国际传播效果评估体系构建》,《当代电视》2016年第10期。

罗雪:《社交网络中全球媒体的国际传播效果提升策略研究——基于CGTN和BBC推特账户的比较分析》,《电视研究》2018年第2期。

罗雪:《中国文化走出去:评估指标构建与提升路径探析》,《当代电视》2016年第10期。

马建英:《美国对中国"一带一路"倡议的认知与反应》,《世界经济与政治》2015 年第 10 期。

马龙、李虹:《论共情在"转文化传播"中的作用机制》,《现代传播(中国传媒大学学报)》2022 年第 2 期。

马明清、袁武、葛全胜等:《"一带一路"若干区域社会发展态势大数据分析》,《地理科学进展》2019 年第 7 期。

毛伟、文智贤:《Twitter 平台央媒"一带一路"报道的大数据分析——如何打造传播矩阵拓展"一带一路"朋友圈》,《中国记者》2018 年第 3 期。

茆家焱、郭永玉、杨沈龙:《阴谋论信念的产生机制——社会认知视角的三种解释》,《心理科学》2021 年第 1 期。

梅冠群:《智库要为"一带一路"高质量发展发挥更大作用》,《全球化》2019 年第 8 期。

孟炳君:《沙特阿拉伯主流媒体对"一带一路"倡议的认知》,《外语学刊》2018 年第 6 期。

苗吉:《多元中的演进:日本视野中的"一带一路"倡议》,《辽宁大学学报》(哲学社会科学版)2018 年第 1 期。

聂薇:《从功能语言学看英国主流媒体对"一带一路"倡议的态度变化》,《解放军外国语学院学报》2018 年第 6 期。

潘玥、常小竹:《印尼对"一带一路"的认知、反应及中国的应对建议》,《现代国际关系》2017 年第 5 期。

裴志利、阿茹娜、姜明洋等:《基于卷积神经网络的文本分类研究综述》,《内蒙古民族大学学报》(自然科学版)2019 年第 3 期。

彭伟、李树德:《智库独立属性研究:理论、动因与路径选择》,《情报杂志》2017 年第 6 期。

钱晶晶:《主场传播中国际经济话语权的争夺——"一带一路"论坛的国际舆情探究》,《新闻战线》2017 年第 11 期。

秦乐:《科技成果评价指标体系研究》,《信息通信技术与政策》2019 第 1 期。

清华大学爱泼斯坦对外传播研究中心:《"一带一路"议题的国际舆情分析》,《对外传播》2017 年第 5 期。

邱均平、沈超:《基于 LDA 模型的国内大数据研究热点主题分析》,《现代情报》2021 年第 9 期。

曲茹、于珊珊:《"一带一路"背景下中东欧国家涉华舆情研究与引导策略——以捷、波、拉、罗、匈五国主流媒体网站新闻报道为例》,《对外传播》2019 年第 12 期。

任晓:《再论区域国别研究》,《世界经济与政治》2019 年第 1 期。

阮建平:《"地缘竞争"与"区域合作":美国对"一带一路"倡议的地缘挑战与中国的应对思考》,《太平洋学报》2019 年第 12 期。

沙克尔江·阿不都许库尔:《我国新闻媒体客户端对外传播特征分析——以 China+Daily,CGTN 关于十九大专题报道为例》,《新媒体研究》2018 年第 13 期。

邵颖:《马来西亚官方媒体对"一带一路"的认知》,《中国外语》2018 年第 3 期。

盛毅、余海燕、岳朝敏:《关于"一带一路"战略内涵、特性及战略重点综述》,《经济体制改革》2015 年第 1 期。

石勇:《大数据与"一带一路"战略》,《行政管理改革》2016 年第 9 期。

史安斌:《探析全球传播变局与我国外宣思路》,《中国国情国力》2014 年第 11 期。

史育龙:《以智库为支撑推进"一带一路"建设》,《中国发展观察》2016 年第 1 期。

舒欢:《"一带一路"重大工程建设正面形象的舆论营造研究》,《南京社会科学》2016 年第 11 期。

宋婧琳、张华波:《动机·行为·影响:国外学界"一带一路"研究综述》,《社会主义研究》2018 年第 2 期。

宋瑞琛:《美国对"一带一路"倡议的认知及中国的策略选择——基于对美国布鲁金斯学会和外交关系委员会学者观点的分析》,《国际展望》2017 年第 6 期。

苏海英、吴良海:《基于云数据管理技术的石油文化数据库建设》,《现代计算机（专业版）》2014 年第 34 期。

隋岩、罗瑜:《论网络语言对话语权的影响》,《当代传播》2019 年第

4 期。

孙彬、王东：《"一带一路"下的多元文化大数据体系建设研究》，《电子政务》2017 年第 11 期。

孙发友、陈旭光：《"一带一路"话语的媒介生产与国家形象建构》，《西南民族大学学报》（人文社会科学版）2016 年第 11 期。

孙丽丽、孙海英、吴锋：《中俄文化艺术交流数据库建设存在的问题与对策》，《中外企业家》2019 年第 35 期。

孙玮：《我拍故我在　我们打卡故城市在——短视频：赛博城市的大众影像实践》，《国际新闻界》2020 年第 6 期。

孙彦红：《"一带一路"框架下的中意合作：机遇、优势与前景展望》，《当代世界》2019 年第 4 期。

孙彦红：《中意共同推进"一带一路"建设的意义与前景》，《世界知识》2019 年第 8 期。

孙颖：《国内"一带一路"相关文化研究综述——基于中国知网的分析》，《兰州大学学报》（社会科学版）2017 年第 6 期。

孙有中、江璐：《澳大利亚主流媒体中的"一带一路"》，《现代传播（中国传媒大学学报）》2017 年第 4 期。

汤景泰、星辰、高敬文：《论"一带一路"国际话语权的提升》，《新闻大学》2018 年第 5 期。

汤景泰、星辰、高敬文：《论"一带一路"国际话语权的提升——基于首届"一带一路"国际合作高峰论坛 Twitter 传播数据的分析》，《新闻大学》2018 年第 5 期。

汤云莹：《评价系统视角下英国对"一带一路"倡议的态度构建——以英国主流媒体对"一带一路"新闻报道为例》，《甘肃广播电视大学学报》2020 年第 3 期。

汤之敏：《中国-东盟智库在推进"一带一路"建设中的作用》，《东南亚纵横》2017 年第 6 期。

唐青叶、史晓云：《国外媒体"一带一路"话语表征对比研究——基于报刊语料库的话语政治分析》，《外语教学》2018 年第 5 期。

唐润华、刘滢：《媒体国际传播能力评估体系的核心指标》，《对外传播》

2011 年第 11 期。

唐彦林、贡杨、韩佶：《实施"一带一路"倡议面临的风险挑战及其治理研究综述》，《当代世界与社会主义》2015 年第 6 期。

汪宁：《丝绸之路大文化背景下俄罗斯东欧中亚区域国别研究的学科构建》，《新疆师范大学学报》（哲学社会科学版）2017 年第 2 期。

王丞：《"一带一路"高质量发展的内涵与路径》，《山东社会科学》2021 年第 4 期。

王传奇、李刚：《"一带一路"智库调研》，《图书馆论坛》2018 年第 4 期。

王飞：《拉美智库对新时代中国特色大国外交的认知述评——基于"一带一路"倡议和人类命运共同体的研究分析》，《国外社会科学》2018 年第 5 期。

王辉、陈阳：《基于大数据的"一带一路"沿线国家孔子学院分布研究》，《云南师范大学学报对外汉语教学与研究版》2019 年第 1 期。

王辉、王亚蓝：《"一带一路"沿线国家语言状况》，《语言战略研究》2016 年第 2 期。

王洁、乔艺璇、彭岩等：《基于深度学习的美国媒体"一带一路"舆情的情感分析》，《电子技术应用》2018 年第 11 期。

王婕：《美国智库中"一带一路"话语的介入资源分析———以卡内基国际和平研究院为例》，《宿州学院学报》2018 年第 4 期。

王丽：《"一带一路"对外汉语传播的创新模式》，《青年记者》2017 年第 32 期。

王莉丽、刘子豪：《后真相时代特朗普"推特治国"舆论传播特点及启示》，《国外社会科学》2018 年第 3 期。

王连喜、蒋盛益、李霞等：《"一带一路"研究热点与新兴主题发展分析》，《情报杂志》2019 年第 2 期。

王林聪：《智库建设与中阿一带一路共建》，《宁夏社会科学》2015 年第 6 期。

王灵桂、高子华：《境外主要战略智库关于"一带一路"倡议研究评析》，《文献与数据学报》2019 年第 1 期。

王茜婷：《如何正确引领"一带一路"的国际舆论——以中巴经济走廊项

目为例》，《传媒》2017 年第 2 期。

王瑞林、毛彦心：《〈人民日报〉（海外版）国家形象建构研究——以"一带一路"国际合作高峰论坛为例》，《传媒》2018 年第 17 期。

王卫星：《全球视野下的"一带一路"风险与挑战》，《人民论坛·学术前沿》2015 年第 9 期。

王蔚蔚、邵培仁：《"一带一路"新闻传播研究现状与突围》，《中国出版》2019 年第 6 期。

王晰巍、张柳、黄博、韦雅楠：《基于 LDA 的微博用户主题图谱构建及实证研究——以"埃航空难"为例》，《数据分析与知识发现》2020 年第 10 期。

王锡苓，谢诗琦：《新时代"人类命运共同体"理念传播评价体系的构建》，《现代传播（中国传媒大学学报）》2020 年第 7 期。

王晓昆：《美国主流媒体"一带一路"倡议报道研究——以〈纽约时报〉〈华尔街日报〉〈华盛顿邮报〉为例》，《青年记者》2018 年第 6 期。

王秀丽、赵雯雯、袁天添：《社会化媒体效果测量与评估指标研究综述》，《国际新闻界》2017 年第 4 期。

王义桅、郑栋：《"一带一路"战略的道德风险与应对措施》，《党政视野》2015 年第 10 期。

王瑛帆：《中国驻外大使口述史数据库建设研究》，《图书馆学研究》2018 年第 24 期。

王之延：《中国主流媒体国际传播效果研究的社会化取向》，《国际传播》2019 年第 2 期。

王周谊、耿琴：《区域研究及其复合型人才培养机制研究》，《社会科学管理与评论》2013 年第 1 期。

韦灵、倪志平：《基于自然语言处理和机器学习的文本分类及其运用》，《科技视界》2019 年第 27 期。

韦路、丁方舟：《社会化媒体时代的全球传播图景：基于 Twitter 媒介机构账号的社会网络分析》，《浙江大学学报》（人文社会科学版）2015 年第 6 期。

韦宗友：《美国媒体对"一带一路"倡议的认知——基于美国三大主流媒

体的文本分析》,《国际观察》2018 年第 1 期。

韦宗友:《战略焦虑与美国对"一带一路"倡议的认知及政策变化》,《南洋问题研究》2018 年第 4 期。

吴超、李益斌:《"一带一路"对周边国家涉华舆情的影响研究——基于聚类分析法》,《情报杂志》2019 年第 10 期。

吴飞、刘晶:《像与镜中国形象认知差异研究》,《新闻大学》2014 年第 2 期。

吴惠莉:《海外华文媒体如何讲好"一带一路"故事》,《青年记者》2019 年第 14 期。

吴倩:《"一带一路"倡议下我国媒体对外文化传播力构建》,《中国出版》2018 年第 15 期。

吴胜涛、周阳、傅小兰等:《"一带一路"沿线文化与合作交往模式探究:基于社交媒体大数据的心理分析》,《中国科学院院刊》2018 年第 3 期。

吴文成:《美国著名智库对"一带一路"的认知分歧与美国对华多重身份定位》,《国际论坛》2018 年第 4 期。

吴信东、李毅、李磊:《在线社交网络影响力分析》,《计算机学报》2014 年第 4 期。

吴瑛:《从大数据看民间智库的对外传播效果》,《对外传播》2015 年第 7 期。

吴玉兰、肖青:《财经媒体官方微博传播影响力研究——以"@财新网"为例》,《现代传播(中国传媒大学学报)》2014 年第 6 期。

夏德元、宁传林:《"一带一路"新闻传播问题研究现状及热点分析——基于文献计量、共词分析与 SNA 方法》,《当代传播》2018 年第 1 期。

肖珺:《多模态话语分析:理论模型及其对新媒体跨文化传播研究的方法论意义》,《武汉大学学报》(人文科学版)2017 年第 6 期。

徐洪才:《"一带一路"创新发展国际合作蓝图——"一带一路"国际合作高峰论坛"智库交流"平行主题会议综述第下期》,《经济研究参考》2017 年第 31 期。

徐靖:《中国国家形象构建与提升:"一带一路"新闻语篇的积极话语分

析》,《中州大学学报》2019 年第 5 期。

徐明华、李丹妮:《情感畛域的消解与融通:"中国故事"跨文化传播的沟通介质和认同路径》,《现代传播(中国传媒大学学报)》2019 年第 3 期。

徐翔:《国际社交媒体传播的中国文化及其类型特征——基于网络文本挖掘的实证研究》,《哈尔滨工业大学学报》(社会科学版)2017 年第 2 期。

徐翔:《中国文化在国际社交媒体传播中的"话语圈层"效应》,《新闻界》2017 年第 2 期。

许伟通:《大学新使命:区域国别研究》,《高教与经济》2012 年第 3 期。

许雨燕:《中国国家形象的国际认知差异及其原因分析》,《深圳大学学报》(人文社会科学版)2015 年第 5 期。

薛力:《美国再平衡战略与中国"一带一路"》,《世界经济与政治》2016 年第 5 期。

薛庆国:《"一带一路"倡议在阿拉伯世界的传播:舆情、实践与建议》,《西亚非洲》2015 年第 6 期。

严丹、李明炎:《高校"一带一路"研究的信息需求和资源支撑体系构建》,《图书馆建设》2018 年第 8 期。

严丹、马吟雪:《"一带一路"专题数据库的建设现状及开发策略研究》,《图书馆学研究》2017 年第 12 期。

杨道玲、王璟璇、傅娟:《大战略呼唤大数据——关于建设国家"一带一路"大数据决策支持体系的建议》,《中国战略新兴产业》2017 年第 29 期。

杨东升:《打造全国"一带一路"研究的高端平台——在第四届全国"一带一路"沿线城市智库联盟大会上的致辞》,《大陆桥视野》2019 年第 9 期。

杨凯、聂国娜:《中国故事短视频对外传播叙事策略——Facebook 平台 CGTN "一带一路"主题短视频分析》,《今传媒》2019 年第 12 期。

杨胜兰、朱新光:《美国、印度对"一带一路"的知觉与错误知觉及中国的应对策略》,《学术探索》2017 年第 8 期。

杨婷婷、李永先、吕诚诚：《我国智库能力研究综述》，《改革与开放》
　　2018 年第 18 期。

杨祥章：《发展中国特色区域国别研究，助力"一带一路"建设》，《云南
　　大学学报》（社会科学版）2018 年第 5 期。

杨晓冬：《"一带一路"对外传播的现状、问题及对策》，《青年记者》
　　2018 年第 29 期。

杨颖：《短视频表达：中国概念对外传播的多模态话语创新实践》，《现代
　　传播（中国传媒大学学报)》2017 年第 11 期。

杨颖：《对外传播与多模态话语研究》，《全球传媒学刊》2016 年第 3 期。

姚建峰、田生湖、崔同宜：《"一带一路"背景下的区域经济研究特征与热
　　点综述——基于 CNKI 文献的科学计量和可视化分析》，《云南开放大
　　学学报》2019 年第 1 期。

应琛：《"一带一路"框架下人文互通的现状与思考》，《当代世界》2019
　　年第 5 期。

游启明：《美国对"一带一路"倡议的评估解读：霸权认同理论的视角》，
　　《国际观察》2019 年第 3 期。

于丹红：《俄罗斯国家电视台消息频道"一带一路"报道评析》，《西伯利
　　亚研究》2017 年第 6 期。

于施洋、王璟璇、杨道玲：《数说"一带一路"国别合作度》，《中国投
　　资》2018 年第 19 期。

于运全、王丹、孙敬鑫：《以民意调查助力国家形象精准塑造——基于中
　　国国家形象全球调查（2020）的思考》，《对外传播》2022 年第 1 期。

喻国明：《跨文化交流中的三个关键性传播节点——关于减少和消除"文
　　化折扣"的传播学视角》，《新闻与写作》2020 年第 3 期。

喻国明：《影响力经济——对传媒产业本质的一种诠释》，《现代传播》
　　2003 年第 1 期。

袁建霞、董瑜、张薇：《论情报研究在我国智库建设中的作用》，《情报杂
　　志》2015 年第 4 期。

詹霞：《德国智库对"一带一路"倡议的认知》，《外语学刊》2018 年第
　　6 期。

张德伟：《国际比较教育学领域倡导"区域研究"的新动向》，《外国教育研究》2009年第6期。

张栋、许燕、张舒媛：《"一带一路"沿线主要国家投资风险识别与对策研究》，《东北亚论坛》2019年第3期。

张继洲：《如何让世界更加了解"一带一路"：以英国媒体的报道为例》，《科技传播》2017年第21期。

张凯滨：《国际主流舆论场对"一带一路"倡议的情绪与预期——基于情感地缘政治学的视角》，《国际传播》2018年第6期。

张立、李坪：《印度对"一带一路"的认知与中国的应对》，《南亚研究季刊》2016年第1期。

张利、王欢：《我国当前移动社交网络用户的基本特征》，《重庆邮电大学学报》（社会科学版）2013年第5期。

张莉、蒋淑君、宋晶：《新闻框架如何影响"一带一路"传播效果——一项中外比较的实验研究》，《新闻记者》2019年第6期。

张莉、陆洪磊：《影响国际议题报道的全球化和本土化因素的再思考——基于"一带一路"报道的比较研究》，《现代传播（中国传媒大学学报）》2018年第10期。

张莉、史安斌：《"一带一路"倡议背景下欧洲媒体涉华策略性叙事的比较研究》，《中国出版》2021年第5期。

张莉曼、张向先、李中梅、卢恒：《基于BP神经网络的智库微信公众平台信息传播力评价研究》，《情报理论与实践》2018年第10期。

张瑞静：《网络议程设置理论视域下新型主流媒体传播效果评价指标分析》，《中国出版》2019年第6期。

张霄：《英国智库在"一带一路"倡议合作中发挥的正向作用及影响》，《智库理论与实践》2018年第3期。

张岩：《"一带一路"峰会期间阿拉伯网站舆情调查分析——以三家主流阿拉伯网站为例》，《对外传播》2017年第7期。

张杨：《"一带一路"背景下俄罗斯文献信息中心服务型智库建设研究》，《河南图书馆学刊》2019年第8期。

张永军：《智库在"一带一路"建设中的积极作用——"一带一路"国际

合作高峰论坛"智库交流"平行主题会议综述（中）》，《经济研究参考》2017 年第 31 期。

张勇：《图书馆舆情数据库构建策略研究》，《图书馆学研究》2013 年第 21 期。

张玉川、刘军君：《"一带一路"与地方纸媒中东欧报道框架》，《青年记者》2019 年第 32 期。

张卓、王竞、刘婷：《西方媒介效果研究的新动向——基于 2007~2016 年欧美传播学期刊的文献计量分析》，《新闻与传播评论》2019 年第 1 期。

赵常煜、吴亚平、王继民：《"一带一路"倡议下的 Twitter 文本主题挖掘和情感分析》，《图书情报工作》2019 年第 19 期。

赵豪迈：《"一带一路"新型智库信息资源开发问题及策略研究》，《智库理论与实践》2019 年第 5 期。

赵可金：《"一带一路"民心相通的理论基础、实践框架和评估体系》，《当代世界》2019 年第 5 期。

赵蕾霞、钟永恒、史海建：《国际权威智库中定量分析工具的应用及特点研究》，《情报杂志》2014 年第 5 期。

赵明昊：《大国竞争背景下美国对"一带一路"的制衡态势论析》，《世界经济与政治》2018 年第 12 期。

赵瑞琦：《"三个舆论场"与对印传播战略——"一带一路"下的中国国际话语权建构》，《齐鲁学刊》2016 年第 1 期。

赵雅莹、郭继荣、车向前：《评价理论视角下英国对"一带一路"态度研究》，《情报杂志》2016 年第 10 期。

赵艺扬：《框架理论视域下〈人民日报·海外版〉中国国家形象建构研究——以 2013~2017 年"一带一路"报道为例》，《云南社会科学》2018 年第 5 期。

赵益维、赵豪迈：《大数据背景下"一带一路"新型智库信息服务体系研究》，《电子政务》2017 年第 11 期。

赵永华、王睿路：《"一带一路"传播研究的局限与突破》，《中国出版》2018 年第 22 期。

赵云泽、张竞文、谢文静、俞炬昇：《"社会化媒体"还是"社交媒体"？——一组至关重要的概念的翻译和辨析》，《新闻记者》2015 年第 6 期。

郑东超：《中东欧智库的"一带一路"观》，《中国投资》2017 年第 7 期。

郑华、李婧：《美国媒体建构下的中国"一带一路"战略构想——基于：〈纽约时报〉和〈华盛顿邮报〉相关报道的分析》，《上海对外经贸大学学报》2016 年第 1 期。

郑丽勇、郑丹妮、赵纯：《媒介影响力评价指标体系研究》，《新闻大学》2010 年第 1 期。

郑雯、袁鸣徽、乐音：《"一带一路"建设的新机遇与新挑战——基于沿线十国 2018 年第一季度的国际舆情分析》，《对外传播》2018 年第 5 期。

钟馨：《英国全国性报纸中"一带一路"话语的意义建构研究——基于语料库批评话语分析法》，《现代传播（中国传媒大学学报）》2018 年第 7 期。

周萃、康健：《美国主流媒体如何为"一带一路"构建媒介框架》，《现代传播（中国传媒大学学报）》2016 年第 6 期。

周嘉希：《埃塞俄比亚的国家发展与"一带一路"实践》，《和平与发展》2019 年第 5 期。

周均：《以大数据思维创新"一带一路"传播》，《传媒观察》2015 年第 7 期。

周美芝：《"一带一路"背景下人民日报 VK 的传播现状分析》，《今传媒》2017 年第 7 期。

周平：《"一带一路"面临的地缘政治风险及其管控》，《探索与争鸣》2016 年第 1 期。

周胜林：《论主流媒体》，《新闻界》2001 年第 6 期。

周亭、程南昌：《全球多语种媒体视野中的"一带一路"传播研究》，《国际传播》2017 年第 5 期。

周宪：《福柯话语理论批判》，《文艺理论研究》2013 年第 1 期。

周翔、韩为政：《利用图像社交媒体提升中国国际传播力研究》，《中州学刊》2017 年第 3 期。

周翔、吴倩：《场域视角下"一带一路"推特传播网络结构分析与反思》，

《中国地质大学学报》（社会科学版）2019 年第 2 期。

周兆呈：《国际舆论视野中的"一带一路"战略》，《南京社会科学》2015
年第 7 期。

朱桂生、黄建滨：《美国主流媒体视野中的中国"一带一路"战略——基
于〈华盛顿邮报〉相关报道的批评性话语分析》，《新闻界》2016 年
第 17 期。

朱瑞娟：《新媒体与西方知名智库的传播机制研究——以"一带一路"建
设相关研究传播为例》，《现代传播（中国传媒大学学报)》2018 年第
4 期。

四　外文专著

Ahmed, F., Lambert, A., *The Belt and Road Initiative: Geopolitical and Geo-economic Aspects* (Routledge India, 2021).

Amineh, Mehdi Parvizi, *The China-led Belt and Road Initiative and Its Reflections: The Crisis of Hegemony and Changing Global Orders* (Taylor and Francis, 2022).

Biswas, P. et al., *Manhattan West: Converting Site Challenges into Design Opportunities* (paper represented at IABSE Congress, New York: The Evolving Metropolis, 2019).

Edwards, L., *Mediapolitik: How the Mass Media have Transformed World Politics* (CUA Press, 2001).

Green Finance, *Sustainable Development and the Belt and Road Initiative* (London, UK: Routledge, 2021).

Ploberger, C., *Political Economic Perspectives of China's Belt and Road Initiative: Reshaping Regional Integration* (Routledge, 2019).

Ferguson, R. J., *Greening China's New Silk Roads: The Sustainable Governance of Belt and Road* (Edward Elgar Publishing, 2021).

Goffman, Erving, *Frame Analysis: An Essay on the Organization of Experience* (New York: Harper & Row, 1974).

Hayden, Craig, *The Rhetoric of Soft Power: Public Diplomacy in Global Con-

texts（Lexington Books，2012）.

Hong，M. I.，Yuan，L. I.，Qiyini，M. A.，*"The Belt and Road" International Migration of Asia*：*Research on Multilateral Population Security*（Taylor and Francis，2021）.

Lechner，A. M.，Tan，C. M.，Tritto，A. et al.，*The Belt and Road Initiative*：*Environmental Impacts in Southeast Asia*（ISEAS-Yusof Ishak Institute，2020）.

Lee，Chin-Chuan，*Internationalizing "International Communication"*（University of Michigan Press，2015）.

Lietsala，K.，& Sirkkunen，Esa，*Social Media*：*Introduction to the Tools and Processes of Participatory Economy*（Tampere University Press，2008）.

Liu，Hong，Tan，Kong Yam，Lim，Guanie，Quah，E.，*Political Economy of Regionalism*，*Trade*，*and Infrastructure*：*Southeast Asia and the Belt and Road Initiative in a New Era*（World Scientific Publishing Company，2022）.

Looney，Robert E.，*China's Belt and Road Initiative at Ten*：*Country Experiences in the Americas*，*Oceania and Asia*（Taylor and Francis，2022）.

Mcauail D，*Mass communication Theory*：*An Introduction*（Soge Puldications，Inc，1987）.

Paine，K. D.，*Measure What Matters*：*Online Tools for Understanding Customers*，*Social Media*，*Engagement*，*and Key Relationships*（John Wiley & Sons，2011）.

Rolland，N.，*China's Eurasian Century? Political and Strategic Implications of the Belt and Road Initiative*（National Bureau of Asian Research，2017）.

Sterne，J.，*Social Media Metrics*：*How to Measure and Optimize Your Marketing Investment*（John Wiley & Sons，2010）.

Ward，C.，Bochner，S.，Furnham，A.，*The Psychology of Culture Shock*（Routledge，2020）.

五 外文期刊论文及其他

Berthon, P. R. et al., "Marketing Meets Web 2.0, Social Media, and Creative Consumers: Implications for International Marketing Strategy," *Business Horizons*, 2012, 55 (3): 261-271.

Blei, D. M., Ng, A. Y., Jordan, M. I., "Latent Dirichlet Allocation," *The Journal of Machine Learning Research*, 2003, 3 (Jan.): 993-1022.

Boyd, D. M., Ellison, N. B., "Social Network Sites: Definition, History, and Scholarship," *Journal of Computer-Mediated Communication*, 2007, 10 (13): 210-230.

Cha, M., Haddadi, H., Benevenuto, F., Gummadi, K. P., "Measuring User Influence in Twitter: The Million Follower Fallacy," paper represented at International Conference on Weblogs and Social Media, Washington DC USA, 2010.

Chalaby, J. K., "From Internationalization to Transnationalization," *Global Media and Communication*, 2005, 1 (1): 28-33.

Charnes, A., Cooper, W. W., Rhodes, E., "Measuring the Efficiency of Decision-making Units," *European Journal of Operational Research*, 1979, 3 (4): 339-338.

Compton, R. J., "The Interface Between Emotion and Attention: A Review of Evidence from Psychology and Neuroscience," *Behavioral and Cognitive Neuroscience Reviews*, 2003, 2 (2): 115-129.

De Vries, L., Gensler, S., Leeflang, P. S. H., "Popularity of Brand Posts on Brand Fan Pages: An Investigation of the Effects of Social Media Marketing," *Journal of Interactive Marketing*, 2012, 26 (2): 83-91.

Dean, Brian, "How Many People Use Twitter in 2022?" (2022-01-05) https://backlinko.com/twitter-users.

Hofman, J. E., Zak, I., "Interpersonal Contact and Attitude Change in a Cross-cultural Situation," *The Journal of Social Psychology*, 1969, 78 (2): 165-171.

Jasper, J. M. , "The Emotions of Protest: Affective and Reactive Emotions in and Around Social Movements," *Sociological Forum*, 1998, 13 (3): 397–424.

Kaplan, A. M. , Haenlein, M. , "Users of the World, Unite! The Challenges and Opportunities of Social Media," *Business Horizons*, 2010, 53 (1): 59–68.

Kilgo, D. K. , "Media Landscape on Tumblr," *Digital Journalism*, 2016, 6 (4): 784–800.

Liu, B. F. , Fraustino, J. D. , Jin, Y. , "Social Media Use During Disasters: How Information form and Source Influence Intended Behavioral Responses," *Communication Research*, 2016, 43 (5): 626–646.

Gao, M. H. , "Frames and Facilitators by China in Promoting the Belt and Road Initiative (BRI) ", *Thunderbird International Business Review*, 2020, 62 (2): 125–134.

McCombs, Maxwell, Llamas, Juan Pablo, Lopez-Escobar, Esteban, Rey, Federico, "Candidate Images in Spanish Elections: Second-Level Agenda-Setting Effects," *Journalism & Mass Communication Quarterly*, 1997, 74 (4): 703–717.

McGuire, W. J. , "Theoretical Foundations of Campaigns," *Public Communication Campaigns*, 1989, 2: 43–65.

Melissen, J. , de Keulenaar, E. V. , "Critical Digital Diplomacy as a Global Challenge: The South Korean Experience," *Global Policy*, 2017, 8 (3): 294–302.

Misiągiewicz, J. , Misiągiewicz, M. , "China's 'One Belt, One Road' Initiative-the Perspective of the European Union," *Annales Universitatis Mariae Curie-Skłodowska*, *Sectio K-Politologia*, 2016, 23 (1): 33–42.

Peters, K. , Chen, Y. , Kaplan, A. M. et al. , "Social Media Metrics—A Framework and Guidelines for Managing Social Media," *Journal of interactive marketing*, 2013, 27 (4): 281–298.

Pew Research Center, "Social Media Use in 2021," (2021–04–07) https://

www. pewresearch. org/internet/2021/04/07/social-media-use-in-2021/#
fn-27044-1.

Potter, W. J. , Riddle, K. , "A Content Analysis of the Media Effects Literature,"
Journalism & Mass Communication Quarterly, 2007, 84 (1): 90-104.

Dixon, S. , "Leading Countries Based on Number of Twitter Users as of January
2022," (2022-01-27) https://www. statista. com/statistics/242606/num-
ber-of-active-twitter-users-in-selected-countries.

O'Dea, S. , "UKInternet Penetration: Percentage of Population Using the Inter-
net in the United Kingdom from 2000 to 2020," (2021-11-26) https://
www. statista. com/statistics/468663/uk-internet-penetration.

Saaty, T. L. , "How to Make a Decision: The Analytic Hierarchy Process,"
European Journal of Operational Research, 1990, 48 (1): 9-26.

Saffer, A. J. , Sommerfeldt, E. J. , Taylor, M. , "The Effects of Organiza-
tional Twitter Interactivity on Organization-Public Relationships," *Public
Relations Review*, 2013, 39 (3): 213-215.

Shang, S. S. C. , Wu, Y. L. , Li, E. Y. , "Field Effects of Social Media Plat-
forms on Information-Sharing Continuance: Do Reach and Richness Mat-
ter?" *Information & Management*, 2017, 54 (2): 241-255.

Sprout Social, "115+ Social Media Platforms Your Brand Should Use," (2021-
06-22) https://sproutsocial. com/insights/social-media-platforms/.

Statista Research Department, "Most Popular Social Networks Worldwide as of Janu-
ary 2022, Ranked by Number of Monthly Active Users," (2022-03-08) ht-
tps://www. statista. com/statistics/272014/global-social-networks-ranked-by-
number-of-users/.

Toktogulova, D. , Zhuang, W. , "A Critical Analysis of the Belt and road Ini-
tiative in Central Asia," *International Journal of Managerial Studies and
Research*, 2020, 8: 42-51.

Twitter Developer Platform, "Supported Languages and Browsers," (2022-08-
30) https://developer. twitter. com/en/docs/twitter-for-websites/supported-
languages.

UN, "World population," (2021-10-31) https://statisticstimes. com/demograph-ics/world-population. php#: ~: text = The% 20World% 20population% 20is% 20projected, billion%20for%20the%20year%202020.

Universetoday, "What Is the Surface Area of the Earth," (2017-02-10) https:// www. universetoday. com/25756/surface-area-of-the-earth.

We Are Social & Hootsuite, "Digital 2022: April Global Statshot Report," (2022-04-21) https://datareportal. com/reports/digital-2022-april-global-statshot.

Wilbur, J. E. , Buchholz, S. W. , Ingram, D. M. et al. , "Effectiveness, Effi-ciency, Duration, and Costs of Recruiting for an African American Women's Lifestyle Physical Activity Program," *Research in Nursing & Health*, 2013, 36 (5): 487-499.

Wordometer, "U. K. Population," (2022-08-31) https://www. worldometers. info/ world-population/uk-population.

Yang, C. L. , Chen-Burger, Y. H. , "A Hybrid On-line Topic Groups Mining Platform," in *Agent and Multi-Agent Systems: Technologies and Applica-tions: 9th KES International Conference* (KES-AMSTA 2015 Sorrento, Italy, June 2015, Proceedings. Springer International Publishing, 2015).

致　谢

　　这是一个催生无数奇思妙想的美好时代。人工智能和大数据正带动创新的浪潮，为学术研究注入前所未有的灵感与动力，让我们有机会以前所未有的规模与深度去探索世界的奥秘。基于海量的数据，特别是社交媒体平台的用户行为数据，依托人工智能的加持，研究者能够突破传统研究中地域、时间与语言的限制，激发变革性的洞察力。大数据助推人工智能发展，推动人类创造力的飞跃，同时也赋予研究者深度理解人类社会的机会。学术研究的海量数据得以快速收集和分析，甚至还能基于智能化的算法深度挖掘，从而产生前所未有的洞见与价值。对于传播学研究而言，这场技术革命也为传播效果研究打开了广阔的前景。置身快速迭代的数字社会，我们深刻地感受到应用大数据、人工智能研究人类信息传播的无限可能性，这激励着我们持续追问问题的本质。此番专著付梓之际，我由衷地感谢所有在这段学术探索中给予我帮助与支持的朋友。

　　我要感谢课题资助机构及评审专家，感谢你们慧眼识珠，让课题得以立项，并提供充足的经费保障，让数据搜集、技术分析、学术交流等各项工作得以顺利进行。你们的支持不仅促成了这本书的出版，也为推动传播效果研究缔造了新的可能。

　　我要感谢我的家人。感谢我的父母不计成本的付出，为我铺就了成长的道路，感谢你们的言传身教帮我形成了勤勉的品质。感谢我的妻子默默承担家务，让我专心写作。你们的支持是我在学术之路奋力攀登时最坚实的依托。

　　我要感谢我的团队成员。学术研究是一段需要集体智慧的旅程，感谢你们对本书从想法酝酿到计划实施再到最终成稿以及其间反复修改过程中无私的支持和中肯的意见。你们的无私帮助和关怀让我深刻体会到团队协作的力量和创造力，希望我们继续携手前行，用共同的努力点亮更多可能。

我要感谢我的研究生。感谢你们为本书出版提供的有力支持，你们对资料和案例的搜集为本书的写作提供了巨大的帮助。指导你们让我的教学与科研工作充满挑战，同时又在教学相长的过程中激发出灵感和火花。

我要感谢这个美好的时代。这个时代大数据技术为国际传播学研究提供了全新的视角、强大的工具、多维度的洞察和颠覆性的思维。承学术之薪火，借时代之东风，感谢这个时代让我得以拥有一隅之契机，为传播学研究贡献自己的绵薄之力。

谨以此书献给学术领域的所有探索者和支持者，献给这个充满机遇与挑战的时代。

本人所学有限，书中若有疏漏谬误之处，尚祈海涵并赐教。

刘　昊

2024 年 12 月于四川外国语大学安居小苑

图书在版编目（CIP）数据

"一带一路"国际传播效果测评与提升路径／刘昊
著 .--北京：社会科学文献出版社，2025. 1.
ISBN 978-7-5228-4490-9

Ⅰ. G12

中国国家版本馆 CIP 数据核字第 2024RG0525 号

"一带一路"国际传播效果测评与提升路径

著　　者／刘　昊

出　版　人／冀祥德
责任编辑／周　琼
文稿编辑／郭锡超
责任印制／王京美

出　　　版／社会科学文献出版社（010）59367126
　　　　　　地址：北京市北三环中路甲 29 号院华龙大厦　邮编：100029
　　　　　　网址：www.ssap.com.cn
发　　　行／社会科学文献出版社（010）59367028
印　　　装／三河市东方印刷有限公司

规　　　格／开　本：787mm×1092mm　1/16
　　　　　　印　张：15　字　数：235 千字
版　　　次／2025 年 1 月第 1 版　2025 年 1 月第 1 次印刷
书　　　号／ISBN 978-7-5228-4490-9
定　　　价／89.00 元

读者服务电话：4008918866